デザイナーのための建築環境計画
熱・日射・光・風

猪岡達夫 著

丸善出版

発刊にあたって

　本書は建築デザイナーの方々が，環境に優しくかつ優れた建築デザインを実現するためのお手伝いをしたいとの思いから執筆した建築環境計画の理論と実務の手引書です。

　建築環境計画というと幅が広くなりますが，本書では，熱・日射・光・風の4つをテーマに取り上げています。環境に優しい建築とするためにまず考えることは建物自体の負荷を小さくすることであり，このための基本は「断熱」と「日射遮蔽」です。次に考えることは，できるだけ機械やエネルギーに頼らないで自然を活用することであり，このための基本は「採光」と「通風（自然換気）」です。断熱・日射遮蔽・採光・通風は建築的な省エネルギー手法の基本中の基本です。

　内容は大学の1・2年生で学ぶ建築環境工学がベースであり，学部生でも十分に理解できるものです。実際に「建築環境計画」の授業内容そのものです。大学院ではやや掘り下げて，式の意味や理論的背景などを勉強しますが，本書では「補足」とか「コラム」で扱っています。

　本書を執筆するにあたり特に考えたことがいくつかあります。

1) 習うより慣れろ／解きながら学ぶ

　理論はもちろん大切ですが，より大切なことは理論をどうやって使いこなすかです。第Ⅰ編1章では「ガラスの家の真夏の自然室温」を解きます。多くの教科書や専門書ではまず理論を学び→次に問題を解くという順序でしょう。本書ではまず課題を提示し→それをどうやって解くかを考え（モデル化）→実際に解いてみる，という順序です。解きながら必要な理論を学んでいきます。筆者は30年余りを設計事務所で実務に携わっていましたが，実務では正にこの順序です。答えがあるかすら分からない問題に直面し，それをどうやって解くかを考えることが重要でした。

2) 問題を多面的に捉える／沢山解いて経験値を積み上げる

　第Ⅰ編2章では，様々な因子を変化させて，それがガラスの家の室温にどのような影響があるかを学びます。このようなケーススタディを沢山することが経験値となり，経験値が多いほど仕事をする上で役に立ちます。3章では冷暖房負荷を取り上げますが，因子によっては自然室温を下げる効果と冷暖房負荷を小さくする効果が入れ替わることがあることを学びます。多面的に物事を理解することも大切です。

3) 背景を理解する

　第Ⅱ編で改めて原理や理論的背景を学びます。ここでは，直達日射・天空日射の成り立ち，熱通過率の式の導出，換気開口の合成，天空照度の式の導出など，色々な式の展開を詳しく学んでいきます。これらは面倒な作業ですが，式の意味や背景を理解したり，式の限界を知るのに役立つと考えたからです。式の意味が分かれば，忘れても思い出すことができますし，色々な新しい

課題に取り組む時に，自ら式を編み出すことさえできるようになると思うからです。

4）難しそうな問題を簡易に解く

　難しい問題を解くことは重要ですが，筆者が経験した中ではこれはほんの一部です。特に建築環境デザインではむしろ，簡便で，かつ大きく外れない答えを見つける術が必要です。設計の初期段階ではどの省エネ手法を採用するかの素早いジャッジが求められます。簡易に解いて可能性がなければ代替案を考え，可能性があるなら詳しく解析する。解き方も答えの精度も目的に合わせて判断できると良いと思います。とは言え，ある程度の精度で簡易に解くことは簡単ではありませんが，本書全体を通して学んでいきます。

5）設計ツール

　第Ⅱ編6章の熱平衡と換気の同時解法も簡易法といえますが，これを図化したものは色々なケーススタディに使えます。一種の設計ツールです。第Ⅲ編では，PALチャート，外気冷房効果チャート，自然採光チャートの3つの設計ツールを用意しました。これらはすべて本書のために作成したオリジナルで，いずれも年間の省エネルギー効果を求めるためのチャートです。年間は8,760時間ありますから手計算ではとても解けません。ならばコンピュータで解けばよいことになりますが，1つ入力して1つの答えを得る，この繰り返しではなかなか全貌が見えません。3つのチャートは条件を決めチャートの値を読み取れば即座に答えが得られます。さらに有用なことですが，仮にそれが目標とする値に達していなければ，どの条件をどのように変えると目標とする答えが得られるかがビジュアルに読み取れます。これらを利用すれば次々と手が打て，素早い意思決定が可能になります。

　本書は解説，式の展開などできるだけ丁寧に書いたつもりです。環境に優しい建築を目指す皆様の少しでもお役に立てれば幸いです。

　謝辞　本書の企画段階から貴重なるご助言をいただきました日建設計常務執行役員野原文男氏ならびに色々ご協力いただきました日建設計の菅原華子氏，中尾理沙氏，渡邉賢太郎氏に心から感謝申し上げます。特に設備設計主幹の横田雄史氏には様々な面でご助力いただき，またコラム（Ⅰ-2，Ⅰ-3，Ⅱ-3，Ⅱ-5）の資料をご提供いただきましたことに厚く御礼申し上げます。

　本書は完成までに長い年月を要してしまいました。授業をしつつ毎年改良を加えたことが主な原因です。一方で長く掛かったことで，この間に大きく改定された省エネルギー法のPALチャートを一新することができました。なお，本当に遅々として進まず，何度も書き直し，この間辛抱強くお付き合いいただきました丸善出版の恩田英紀氏に改めて感謝の意を表すると共にここに至るまでの労をねぎらいたいと思います。

2014年12月

猪　岡　達　夫

目　次

第Ⅰ編　ガラスの家の室温と熱負荷
―ガラスの家を通じて建築環境工学・建築環境計画の基本を学ぶ

1章　ガラスの家／真夏の自然室温を求める	**3**
1-1　ガラスの家のモデルと計算条件	3
（1）ガラスの家のモデル	3
（2）計算条件	4
（3）どのようにして解くか／熱の流れとバランス	4
1-2　ガラス窓からの日射熱取得	7
1-2-1　直達日射量	7
（1）ブーガの式	7
（2）床面にあたる直達日射量（直達日射量の垂直成分）	7
1-2-2　天空日射量	8
（1）ベルラーゲの式	8
（2）屋根で制限された天空日射量	8
1-2-3　ガラスの入射角特性を考慮した日射熱取得	11
（1）ガラスの入射角特性	11
（2）入射角 45°の直達日射の日射熱取得率	11
（3）天空日射の日射熱取得率	11
（4）ガラスの遮蔽係数 SC	12
（5）6 mm ガラスの場合の日射熱取得	12
1-3　窓ガラスの貫流熱	13
1-4　屋根からの日射を含めた貫流熱	14
（1）屋根の熱通過率	14
（2）日射を考慮した相当外気温度 SAT	15
（3）日射を考慮した屋根からの貫流熱	16

1-5　熱平衡式とガラスの家の真夏の自然室温	17
（1）熱流の式を集める	17
（2）熱平衡式を立てる	18
（3）自然室温を求める	18

2章　真夏の自然室温を下げるための検討　　20

2-1　ガラスの種類を変える	20
＜コラムⅠ-1＞　いろいろなガラスの性能	22
2-2　窓ガラスにブラインドを付ける	23
＜コラムⅠ-2＞　エアフローウィンドウとダブルスキン	25
2-3　窓に庇を設ける	26
（1）庇による直達日射の遮蔽率	26
（2）庇がある場合の床から見る空の形態係数	26
（3）窓に庇を付けた場合の自然室温	28
＜コラムⅠ-3＞　すだれを見直す―外部日除けの効果―	29
2-4　屋根に断熱を施す	30
（1）断熱がある場合の屋根の熱通過率	30
（2）屋根に断熱を施した場合の自然室温	30
2-5　換気をする	32
（1）換気により室外に排出される熱量	32
（2）換気を含めた熱平衡式	32
（3）換気による室温を下げる効果	33
2-6　組み合わせ効果	34

3章　冷暖房の熱負荷　　36

3-1　冷暖房負荷を求める時の条件	36
（1）室内外の条件	36
（2）冷暖房負荷の熱平衡式	36
3-2　冷暖房負荷を求める	37
（1）冷房負荷を求める	37
（2）暖房負荷を求める	38
3-3　総合評価／自然室温と冷暖房負荷に対する各要素の効果の違い	41

第Ⅱ編　熱・日射・採光・換気の基本を理解する

1章　熱 　　　　　　　　　　　　　　　　　　　　　　　　　　　　45
 1-1　熱の伝わり方　　　　　　　　　　　　　　　　　　　　　45
  （1）放射・対流・伝導　　　　　　　　　　　　　　　　　45
  （2）熱の伝わり方を表す式と単位　　　　　　　　　　　45
  （3）総合熱伝達率　　　　　　　　　　　　　　　　　　47
  （4）潜熱移動　　　　　　　　　　　　　　　　　　　　48
 1-2　貫流熱と熱通過率　　　　　　　　　　　　　　　　　　49
  （1）貫流熱　　　　　　　　　　　　　　　　　　　　　49
  （2）熱通過率の式の誘導　　　　　　　　　　　　　　　49
   ＜コラムⅡ-1＞　内断熱と外断熱　　　　　　　　　53
 1-3　SAT：不透明な壁体の日射を含めた貫流熱の計算原理　54
  （1）日射を考慮した貫流熱の計算　　　　　　　　　　54
  （2）SAT：日射を考慮した相当外気温度　　　　　　　54
  （3）日射を含めた貫流熱　　　　　　　　　　　　　　55
  （4）外表面の当たる日射量のうち室内に侵入する日射熱量の割合　56
 1-4　実効温度差 ETD　　　　　　　　　　　　　　　　　　57
  （1）相当外気温度 SAT と実効温度差 ETD　　　　　57
  （2）実効温度差 ETD はどのようにして求めるのか　　59
 1-5　建築材料の熱特性　　　　　　　　　　　　　　　　　　60
  （1）熱伝導率　　　　　　　　　　　　　　　　　　　　60
  （2）容積比熱　　　　　　　　　　　　　　　　　　　　60

2章　日射 　　　　　　　　　　　　　　　　　　　　　　　　　　64
 2-1　直達日射量／ブーガの式の意味するところ　　　　　　64
  （1）太陽定数　　　　　　　　　　　　　　　　　　　　64
  （2）大気透過率　　　　　　　　　　　　　　　　　　　64
  （3）太陽高度と直達日射量　　　　　　　　　　　　　65
  （4）任意の面における直達日射量　　　　　　　　　　67
 2-2　天空日射量／ベルラーゲの式の意味するところ　　　　68
  ＜コラムⅡ-2＞　太陽定数／太陽から地球に届く日射の強さ　69

  2-3 長波放射 70
   （1）長波放射量／ブラントの式 70
   （2）長波放射の値 70
   （3）長波放射量の温度換算 71
   ＜コラムⅡ-3＞　太陽とつきあう／目に見える太陽光は半分だけ 72
  【付】湿り空気線図 73

3章　太陽位置／日影曲線による日射遮蔽の検討　74
 3-1 日影曲線の使い方 74
   （1）日影曲線とは 74
   （2）日影曲線 75
   （3）太陽方位角と太陽高度 75
 3-2 日影曲線を用いて室内に入る日射の範囲を求める 76
   （1）夏至の朝10時の場合 76
   （2）冬至の午後15時の場合 77
   （3）いろいろな方位・いろいろな季節の場合 78
   （4）柱や梁や腰壁などがある複雑な形状の場合 80
 3-3 日射を遮る庇の形の検討 83
   （1）南向きの室の庇 83
   （2）西向きの室の庇 84
 3-4 太陽位置の計算 85
   （1）太陽赤緯・均時差・時角 85
   （2）太陽高度と太陽方位角 86
 3-5 日影曲線を作る 87

4章　形態係数　91
 4-1 立体投射率および形態係数とは 91
   （1）立体投射率および形態係数の概念 91
   （2）立体投射率（点対面の形態係数）の定義 92
   （3）形態係数（面対面の形態係数）の定義 92
   （4）立体投射率の求め方 93
   （5）形態係数の求め方 94
 4-2 様々なケースの立体投射率と形態係数の求め方 95

（1）立体投射率の場合　　　　　　　　　　　　　　　　　　　　　　95
　　　（2）形態係数の場合　　　　　　　　　　　　　　　　　　　　　　　96
4-3　立体投射率と形態係数を計算によって求める　　　　　　　　　　　　101
　　　（1）立体投射率の計算式　　　　　　　　　　　　　　　　　　　　101
　　　（2）面対面の形態係数の計算式　　　　　　　　　　　　　　　　　101
4-4　3次元から2次元へ　　　　　　　　　　　　　　　　　　　　　　　102
　　　（1）3次元と2次元の違い　　　　　　　　　　　　　　　　　　　102
　　　（2）2次元の立体投射率 ϕ の計算式　　　　　　　　　　　　　　103
　　　（3）2次元の形態係数 Ψ の計算式　　　　　　　　　　　　　　　104
　　　＜コラムⅡ-4＞　ガラスの家で日射を窓面ではなく
　　　　　　　　　　　床面で算定したのは何故でしょうか　　　　　　　110

5章　採光と明るさ　　　　　　　　　　　　　　　　　　　　　　　　　111
5-1　明るさに関する基本事項　　　　　　　　　　　　　　　　　　　　　111
　　　（1）日射と光　　　　　　　　　　　　　　　　　　　　　　　　　111
　　　（2）光の単位／光束　　　　　　　　　　　　　　　　　　　　　　112
　　　（3）明るさの物理量と単位／光度・照度・光束発散度・輝度　　　　113
　　　（4）鏡面反射と一様拡散　　　　　　　　　　　　　　　　　　　　115
　　　（5）一様拡散における輝度と照度と反射率の関係　　　　　　　　　115
　　　（6）天空輝度と天空照度　　　　　　　　　　　　　　　　　　　　116
　　　（7）室内の照度基準　　　　　　　　　　　　　　　　　　　　　　117
　　　（8）設計屋外照度　　　　　　　　　　　　　　　　　　　　　　　117
　　　（9）昼光率と昼光照度　　　　　　　　　　　　　　　　　　　　　118
　　　＜コラムⅡ-5＞　太陽を利用する（自然採光）　　　　　　　　　119
5-2　直接昼光率と直接昼光照度　　　　　　　　　　　　　　　　　　　　120
　　　（1）室内の直接昼光率と直接昼光照度　　　　　　　　　　　　　　120
　　　（2）室の奥行きと直接昼光率・直接昼光照度の関係　　　　　　　　121
　　　（3）窓の位置と直接昼光率・直接昼光照度　　　　　　　　　　　　122
　　　（4）天窓による直接昼光率と直接昼光照度　　　　　　　　　　　　123
　　　（5）深さのある天窓の場合　　　　　　　　　　　　　　　　　　　125
5-3　中庇の反射を考えた昼光照度を求める　　　　　　　　　　　　　　　127
　　　（1）中庇により制限された直接昼光率・直接昼光照度　　　　　　　127
　　　（2）中庇の反射による昼光照度　　　　　　　　　　　　　　　　　128

5-4　多重反射を考えた間接昼光照度を連立方程式で解く　129
　（1）多重反射を解く連立方程式　130
　（2）表計算を使って連立方程式を解く　132
　（3）各面の照度を既知として作業面の照度を求める　137
　【補】作業面切断公式による間接照度の簡易計算　139

6章　自然換気　143

6-1　換気に関する基本事項　143
　（1）風圧と風圧係数および風圧の合成　143
　（2）流量係数と開口の合成　146

6-2　風力換気　151
　（1）風力換気の原理／風圧と抵抗のバランス　151
　（2）風力換気を解く　152

6-3　温度差換気　156
　（1）空気密度と浮力　156
　（2）密度が異なる場合の開口合成　160
　（3）温度差換気を解く　161
　（4）温度差換気と風力換気の合成　163

6-4　再びガラスの家／熱と換気の同時解法　165
　（1）熱平衡式と換気の式　165
　（2）室温と換気量を同時に解く　166

第Ⅲ編　年間の省エネルギー効果の算定
—PAL チャート／外気冷房チャート／自然採光チャート

1章　PAL チャートによる年間冷暖房負荷の算定　171

1-1　PAL と PAL チャート　171
　（1）元・旧・新の3つの PAL　171
　（2）PAL チャート　172

1-2　PAL チャートによる年間冷暖房負荷の検討　174
　　＜コラムⅢ-1＞　元 PAL チャートに見る地域の熱負荷特性　180

1-3　拡張デグリーデー（EDD）と PAL の理論的背景　181
　（1）デグリーデー（DD）と拡張デグリーデー（EDD）　181

（2）元 PAL の計算　　　　　　　　　　　　　　　　　　　　　　181
　　　（3）旧 PAL の計算　　　　　　　　　　　　　　　　　　　　　　184
　　　（4）新 PAL（PAL＊）の計算法　　　　　　　　　　　　　　　　186
　　　　＜コラムⅢ-2＞　元・旧・新 PAL の外気の扱い方の違い　　　191
　　　【付図】　PAL チャート（東京・札幌・鹿児島・那覇）　　　　　192

2章　外気冷房チャートによる年間冷房負荷の削減効果の検討　　197
　2-1　外気冷房チャートとは　　　　　　　　　　　　　　　　　　　197
　　　（1）外気冷房チャートの原理／気温と熱負荷との関係　　　　　197
　　　（2）外気冷房チャートの構成　　　　　　　　　　　　　　　　199
　2-2　外気冷房チャートによる外気冷房効果の検討　　　　　　　　　201
　　　（1）東京・南の場合　　　　　　　　　　　　　　　　　　　　201
　　　（2）地域を変えたケースの外気冷房効果　　　　　　　　　　　203
　　　（3）使用条件を変えたケースの外気冷房効果　　　　　　　　　207
　　　（4）地域・使用条件を変えたケースの外気冷房効果のまとめ　　209
　2-3　外気冷房チャートの理論的背景　　　　　　　　　　　　　　　210
　　　（1）外気冷房チャートの考え方　　　　　　　　　　　　　　　210
　　　（2）基本式　　　　　　　　　　　　　　　　　　　　　　　　212

3章　自然採光チャートによる年間消灯時間数の推定　　214
　3-1　自然採光チャートとは　　　　　　　　　　　　　　　　　　　214
　3-2　自然採光チャートによる省エネルギー評価　　　　　　　　　　215
　　　（1）自然採光による消灯率・照明電力削減率を求める　　　　　215
　　　（2）様々なケースでの検討　　　　　　　　　　　　　　　　　217
　3-3　自然採光チャートの原理　　　　　　　　　　　　　　　　　　220
　　　（1）年間消灯可能時間数と調光による照明電力量の削減率の求め方の原理　　220
　　　（2）日射量から全天空照度および直達日射照度への換算方法　　221
　　　【付図】　自然採光チャート（東京・札幌・那覇）　　　　　　　223

索　引　　　　　　　　　　　　　　　　　　　　　　　　　　　　　225

第Ⅰ編　ガラスの家の室温と熱負荷
　　　―ガラスの家を通じて建築環境工学・
　　　　建築環境計画の基本を学ぶ

普通の勉強は，まず理論を習い，それから問題を解くという順序でしょう。本書は少し違います。
　① 初めに解きたい問題を見る
　② それをどうやって解くかを考える
　③ 必要な知識・理論は解きながら学ぶ
という順序です。
　理屈が分からなければ問題は解けないと思うかも知れませんが，心配はいりません。"習うより慣れろ"やってみると案外簡単です。
　それでは始めましょう。

1章　ガラスの家/真夏の自然室温を求める

本章では，図Ⅰ-1-1 に示すガラスの家の夏期の自然室温が果たして何℃になるかを解きます。モデルの建物は単純ですが，この室温を解くためには，建築環境工学で学んだいろいろな知識が必要です。いろいろな知識を総合化して1つの問題を解く，このことを学びます。

<自然室温>
冷暖房しない状態の室の温度を自然室温といいます。

　　太陽位置を知る（日影図）
　　日射の強さを求める（直達日射量と天空日射量，大気透過率，長波放射）
　　屋根で遮られた天空日射量（立体投射率と形態係数）
　　ガラスの入射角特性と遮蔽係数
　　不透明な壁体の日射熱（SAT）
　　貫流熱と熱通過率
　　熱平衡式と自然室温，および熱負荷

1-1　ガラスの家のモデルと計算条件

（1）ガラスの家のモデル

図Ⅰ-1-1 にモデルとなる建物を示します。間口 7.07 m×奥行 7.07 m×高さ 7.07 m の立方体です。各面の面積は 50 m² です。屋根はありますが，周囲すべてがガラスです。

<予測する>
これからガラスの家の夏期の自然室温を解くのですが，解く前に，どのくらいの温度になるかを予測してみて下さい。また，どうしてそのような温度になるかを考えて下さい。
　初めに予測した温度と，計算結果の温度が違う場合，両者の差異を考えることが物の見方を拡げ，理解を深めることになります。こういったことを積み重ねることが経験値となり，問題を解決する時の力となっていきます。

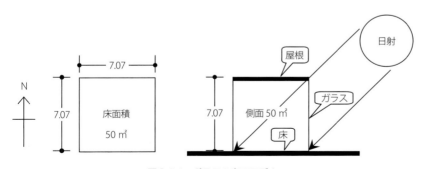

図Ⅰ-1-1　ガラスの家のモデル

（2）計算条件

どのような条件とするかを決めます。

<気象条件>

ガラスの家にとって最も条件の厳しい夏の暑い時とします。

- ・場所　：東京
- ・気温　：外気温度　30℃
- ・日射　：真西から太陽高度 45°の強い直達日射が入る条件とします。
　　　　　　　西の窓から入った日射が丁度床面に当たるという条件です。
- ・大気透過率などの細かなことについては，実際に解く時に説明します。

<建物の仕様>

- ・ガラス　：6 mm の透明ガラスとします。
- ・屋根　　：150 mm のコンクリートの屋根とします。
- ・外壁　　：4 周全面がガラスですので，外壁はありません。
- ・床　　　：1 階の床と地面との熱授受は小さいので無視することとします。
- ・内部発熱：人，照明，OA 機器はないものとします。

自然室温を下げるためには色々なガラスやブラインド，日除け，屋根の断熱，換気などの色々な手法がありますが，これらは 2 章のケーススタディで取り上げます。

> <定常と非定常>
> 本課題では時間変化はないものとします。このよう解析を定常解析といいます。
> 　一方，時間的に変化する現象を扱う場合を非定常解析といいます。

（3）どのようにして解くか／熱の流れとバランス

右欄の図にガラスの家の熱の流れを示します。

- ① 窓から日射が入る。
- →② 日射熱によって室温が上がる。
- →③ 室温が上がると，ガラスや屋根を通じて熱が外に逃げていく。
- →④ 入ってくる日射熱と逃げていく"熱のバランス"で室温が決まる。

> <熱の流れ>
>
>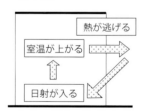

この中で，④の"熱のバランス"，ここがポイントです。日射熱により室温は上昇しますが，無限に室温が高くなることはなく，室温が外気温度よりも高くなれば，熱は外に逃げていき，熱の収支バランス（熱平衡）が形成されます。このバランスする室温を解けばよいのです。

"バランス（平衡）"は，すべての物理現象を解くときの基本です。

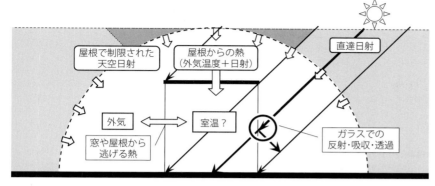

図 I-1-2　ガラスの家における熱の流れ

図 I-1-2 は，"熱の流れ"を少し詳しく描いたものです。ここでは以下に示す基本的な原理・理論を使って解くことにします。本章では，これらを次ページの表 I-1-1 の計算表を穴埋めしながら解くことにします。

＜直達日射＞
① ブーガの式により法線面直達日射量を求める。
② 太陽高度（45°）から床面に当たる水平面直達日射量に換算する。

＜天空日射＞
③ ベルラーゲの式により床面に当たる水平面天空日射量を求める。
④ 床から見る天井（屋根）の形態係数を求める。
⑤ 屋根で制限された天空日射量を求める。

＜日射熱取得＞
⑥ ガラスの入射角特性（反射・吸収・透過）を考慮したガラスの日射熱取得を求める。

＜ガラスの貫流熱＞
⑦ 内外温度差による貫流熱を求める。

＜屋根の貫流熱＞
⑧ 屋根面に当たる全日射量を温度に換算する。
⑨ 日射を含めた内外温度差による貫流熱量を求める。

＜貫流熱と熱平衡＞
⑩ 日射熱取得と貫流熱により熱平衡式を立てる。
⑪ 熱平衡式を解いて，夏期の自然室温を求める。

＜モデル化＞

夏の自然室温を解くために，どのような要素がどのように係わっているかを考えることを"モデル化"といい，それらの要素の関係を数式で表したものを"物理モデル"あるいは"数学モデル"といいます。

極めて精緻にモデルを考えることもあれば，簡略に考えることもあります。精緻だから良い，簡略だから悪いということはなく，どの程度の精度で解くかは目的によって変わります。

本章では，難しくなく，そこそこの精度で簡略に解くモデルとしています。

例えば，床との熱授受の影響は小さいので無視しています。直達日射と天空日射は扱いますが，事物の反射や長波放射は扱っていません。気温や日射は時々刻々変化しますが，時間変化を扱うとなると一段と難しくなるので，本書では解析の第一歩として定常としています。

表 I-1-1　夏期の自然室温を求める計算表

	項目	記号	単位	備考
	太陽定数	$J_0=$	W/m^2	
	大気透過率	$P=$		
	太陽方位	$A=$	°	真西
	太陽高度	$H=$	°	$\sin H = 0.70710667$
直達日射による窓からの日射熱取得量	法線面直達日射量（ブーガの式）	$J_{D(n)}=$	W/m^2	$J_{D(n)} = J_0 * P^{(1/\sin H)}$
	水平面直達日射量	$J_{D(H)}=$	W/m^2	$J_{D(H)} = J_{D(n)} * \sin H$
	ガラスの入射角	$i=$	°	$\cos i = 0.707$
	3mm標準ガラスの日射熱取得率	$g_i=$		$g_i = \cos i*(2.392-\cos^2 i*(3.8636-\cos^2 i*(3.7568-co$
	ガラスの遮蔽係数	$SC=$		
	窓からの直達日射熱取得量	$q_D=$	W/m^2	$q_D = J_{D(H)}*g_i*SC$
天空日射による窓からの日射熱取得量	水平面天空日射量（ベルラーゲの式）	$J_{S(H)}=$	W/m^2	$J_{S(H)} = 0.5*J_0*\sin H*(1-P^{(1/\sin H)})/(1-1.4*\ln P)$
	床から見る空の形態係数	$\psi_空=$		屋根で制限された床から見る空の形態係数（面対面）
	床に当たる水平面天空日射量	$J_{S(床)}=$	W/m^2	$J_{S(床)} = J_{S(H)} * \psi_空$
	3mm標準ガラスの日射熱取得率	$g_S=$		$g_S = \int g_i * \sin i * \cos i \cdot di$
	ガラスの遮蔽係数	$SC=$		
	窓からの天空日射熱取得量	$q_S=$	W/m^2	$q_S = J_{S(床)}*g_S*SC$
屋根面での日射の影響	水平面全日射量	$J_{T(H)}=$	W/m^2	$J_{T(H)} = J_{D(H)} + J_{S(H)}$
	屋根表面の日射吸収率	$a=$		
	外表面熱伝達率	$\alpha_o=$	$W/(m^2 °C)$	
	相当外気温度	$SAT=$	°C	$SAT = t_o + J_{T(H)}*a/\alpha_o$
	外気温度	$t_o=$	°C	
	ガラスの熱貫流率	$K_{GL}=$	$W/(m^2 °C)$	
	屋根の熱貫流率	$K_{RF}=$	$W/(m^2 °C)$	
	屋根面積	$A_{RF}=$	m^2	
	窓ガラスの面積	$A_{GL}=$	m^2	
	外壁の面積	$A_{WL}=$	m^2	
	床面積	$A_{FL}=$	m^2	
	熱バランス式			$A_{FL}*(q_D+q_S)+A_{GL}*K_{GL}*(t_o-t_R)+A_{RF}*K_{RF}*(SAT-t_R)=0$
	室温について解く	$t_R=$	°C	$t_R = \{A_{FL}*(Q_D+Q_S)+A_{GL}*K_{GL}*t_o+A_{RF}*K_{RF}*SAT\}/\{A_{GL}$
	換気量	$G_{OA}=$	m^3/h	$C_p \cdot \rho = 1.2072$　　$C_p = 1.006$
	換気を加味した熱バランス式			$A_{FL}*(Q_D+Q_S)+A_{GL}*K_{GL}*(t_o-t_R)+A_{RF}*K_{RF}*(SAT-t_R)+C_p$
	換気を加味した室温を解く	$t_R=$	°C	$t_R = \{A_{FL}*(Q_D+Q_S)+A_{GL}*K_{GL}*t_o+A_{RF}*K_{RF}*SAT+C_p*\rho \cdot G_o$

1-2 ガラス窓からの日射熱取得

1-2-1 直達日射量

(1) ブーガの式

ブーガ(Bouguer)の式を使って直達日射量(direct solar intensity)を求めます。

$$ブーガの式 \quad J_{D(n)} = J_0 \cdot P^{1/\sin H} \quad (\text{I-1-1})$$

ここに，$J_{D(n)}$：法線面直達日射量 [W/m²]

J_0：太陽定数＝1370 W/m² とする

P：大気透過率＝0.7 とする

H：太陽高度＝45° とする

太陽定数はJ_0＝1370 W/m² とします。なお，日射は大気を通過して地上に届くまでに，雲や大気の汚れによってその強さは弱まります。これを大気透過率で補正します。ここでは，表 I-1-2 の 7 月の値を参考に大気透過率をP＝0.7 とします。式(I-1-1)に各数値を代入して，法線面直達日射量を得ることができます。すなわち，

$$J_{D(n)} = J_0 \cdot P^{1/\sin H} = 1370 \times 0.7^{1/\sin 45°} = 827 \quad [\text{W/m}^2]$$

(2) 床面にあたる直達日射量（直達日射量の垂直成分）

式(I-1-1)は法線面直達日射量です。法線面とは太陽光線に鉛直な面のことです。床面(水平面)に当たる直達日射量は法線面日射量の垂直成分です。水平面の場合，法線面直達日射量に太陽高度の正弦(sin H)を乗じることで得ます。

床面での直達日射量は $J_{D(H)} = J_{D(n)} \cdot \sin H = 827 \times \sin 45° = 585 \quad [\text{W/m}^2]$

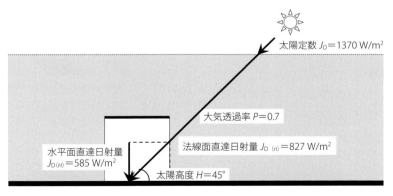

図 I-1-3　太陽定数→法線面直達日射量→床面（水平面）直達日射量

<ブーガの式>

➡第Ⅱ編2章「日射」を参照のこと

<太陽定数>

大気圏外での日射の強さを太陽定数と言います。ここでは1370 W/m² とします。
➡詳細はコラムⅡ-2

表 I-1-2　晴れた日の大気透過率 P

時刻 τ		大気透過率	
		7月	10月
5	19	0.87	
6	18	0.81	
7	17	0.77	0.85
8	16	0.73	0.81
9	15	0.71	0.78
10	14	0.69	0.76
11	13	0.67	0.74
12		0.67	0.74

木村・滝沢による東京・清瀬での観測値

<直達日射の垂直成分>

法線面直達日射量$J_{D(n)}$の垂直成分が床面の日射量$J_{D(H)}$ですが，これは力学の分力の考え方と同じです。

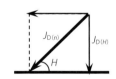

<床面に当たる日射>

日射量を窓面で算定しても良いのですが，4面がガラスの場合，他の窓から通り抜ける日射を考えなければなりません。床面で日射量を算定すると，このような煩雑さがなくなります。
➡コラムⅡ-4

	太陽定数	$J_O=$	1370	W/m2	
	大気透過率	$P=$	0.70		
	太陽方位	$A=$	90	°	真西
	太陽高度	$H=$	45	°	$\sin H=$ 0.70710667
直達日射による窓からの日射熱取得量	法線面直達日射量（ブーガの式）	$J_{D(n)}=$	827	W/m2	$J_{D(n)} = J_O * P^{(1/\sin H)}$
	水平面直達日射量	$J_{D(H)}=$	585	W/m2	$J_{D(H)} = J_{D(n)} * \sin H$
	ガラスの入射角	$i=$			$\cos i=$ 0.707
	3mm標準ガラスの日射熱取得率	$g_i=$			$g_i= \cos i*(2.392-\cos^2 i*(3.8636-\cos^2 i*(3.7568-\text{co}$
	ガラスの遮蔽係数	SC			
	窓からの直達日射熱取得量	$q_D=$		W/m2	$q_D = J_{D(H)} * g_i * SC$

1-2-2　天空日射量

（1）ベルラーゲの式

日射は大気を通過する間に塵埃や水蒸気などにより吸収・拡散されます。この吸収・拡散されて地表面に届く日射を天空日射（sky solar intensity）といいます。ここでは，ベルラーゲ（Berlage）の式を使って天空日射量を求めます。

<ベルラーゲの式>
➡第Ⅱ編2章「日射」を参照のこと

$$\text{ベルラーゲの式} \quad J_{S(H)} = \frac{1}{2} J_O \cdot \sin H \frac{1-P^{1/\sin H}}{1-1.4\ln P} \quad (\text{I}-1-2)$$

ここに，$J_{S(H)}$：水平面天空日射量 [W/m²]
　　　　J_O：太陽定数＝1370 W/m²　とする
　　　　P：大気透過率＝0.7　とする
　　　　H：太陽高度＝45°　とする

式（I-1-2）に各数値を代入すれば，水平面の天空日射量が得られます。

$$J_{S(H)} = \frac{1}{2} J_O \cdot \sin H \frac{1-P^{1/\sin H}}{1-1.4\ln P} = \frac{1}{2} \cdot 1370 \cdot \sin 45° \frac{1-0.7^{1/\sin 45°}}{1-1.4\ln 0.7} = 128 \ [\text{W/m}^2]$$

（2）屋根で制限された天空日射量

モデル建物は屋根があるため，天空日射のすべてが室に入ってきません。ゆえに屋根で制限された天空日射量を求めなければなりません。
天空日射は一様拡散と見なすことができます。一様拡散の天空日射については，"形態係数"を使って，屋根などで部分的に制限を受ける日射量を求めることができます。

<立体投射率と形態係数>
ある面から他の面を見るときの視野全体に対する比率を形態係数といいます。
➡詳細は，次ページの欄外あるいは第Ⅱ編4章「形態係数」を参照のこと

屋根がなければ，床から空全体が見えます。この時の空の形態係数はΨ空＝1です．

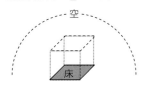

屋根があると，屋根で空の一部が隠れます。この時の空の形態係数はΨ空＜1です。

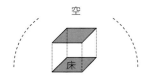

ここでは二通りの方法で，床から見る空の形態係数を求めてみます。
① 垂直の窓を通して，床から見る空の形態係数を求める方法
② 床から見る天井（屋根）の形態係数を求め，全形態係数（＝1.0）から差し引いて，天井で制限された空の形態係数を求める方法
形態係数は図 I-1-4 または図 I-1-5 を使って求めることができます。

<形態係数と立体投射率>
一般に形態係数というと，面対面の形態係数を指します。日射や熱放射（輻射）では面対面の現象ですから，（面対面の）形態係数を使います。

照明で点光源を扱う場合は，点対面の形態係数を使います。これは立体投射率ともいいます。

なお，照明でも相互反射を扱う場合は，面対面の形態係数を使います。

① 床から見る窓の形態係数

図 I-1-4 の垂直の形態係数を使います。

　縦：横：高＝1：1：1

　よって，$x/z=1$，$y/z=1$ です。床から見る窓の形態係数は $\Psi_{窓}=0.2$ となります。窓は東西南北の4面あるので，これを4倍すると床から見る空の形態係数になります。

　　$\Psi_{空}=0.2×4=0.8$

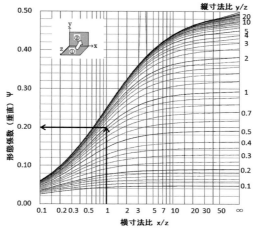

図 I-1-4　形態係数（垂直）Ψ

<床から窓を介して見る空の形態係数>

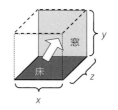

② 床から見る天井の形態係数

図 I-1-5 の平行の形態係数を使います。

　縦：横：高＝1：1：1

　よって，$x/z=1$，$y/z=1$ です。床から見る天井の形態係数は $\Psi_{天井}=0.2$ となります。全形態係数 "1.0" から天井の形態係数 "0.2" を差し引くと，天井（屋根）で制限された天空への形態係数になります。すなわち，

　　$\Psi_{空}=1.0-0.2=0.8$

を得ます。

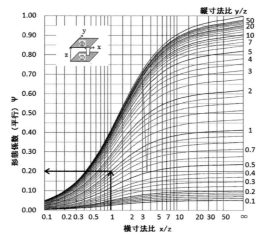

図 I-1-5　形態係数（平行）Ψ

<床から見る天井の形態係数>

【補足】立方体の形態係数

立方体の面相互の形態係数（面対面）はすべて 0.2 でした。なお，厳密な計算によると次の値になります。

　　　床から見る窓の形態係数（垂直）　　　　$\Psi=0.2000437\cdots$
　　　床から見る天井の形態係数（平行）　　　$\Psi=0.1998249\cdots$

以上より，天井（屋根）で制限された床から見る空の形態係数は $\Psi_{空}=0.8$ であることが分かりました。これより，屋根によって制限されて床面に注ぐ天空日射量は次のように，水平面天空日射量に空の形態係数を乗じて求めることができます。

$$J_{S(床)} = J_{S(H)} \times \Psi_{空} = 128 \times 0.8 = 102 \ [\text{W/m}^2]$$

図 I-1-6 に天空日射のまとめを示します。

＜立方体の形態係数＞

 $\Psi=0.2$

 $\Psi=0.2$

 $\Psi=0.2$

 $\Psi=0.2$

 $\Psi=0.2$

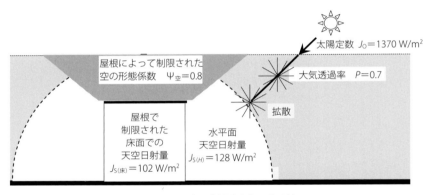

図 I-1-6　屋根で制限された天空日射

	大気透過率	P=	0.70		
	太陽方位	A=	90	°	真西
	太陽高度	H=	45	°	sinH= 0.70710667
天空日射による窓からの日射熱取得量	水平面天空日射量（ベルラーゲの式）	$J_{S(H)}$=	128	W/m2	$J_{S(H)}$= 0.5*Jo*sinH*(1-P^(1/sinH))/(1-1.4*LnP)
	床から見る空の形態係数	$\Psi_{空}$=	0.80		屋根で制限された床から見る空の形態係数（面対面）
	床に当たる水平面天空日射量	$J_{S(床)}$=	102	W/m2	$J_{S(床)}$= $J_{S(H)}*\Psi_{空}$
	3mm標準ガラスの日射熱取得率	gs=			gs= ∫gi*sini*cosi・di
	ガラスの遮蔽係数	SC=			
	窓からの天空日射熱取得量	qs=		W/m2	qs= $J_{S(床)}$*gs*SC

1-2-3　ガラスの入射角特性を考慮した日射熱取得

これまでは，窓にガラスがないものとして日射量を求めました。ガラスがあると表面で反射されたり，透過する間に吸収されます。日射のうち，室内に入って熱になるのは，透過成分と吸収成分のうちの室内側に放熱される成分であり，これが日射熱取得（solar heat gain）です。

（1）ガラスの入射角特性

図I-1-7は標準ガラス（3 mm透明ガラス）の入射角特性です。図で2つの点線の曲線に挟まれた領域が吸収成分です。この間にある実線の曲線が日射熱取得率を示します。

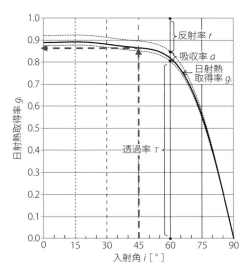

図I-1-7　3 mm透明ガラスの日射熱取得率の入射角特性

日射熱取得率は入射角によって大きく変化します。入射角が $i=0$（法線入射）の時の日射熱取得率が最大で，入射角が45°位までは概ねフラットです。入射角が45°を超えると急激に日射熱取得率が下がり，いわゆる全反射（鏡）に近い状態になります。

（2）入射角45°の直達日射の日射熱取得率

モデル建物では真西で太陽高度45°ですので，入射角は45°になります。図I-1-7より，入射角45°の日射熱取得率 g_i は約0.87と読み取れます。

なお，日射熱取得率は次式（I-1-3）で計算によって求めることもできます。

$$g_i = 2.392\cos i - 3.8636\cos^3 i + 3.7568\cos^5 i - 1.3952\cos^7 i \quad \text{(I-1-3)}$$

ここに，g_i：日射熱取得率［−］，i：入射角［°］または［rad］

これより入射角 $i=45°$ の時の標準日射熱取得率　$g_i=0.866$　を得ます。

（3）天空日射の日射熱取得率

天空日射はほぼ完全な一様拡散と見なせます。一様拡散の場合の日射熱取得率 g_s は式（I-1-3）を入射角 i で積分して求められます。すなわち，

$$g_s = \int_0^{\pi/2} g_i \cdot \cos i \cdot \sin i \cdot di = 0.808 \quad \text{(I-1-4)}$$

<**ガラスの日射熱取得率**>

ガラス内部での多重反射を含めて，全体の反射率を r，吸収率を a，透過率を τ とすると $r+a+\tau=1$ です。

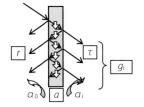

<**吸収成分の室内への流入**>

吸収成分 a は，外表面熱伝達率（$\alpha_o=23$）と内表面熱伝達率（$\alpha_i=9$）に応じて放熱されます。室内へ放熱される割合は次式で求められます。

$$N_i = \frac{\alpha_i}{\alpha_i + \alpha_o} = \frac{9}{9+23} \fallingdotseq 0.28$$

室外の熱伝達率 α_o よりも，室内の熱伝達率 α_i が小さいので，室内へ流入する熱の方が小さくなります。日射熱取得率は透過成分と吸収成分のうち室内に放熱される成分を加えて

$$g_i = \tau + a \times N_i$$

となります。

<**3 mm標準透明ガラスの日射熱取得率**>

直達日射／45°入射

$g_i = 0.866$

天空日射

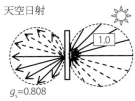
$g_s = 0.808$

【注意】天空光の場合，上半分からの入射になります。

（4）ガラスの遮蔽係数 SC

図 I-1-7 や式(I-1-3)，式(I-1-4)は 3 mm 透明ガラスの日射熱取得率です。その他のガラスの日射熱取得率の値は違うが，入射角特性の形は図 I-1-7 と相似形です。他のガラスやブラインドは，この 3 mm 透明ガラスの日射熱取得率を基準に遮蔽係数（shading coefficient）によって補正します。

（5）6 mm ガラスの場合の日射熱取得

＜ガラスの入射角特性を考慮した直達日射の日射熱取得＞

床面での直達日射の垂直成分は $J_{D(H)}=585$ W/m² でした。入射角 $i=45°$ の標準日射熱取得率は $g_i=0.866$ であり，右表 I-1-3 より，6 mm 透明ガラスの遮蔽係数は $SC=0.965$ ですから，直達日射の日射熱取得 q_D は次のように求めることができます。

$$q_D = J_{D(H)} \times g_i \times SC = 585 \times 0.866 \times 0.965 \fallingdotseq 489 \quad [\text{W/m}^2]$$

＜ガラスの入射角特性を考慮した天空日射の日射熱取得＞

屋根で制限された天空日射量は $J_{S(床)}=102$ W/m² でした。拡散日射の標準日射熱取得率は $g_s=0.808$ であり，6 mm 透明ガラスの遮蔽係数は $SC=0.965$ ですから，天空日射の日射熱取得 q_s は次のようになります。

$$q_S = J_{S(床)} \times g_s \times SC = 102 \times 0.808 \times 0.965 \fallingdotseq 80 \quad [\text{W/m}^2]$$

以上で，真西・太陽高度 45° の直達日射と屋根に制限された天空日射が，6 mm 透明ガラスを通して室内に侵入して日射熱取得となるまでのすべてが求まりました。

表 I-1-3 各種ガラスの遮蔽係数 SC

遮蔽係数 SC	[－]
＜単板ガラス＞	ブラインド無
透明 6 mm	0.965
熱吸（濃ブロンズ）6 mm	0.762
熱反（濃ブロンズ）6 mm	0.676
高性能熱反射（SS8）6 mm	0.293
＜複層ガラス＞	ブラインド無
透明 6+A6+ 透明 6	0.835
LowE（シルバー）6+A6+透明 6	0.616
LowE（グリーン）6+A6+透明 6	0.466
LowE（グリーン）6+A12+透明 6	0.466
＜単板ガラス＞	ブラインド有
透明 6 mm	0.501
熱吸（濃ブロンズ）6 mm	0.455
熱反（濃ブロンズ）6 mm	0.431
高性能熱反射（SS8）6 mm	0.217
＜複層ガラス＞	ブラインド有
透明 6+A6+ 透明 6	0.523
LowE（シルバー）6+A6+透明 6	0.428
LowE（グリーン）6+A6+透明 6	0.343
LowE（グリーン）6+A12+透明 6	0.343

出典：newHASP
原典：郡, 石野

＜遮蔽係数：SC＞

遮蔽係数の英語の shading は"遮る"という意味です。なお，SC の値は，完全に遮蔽した場合を"0"，完全に透過した場合を"1"として定義されます。

計算表

区分	項目	記号	値	単位	式
直達日射による窓からの日射熱取得量	法線面直達日射量（ブーガの式）	$J_{D(n)}=$	827	W/m2	$J_{D(n)} = J_0 * P^{(1/\sin H)}$
	水平面直達日射量	$J_{D(H)}=$	585	W/m2	$J_{D(H)} = J_{D(n)} * \sin H$
	ガラスの入射角	$i=$	45	°	$\cos i = 0.707$
	3mm標準ガラスの日射熱取得率	$g_i=$	0.866		$g_i = \cos i * (2.392 - \cos^2 i * (3.8636 - \cos^2 i * (3.7568 - \cos$
	ガラスの遮蔽係数	SC	0.965		
	窓からの直達日射熱取得量	$q_D=$	489	W/m2	$q_D = J_{D(H)} * g_i * SC$
天空日射による窓からの日射熱取得量	水平面天空日射量（ベルラーゲの式）	$J_{S(H)}=$	128	W/m2	$J_{S(H)} = 0.5 * J_0 * \sin H * (1 - P^{(1/\sin H)})/(1 - 1.4 * \ln P)$
	床から見る空の形態係数	$\psi_空=$	0.80		屋根で制限された床から見る空の形態係数（面対面）
	床に当たる水平面天空日射量	$J_{S(床)}=$	102	W/m2	$J_{S(床)} = J_{S(H)} * \psi_空$
	3mm標準ガラスの日射熱取得率	$g_S=$	0.808		$g_S = \int g_i * \sin i * \cos i \cdot di$
	ガラスの遮蔽係数	$SC=$	0.965		
	窓からの天空日射熱取得量	$q_S=$	80	W/m2	$q_S = J_{S(床)} * g_S * SC$

1-3 窓ガラスの貫流熱

貫流熱は内外の温度差によってもたらされる熱流です。一般的な式で表すと，次のようになります。

$$q_{GL} = K_{GL} \times (t_O - t_R) \quad (\text{I-1-5})$$

ここに，q_{GL}：ガラスの貫流熱 $[W/m^2]$
K_{GL}：ガラスの熱通過率 $[W/(m^2℃)]$
t_O：外気温度＝30℃　とした。
t_R：室内温度 $[℃]$（未知数です）

6 mm 透明ガラスの熱通過率は右の表 I-1-4 より，$K = 6.30\ W/(m^2℃)$ です。これより 6 mm 透明ガラスの場合の貫流熱 $q_{GL}[W/m^2]$ が得られます。

$$q_{GL} = K_{GL} \times (t_O - t_R) = 6.30 \times (30.0 - t_R) \quad (\text{I-1-5})'$$

式(I-1-5)' では，室温 t_R は未知数です。室内から外へ熱が流れるか，外から室内へ熱が流れるかは室温と外気温の温度条件により決まります。

【補足1】熱流の式は，室温 t_R を基準に考えるのが基本です。こうしておくと，外気温度が室温よりも高ければ $(t_O - t_R) > 0$ となり，熱流は外から室内に入ってきます。逆に，室温が外気温度より高いと $(t_O - t_R) < 0$ となり，熱流が室内から外に逃げていきます。

このように，室温を基準に式を立て，入ってくる熱を正（プラス），出ていく熱を負（マイナス）で捉えると考え方を統一できます。

【補足2】実務の空調の冷暖房負荷計算では，マイナスの熱負荷とかマイナスのボイラ能力では不自然ですので，冷房も暖房もプラスの値となるように，暖房と冷房で計算式の符号をわざわざ変えています。

表 I-1-4　各種ガラスの熱通過率 K

熱通過率　K	$[W/(m^2℃)]$
＜単板ガラス＞	ブラインド無
透明 6 mm	6.30
熱吸(濃ブロンズ) 6 mm	6.30
熱反(濃ブロンズ) 6 mm	6.30
高性能熱反射(SS8) 6 mm	5.10
＜複層ガラス＞	ブラインド無
透明 6+A6+ 透明 6	3.50
LowE(シルバー)6+A6+透明 6	2.70
LowE(グリーン)6+A6+透明 6	2.60
LowE(グリーン)6+A12+透明 6	1.80
＜単板ガラス＞	ブラインド有
透明 6 mm	4.50
熱吸(濃ブロンズ) 6 mm	4.50
熱反(濃ブロンズ) 6 mm	4.50
高性能熱反射(SS8) 6 mm	3.80
＜複層ガラス＞	ブラインド有
透明 6+A6+ 透明 6	2.90
LowE(シルバー)6+A6+透明 6	2.30
LowE(グリーン)6+A6+透明 6	2.30
LowE(グリーン)6+A12+透明 6	1.60

出典：newHASP
原典：郡，石野

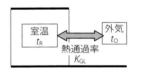

1-4 屋根からの日射を含めた貫流熱

不透明な屋根や外壁は光は透過しませんが、表面で日射が吸収され、その日射熱が屋根や外壁を通して室内に侵入します。外壁や屋根では、日射と外気温度を合成した"相当外気温度 *SAT*（Sol Air Temperature）"という概念を使って計算します。

（1）屋根の熱通過率

まず、屋根の熱性能である熱通過率を求めるところから始めます。壁体の熱通過率（熱貫流率ともいいます）は次式で求めます。

$$K_{RF} = \cfrac{1}{\cfrac{1}{\alpha_O} + \Sigma \cfrac{d}{\lambda} + \cfrac{1}{\alpha_i}} \tag{I-1-6}$$

ここに、K_{RF}：屋根の熱通過率 [W/(m²℃)]
　　　　α_O：外表面熱伝達率＝23 W/(m²℃) とする
　　　　α_i：内表面熱伝達率＝9 W/(m²℃) とする
　　　　d：部材の厚さ [m]
　　　　λ：部材の熱伝導率 [W/(m℃)]

モデル建物の屋根は厚さ d＝150 mm＝0.150 m のコンクリートです。外表面熱伝達率の α_o＝23 W/(m²℃)、内表面熱伝達率の α_i＝9 W/(m²℃) の値は、空調の熱負荷計算で一般的に使われる値です。

コンクリートの熱伝導率は、第Ⅱ編の表Ⅱ-1-2 より λ＝1.40 W/(m℃) を得ます。以上の数値を式(I-1-6)に代入すれば、熱通過率が得られます。

$$K_{RF} = \cfrac{1}{\cfrac{1}{\alpha_O} + \Sigma \cfrac{d}{\lambda} + \cfrac{1}{\alpha_i}} = \cfrac{1}{\cfrac{1}{23} + \Sigma \cfrac{0.150}{1.40} + \cfrac{1}{9}} = 3.82 \ [W/(m^2℃)]$$

なお、下記のように表形式で計算する方法もあります。この方が分かりやすく、実務ではこの方法で計算することが一般的です。

【屋根】	厚さ d [m]	熱伝導率 λ [W/(m℃)]		熱抵抗 R [m²℃/W]
外表面抵抗			Ro=1/αo	0.043
コンクリート	0.150	1.40	Rc=d/λ	0.107
断熱材	0.000	0.037	Rs=d·λ	0.000
内表面抵抗			Ri=1/αi	0.111
			Σ R=	0.262 [m²℃/W]
熱通過率			K_{RF}=1/Σ R=	**3.82** [W/(m²℃)]

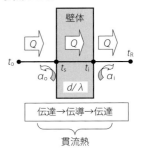

＜熱通過率＞
熱の流れは、外表面での熱伝達→躯体の熱伝導→内表面での熱伝達のプロセスを経て、外から室内へ伝えられます。熱通過率は、これら3つの連立方程式を解く代わりに、熱通過率という1つの性能値を使います。
➡詳細は第Ⅱ編1章「熱」を参照のこと

＜熱通過率の計算＞
本書では、左下の表形式で計算する方法を薦めます。
なお、厚さ d [m] は、小数点以下3桁に揃えて表示しています。こうすると、図面のmm 単位と、熱通過率で使う m 単位の桁とが対応し分かりやすくなります。細かいことですが、ミスを未然に防ぐことになり、結果的に仕事の能率が上がります。

左の屋根は断熱材が無いので、熱通過率の計算では厚さを0としています。

（2）日射を考慮した相当外気温度 SAT

相当外気温度 SAT とは，図 I-1-8 に示すように，日射量を温度に換算し，外気温度があたかも高くなったかのように扱う仮想的な温度です。相当外気温度は，屋根あるいは外壁のような不透明な壁体の，日射を含めた熱流の計算に用いられます。相当外気温度 SAT の定義式を次に示します。

$$SAT = t_0 + \frac{a}{\alpha_0} J_T \quad (\text{I-1-7})$$

ここに，SAT：相当外気温度［℃］
t_0：外気温度＝30℃ とする
J_T：表面に入射する全日射量［W/m²］
a：日射吸収率＝0.8［－］とする
α_0：外表面熱伝達率＝23 W/(m²℃) とする

＜SAT：相当外気温度＞
➡詳細は，第Ⅱ編1章「熱」の1-3節を参照のこと。

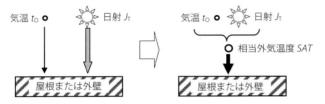

図 I-1-8　相当外気温度 SAT の概念

屋根面への日射は，1-2-1, 1-2-2 項で求めた水平面直達日射量 $J_{D(H)}=585$ W/m² と水平面天空日射量 $J_{S(H)}=128$ W/m² との和である水平面全日射量であり，その値は $J_T=713$ W/m² です。式(I-1-7) にこれを代入して SAT を求めると，

$$SAT = t_0 + \frac{a}{\alpha_0} J_{T(H)} = 30 + \frac{0.8}{23}(585+128) = 54.8 \quad [℃]$$

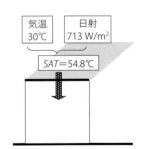

が得られます。

なお，SAT＝54.8℃のうち外気温度 30℃との差の 24.8℃が日射による影響分です。

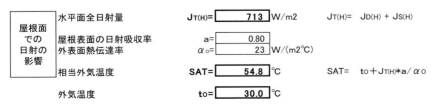

（3）日射を考慮した屋根からの貫流熱

相当外気温度 SAT を使って貫流熱 q_{RF} を求めます。

$$q_{RF} = K_{RF} \times (SAT - t_R) \tag{I-1-8}$$

ここに，q_{RF}：屋根の貫流熱［W/m²］
K_{RF}：屋根の熱通過率［W/(m²℃)］
SAT：相当外気温度［℃］
t_R：室内温度［℃］（未知数です）

式(I-1-8)は，外気温度が相当外気温度 SAT に置き換わるだけで，一般的な貫流熱を求める式と何ら変わりません。相当外気温度 SAT を用いることで，一般の貫流熱の式が使える，というところがミソです。

式(I-1-8)に，(1)で求めた屋根の熱通過率 $K_{RF}=3.82$ W/(m²℃)と，(2)で求めた相当外気温度 $SAT=54.8$℃を代入すると，日射の影響を含めた屋根からの貫流熱 q_{RF}［W/m²］が得られます。

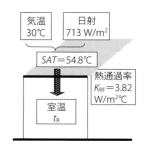

$$q_{RF} = K_{RF} \times (SAT - t_R) = 3.82 \times (54.8 - t_R) \tag{I-1-8}'$$

この式(I-1-8)′も，ガラスの貫流熱の式(I-1-5)′と同様に，室温 t_R を未知数として含んだ形になっています。この未知数である自然室温 t_R を次節で求めます。

1-5　熱平衡式とガラスの家の真夏の自然室温

　ここまでで，窓からの日射熱取得および貫流熱と，屋根からの日射を含めた貫流熱の個々の数学モデルを作りました。

　図 I-1-9 は，これらの熱の流れの全体を示しています。

　本節では，今までの熱流の式を集めて，ガラスの家全体の熱平衡式を作り，ガラスの家の夏期の自然室温を解きます。

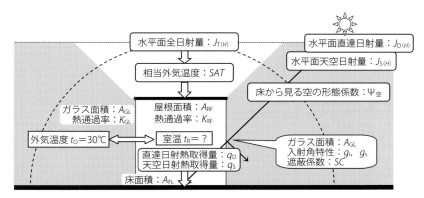

図 I-1-9　ガラスの家の熱の流れ

（1）熱流の式を集める

　ここまでの熱授受に関するすべての数式を以下に整理します。

①ガラスの日射熱取得

　　直達日射熱取得　　$q_D = J_{D(H)} \times g_i \times SC = 585 \times 0.866 \times 0.965 = 489$

　　天空日射熱取得　　$q_S = J_{S(床)} \times g_s \times SC = 102 \times 0.808 \times 0.965 = 80$

②ガラスの貫流熱　　$q_{GL} = K_{GL} \times (t_O - t_R) = 6.30 \times (30.0 - t_R)$

③屋根の貫流熱　　$q_{RF} = K_{RF} \times (SAT - t_R) = 3.82 \times (54.8 - t_R)$

　　　　　　　　　　　　　　　　　　　　　　　　　　　　　　　（I-1-9）

　①の日射熱取得 q_D, q_S や③の相当外気温度 SAT は具体的な数値が得られていますが，②と③の貫流熱 q_{GL}, q_{RF} の式では室温 t_R が未知数として入ったままになっています。

これらの式を統合して室温 t_R を求めます。

　上式の日射熱取得 q_D, q_S や貫流熱 q_{GL}, q_{RF} は単位面積当たりの値［W/m²］ですから，これに面積を掛けることで正味の熱量［W］になります。

各部位の面積は以下の通りです。
①ガラスの日射熱取得は床に当たる日射量で算定しました。
　　よって床の面積（A_{FL}）を取ります　　　　　$A_{FL}=50$ m^2
②ガラスの熱貫流率はガラスの面積（A_{GL}）を取ります　$A_{GL}=200$ m^2
③屋根の貫流熱は屋根面積（A_{RF}）を取ります　　　$A_{RF}=50$ m^2

（2）熱平衡式を立てる

以上で，ガラスの家の室温を求めるためのすべての条件が揃いました。それでは，熱の要素をすべて集めた"熱平衡式"を立ててみましょう。

式（I-1-9）の4つの式に，面積を掛けたものが熱量のすべてですから，これらを一堂に集めればよいのです。すなわち，

$$\underbrace{A_{FL}(q_D+q_S)}_{\text{ガラスの日射熱取得}} + \underbrace{A_{GL} \cdot K_{GL}(t_O-t_R)}_{\text{ガラスの貫流熱}} + \underbrace{A_{RF} \cdot K_{RF}(SAT-t_R)}_{\text{屋根の日射を含んだ貫流熱}} = 0 \qquad \text{（I-1-10）}$$

式（I-1-10）の左辺第1項はガラスの日射熱取得（直達と天空）であり，第2項がガラスの貫流熱であり，第3項が外気温度と日射による屋根からの貫流熱です。

右辺の"=0"は熱平衡つまりバランスしている，あるいは過不足がないことを意味します。

（3）自然室温を求める

式（I-1-10）を未知数である室温 t_R について変形します。

$$t_R = \frac{A_{FL}(q_D+q_S) + A_{GL} \cdot K_{GL} \cdot t_O + A_{RF} \cdot K_{RF} \cdot SAT}{A_{GL} \cdot K_{GL} + A_{RF} \cdot K_{RF}} \qquad \text{（I-1-11）}$$

この式（I-1-11）に各数値を代入すると，自然室温が得られます。すなわち，

$$t_R = \frac{50 \times (489+80) + 200 \times 6.30 \times 30 + 50 \times 3.82 \times 54.8}{200 \times 6.30 + 50 \times 3.82} \fallingdotseq 52.9 \quad [\text{℃}]$$

これで漸くガラスの家の真夏の外気温度30℃のときの自然室温 $t_R=52.9$℃が得られました。
これまでの計算過程のすべてをまとめたものを表 I-1-5 に示します。

<予測との比較>
得られた室温は相当に高い。初めに予想した室温と比べてどうだったでしょうか。
なお，ここで求めた結果の数値は表計算ソフトによって求めたものです。手計算や電卓で求めた場合とでは桁数の扱いが異なるため最後の数値が若干違うことがあります。

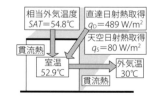

表 I-1-5　夏期の自然室温を求める計算表（結果）

	項目	記号	値	単位	式・備考
	太陽定数	$J_O=$	1370	W/m2	
	大気透過率	$P=$	0.70		
	太陽方位	$A=$	90	°	真西
	太陽高度	$H=$	45	°	$\sin H=$ 0.70710667
直達日射による窓からの日射熱取得量	法線面直達日射量（ブーガの式）	$J_{D(n)}=$	827	W/m2	$J_{D(n)}= J_O * P^{(1/\sin H)}$
	水平面直達日射量	$J_{D(H)}=$	585	W/m2	$J_{D(H)}= J_{D(n)} * \sin H$
	ガラスの入射角	$i=$	45	°	$\cos i=$ 0.707
	3mm標準ガラスの日射熱取得率	$gi=$	0.866		$gi= \cos i*(2.392-\cos^2 i*(3.8636-\cos^2 i*(3.7568-\ldots$
	ガラスの遮蔽係数	$SC=$	0.965		
	窓からの直達日射熱取得量	$q_D=$	489	W/m2	$q_D= J_{D(H)}*gi*SC$
天空日射による窓からの日射熱取得量	水平面天空日射量（ベルラーゲの式）	$J_{S(H)}=$	128	W/m2	$J_{S(H)}= 0.5*J_O*\sin H*(1-P^{(1/\sin H)})/(1-1.4*\ln P)$
	床から見る空の形態係数	$\Psi_{空}=$	0.800		屋根で制限された床から見る空の形態係数（面対面）
	床に当たる水平面天空日射量	$J_{S(床)}=$	102	W/m2	$J_{S(床)}= J_{S(H)}*\Psi_{空}$
	3mm標準ガラスの日射熱取得率	$gs=$	0.808		$gs= \int gi*\sin i*\cos i \cdot di$
	ガラスの遮蔽係数	$SC=$	0.965		
	窓からの天空日射熱取得量	$q_S=$	80	W/m2	$q_S= J_{S(床)}*gs*SC$
屋根面での日射の影響	水平面全日射量	$J_{T(H)}=$	713	W/m2	$J_{T(H)}= J_{D(H)} + J_{S(H)}$
	屋根表面の日射吸収率	$a=$	0.80		
	外表面熱伝達率	$\alpha_o=$	23	W/(m2℃)	
	相当外気温度	$SAT=$	54.8	℃	$SAT= t_o + J_{T(H)}*a/\alpha_o$
	外気温度	$t_o=$	30.0	℃	
	ガラスの熱貫流率	$K_{GL}=$	6.30	W/(m2℃)	
	屋根の熱貫流率	$K_{RF}=$	3.82	W/(m2℃)	
	屋根面積	$A_{RF}=$	50	m2	
	窓ガラスの面積	$A_{GL}=$	200	m2	
	外壁の面積	$A_{WL}=$	0	m2	
	床面積	$A_{FL}=$	50	m2	
	熱バランス式				$A_{FL}*(q_D+q_S)+A_{GL}*K_{GL}*(t_o-t_R)+A_{RF}*K_{RF}*(SAT-t_R)=0$
	室温について解く	$t_R=$	52.9	℃	$t_R=\{ A_{FL}*(Q_D+Q_S)+A_{GL}*K_{GL}*t_o+A_{RF}*K_{RF}*SAT \}/\{ A_{GL}*\ldots$
	換気量	$G_{OA}=$		m3/h	$Cp\cdot\rho=$ 1.2072　　$Cp=$ 1.006
	換気を加味した熱バランス式				$A_{FL}*(Q_D+Q_S)+A_{GL}*K_{GL}*(t_o-t_R)+A_{RF}*K_{RF}*(SAT-t_R)+Cp\ldots$
	換気を加味した室温を解く	$t_R=$		℃	$t_R=\{ A_{FL}*(Q_D+Q_S)+A_{GL}*K_{GL}*t_o+A_{RF}*K_{RF}*SAT+Cp*\rho*G_o\ldots$

2章　真夏の自然室温を下げるための検討

　予想された結果とはいえ，1章で求めたガラスの家の真夏の自然室温の52.9℃はとても人が住める状態ではありません。それでは，どのようにすれば自然室温を下げられるでしょうか。基準とする＜原型＞のガラスの家に対して，ここでは次の5つの手法を取り上げ，それぞれの効果を分析していきます。

1) ガラスの「種類」を変える
2) 窓ガラスに「ブラインド」を付ける
3) 窓に外部日除けの「庇」を設ける
4) 屋根に「断熱」を施す
5) 「換気」をする

2-1　ガラスの種類を変える

　取り上げるケースは次の①～③の3ケースとします。ガラスの種類により日射遮蔽性能である遮蔽係数 SC と保温性能である熱通過率 K が変わります。ここでは，原型の6mm透明ガラスに対して，保温性が高い透明複層ガラスと，保温性と日射遮蔽が共に良い LowE 複層ガラスを取り上げます。

① ＜原型＞6mm透明ガラス　　$SC^{①}=0.965$, $K_{GL}^{①}=6.30\ \mathrm{W/(m^2℃)}$
② 透明複層ガラス　　　　　　$SC^{②}=0.835$, $K_{GL}^{②}=3.50$
③ LowE 複層ガラス　　　　　$SC^{③}=0.466$, $K_{GL}^{③}=2.60$

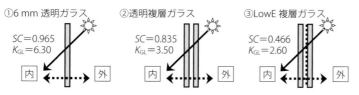

図 I-2-1　各種ガラスの遮蔽係数 SC と熱通過率 K_{GL}

①が第1章で計算した6mmの透明ガラスです。これを＜原型＞とします。
②の複層ガラスは，空気層により保温性が高くなります。すなわち熱通過率 K が小さくなります。
③の LowE ガラスとは，放射（E＝emissivity）が低く日射遮蔽性能が高く，かつ保温性能の高い（熱通過率 K が小さい）複層ガラスです。

表 I-1-3　各種ガラスの遮蔽係数 SC（再掲）

遮蔽係数 SC	［－］
＜単板ガラス＞	ブラインド無
透明 6 mm	0.965
熱吸(濃ブロンズ) 6 mm	0.762
熱反(濃ブロンズ) 6 mm	0.676
高性能熱反射(SS8) 6 mm	0.293
＜複層ガラス＞	ブラインド無
透明 6+A6+ 透明 6	0.835
LowE(シルバー)6+A6+透明 6	0.616
LowE(グリーン)6+A6+透明 6	0.466
LowE(グリーン)6+A12+透明 6	0.466
＜単板ガラス＞	ブラインド有
透明 6 mm	0.501
熱吸(濃ブロンズ) 6 mm	0.455
熱反(濃ブロンズ) 6 mm	0.431
高性能熱反射(SS8) 6 mm	0.217
＜複層ガラス＞	ブラインド有
透明 6+A6+ 透明 6	0.523
LowE(シルバー)6+A6+透明 6	0.428
LowE(グリーン)6+A6+透明 6	0.343
LowE(グリーン)6+A12+透明 6	0.343

出典：newHASP
原典：郡, 石野

＜LowE 複層ガラス＞
LowE ガラスには多くの種類がありますが，ここでは LowE（グリーン）と透明ガラスの複層ガラスで空気層6mm としました。

ガラスの種類が変わると遮蔽係数 SC と熱通過率 K_{GL} の値が変わりますが、ここではこれらを補正する形で自然室温を求めることにします。式(I-1-11)で記号＊を付したところの数値がガラスの種類によって変わります。

$$t_R = \frac{A_{FL}(q_D + q_S) \times SC^*/SC^① + A_{GL} \cdot K_{GL}^* \cdot t_O + A_{RF} \cdot K_{RF} \cdot SAT}{A_{GL} \cdot K_{GL}^* + A_{RF} \cdot K_{RF}} \quad (I\text{-}2\text{-}1)$$

なお，日射の熱取得 q_D と q_S は，＜原型＞の遮蔽係数が $SC^① = 0.965$ の場合の値ですから，各ケースの遮蔽係数 SC^* との比率で補正します。熱通過率 K_{GL}^* は採用したガラスの値をそのまま代入します。

表 I-1-4　各種ガラスの熱通過率 K（再掲）

熱通過率　K	[W/(m²℃)]
＜単板ガラス＞	ブラインド無
透明 6 mm	6.30
熱吸(濃ブロンズ) 6 mm	6.30
熱反(濃ブロンズ) 6 mm	6.30
高性能熱反射(SS8) 6 mm	5.10
＜複層ガラス＞	ブラインド無
透明6+A6+透明6	3.50
LowE(シルバー)6+A6+透明6	2.70
LowE(グリーン)6+A6+透明6	2.60
LowE(グリーン)6+A12+透明6	1.80
＜単板ガラス＞	ブラインド有
透明 6 mm	4.50
熱吸(濃ブロンズ) 6 mm	4.50
熱反(濃ブロンズ) 6 mm	4.50
高性能熱反射(SS8) 6 mm	3.80
＜複層ガラス＞	ブラインド有
透明6+A6+透明6	2.90
LowE(シルバー)6+A6+透明6	2.30
LowE(グリーン)6+A6+透明6	2.30
LowE(グリーン)6+A12+透明6	1.60

出典：newHASP
原典：郡, 石野

【問 2-1】　①＜原型＞の透明1枚ガラスの場合の自然室温は 52.9℃でした。それでは，②（透明複層ガラス）を採用した場合の自然室温を求めなさい。

【解 2-1】　②では遮蔽係数が $SC^① = 0.965 \rightarrow SC^② = 0.835$ と小さくなり，熱通過率も $K_{GL}^① = 6.30 \rightarrow K_{GL}^② = 3.50$ と小さくなります。

式(I-2-1)に値を代入して室温を得ます。

$$t_R = \frac{50 \times (489 + 80) \times \boxed{0.835}/0.965 + 200 \times \boxed{3.50} \times 30 + 50 \times 3.82 \times 54.8}{200 \times \boxed{3.50} + 50 \times 3.82}$$

$$\fallingdotseq 62.9 \, [℃]$$

【問 2-2】　③（LowE 複層ガラス）を採用した場合の自然室温を求めなさい。

【解 2-2】　③では遮蔽係数が $SC^③ = 0.466$ となり，一方，ガラスの熱通過率が $K_{GL}^③ = 2.60$ になります。式(I-2-1)に値を代入して自然室温を得ます。

$$t_R = \frac{50 \times (489 + 80) \times \boxed{0.466}/0.965 + 200 \times \boxed{2.60} \times 30 + 50 \times 3.82 \times 54.8}{200 \times \boxed{2.60} + 50 \times 3.82}$$

$$\fallingdotseq 56.0 \, [℃]$$

【問 2-3】　②（透明複層ガラス）の場合の室温は 62.9℃，③（LowE 複層ガラス）でも室温は 56.0℃で，どちらも①＜原型＞の1枚ガラスの室温 52.9℃よりも高くなりました。高性能なガラスに変えたのに，なぜ自然室温が高くなったのでしょうか，その理由を考えて下さい。

【解 2-3】　①（1枚ガラス）に比べて，②（透明複層ガラス）では，遮蔽係数が少し小さくなるだけで日射熱取得量はそれほど変わらず，一方，保温性が良くなるため熱を封じ込めてしまいます。このため室温が高くなります。③（LowE 複層ガラス）は，日射熱を半分以下に抑えますが，保温性が更に良くなり，熱を封じ込める効果が勝ったということです。
要するに，日射遮蔽性能と保温性能のバランスの問題です。

【補足】
複層ガラスや LowE ガラスは日射遮蔽性能が良くなりますが，それ以上に保温性が良くなるために，熱がこもり夏期の自然室温を高める結果になりました。

なお，この結果だけを見て，ガラスの性能を上げても効果がないと考えるのは早計です。

本章の最後まで読んで下さい。3 章の冷暖房の熱負荷では，違った傾向を示します。こちらも必ず見てください。

＜コラム I-1＞　いろいろなガラスの性能

　ガラスは多種多様であり，性能もまたいろいろです。図 I-2-2 に，各種ガラスの熱通過率と遮蔽係数を示します。

　ガラスの種類としては，○透明ガラス，□熱線吸収ガラス，◇熱線反射ガラス，△高性能熱線反射ガラス，✕LowE ガラスに分類しています。同じマークでやや大きめのマークは二重ガラスの場合です。なお，空気層は 6 mm の場合です。

　また，黒塗りのマークはブラインド付きの場合です。ブラインドは明色で室内側に取り付けた場合です。

　破線は本章のケーススタディで取り上げているガラス，つまり，1)透明ガラス，2)透明＋透明の二重ガラス，3)LowE＋透明の二重ガラスで，それぞれブラインド無しの場合とブラインド付きの場合を繋いだものです。

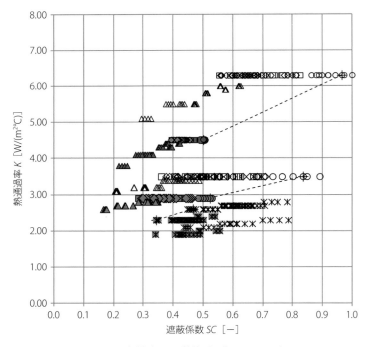

図 I-2-2　各種ガラスの性能　（原典：newHASP）

2-2 窓ガラスにブラインドを付ける

取り上げるケースは次の④〜⑥の3ケースとします。これらは，先の①〜③と同じ窓ガラスにブラインドを付けたものです。なお，ブラインドは室内側に付ける内ブラインド，色は明色とします。

窓ガラスにブラインドを付けるとブラインドが日射を反射することにより日射遮蔽性能が高まります（遮蔽係数 SC が小さくなります）。また，ガラスとブラインドの間の空気層により保温性能も高まり，熱通過率 K が小さくなります。窓ガラスにブラインドを付けた各ケースの遮蔽係数 SC と熱通過率 K_{GL} は以下の通りです。

④ 6 mm 透明ガラス＋ブラインド　　$SC^{④}=0.501$, $K_{GL}^{④}=4.50$ [W/(m²℃)]
⑤ 透明複層ガラス＋ブラインド　　　$SC^{⑤}=0.523$, $K_{GL}^{⑤}=2.90$
⑥ LowE 複層ガラス＋ブラインド　　$SC^{⑥}=0.343$, $K_{GL}^{⑥}=2.30$

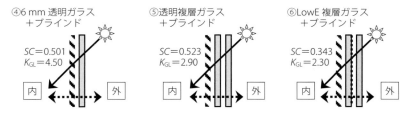

図 I-2-3　各種ガラス＋ブラインドの遮蔽係数 SC と熱通過率 K

窓ガラスにブラインドを付けた場合，変わるのは遮蔽係数と熱通過率です。よって，ブラインドを付けた場合の室温は式(I-2-1)がそのまま使えます。

【問 2-4】④ 6 mm 透明ガラスの窓にブラインドを付けた場合の室温を求めなさい。

【解 2-4】④では遮蔽係数が $SC^{④}=0.501$ となり，熱通過率が $K_{GL}^{④}=4.50$ になります。これらを式(I-2-1)に代入して室温を得ます。

$$t_R = \frac{50\times(489+80)\times\boxed{0.501}/0.965+200\times\boxed{4.50}\times30+50\times3.82\times54.8}{200\times\boxed{4.50}+50\times3.82}$$

$$\fallingdotseq 47.9\,[℃]$$

【問 2-5】⑤透明複層ガラスにブラインドを付けた場合の室温を求めなさい。

【解 2-5】⑤では遮蔽係数が $SC=0.523$ となり、熱通過率が $K_{GL}=2.90$ になります。これらを式(I-2-1)に代入して室温を得ます。

$$t_R = \frac{50\times(489+80)\times\boxed{0.523}/0.965+200\times\boxed{2.90}\times30+50\times3.82\times54.8}{200\times\boxed{2.90}+50\times3.82}$$

$$\fallingdotseq 56.1\,[℃]$$

【問 2-6】⑥の LowE 複層ガラスにブラインドを付けた場合の室温を求めなさい。

【解 2-6】⑥では、遮蔽係数が $SC^{⑥}=0.343$ になり、熱通過率が $K_{GL}^{⑥}=2.30$ になります。これらを式(I-2-1)に代入して室温を得ます。

$$t_R = \frac{50\times(489+80)\times\boxed{0.343}/0.965+200\times\boxed{2.30}\times30+50\times3.82\times54.8}{200\times\boxed{2.30}+50\times3.82}$$

$$\fallingdotseq 52.8\,[℃]$$

<ブラインドの効果>
問 2-1 および問 2-2 では、高性能なガラス単独では真夏の自然室温は高くなりました。
　問 2-4〜問 2-6 では、ブラインドを付けることで改善されましたが、まだ十分ではありません。本章の最後まで読んで下さい。

ケース①〜⑥の結果を表 I-2-1 および図 I-2-4 に示します。ブラインドを付けない場合の同じガラスと比較して、ブラインドを付けると自然室温がかなり下がる結果となりました。

表 I-2-1　ガラスの種類およびブラインドの有無による夏期の自然室温（外気温度 30℃）

<ブラインド無>	遮蔽係数:SC [—]	熱通過率:K_{GL} [W/(m²℃)]	自然室温:t_R [℃]
① 6mm透明ガラス	0.965	6.30	52.9
② 透明複層ガラス	0.835	3.50	62.9
③ LowE複層ガラス	0.466	2.60	56.0

<ブラインド有>	遮蔽係数:SC [—]	熱通過率:K_{GL} [W/(m²℃)]	自然室温:t_R [℃]
④ 6mm透明ガラス ＋ ブラインド	0.501	4.50	47.9
⑤ 透明複層ガラス ＋ ブラインド	0.523	2.90	56.1
⑥ LowE複層ガラス ＋ ブラインド	0.343	2.30	52.8

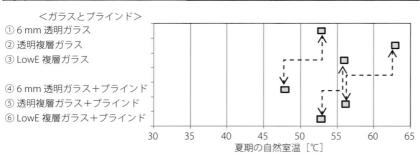

図 I-2-4　ガラスの種類およびブラインドの有無による夏期の自然室温（外気温度 30℃）

<コラムⅠ-2> エアフローウィンドウとダブルスキン

　ガラスは赤外線（遠赤外線）が透過しにくいという性質を持っています。地球環境で問題になっている二酸化炭素などの"温室効果ガス"が遠赤外線を宇宙に逃がさないのと原理は同じです。

　LowE ガラスは，ガラスの内表面に透明な金属膜をコーティングして赤外線を反射させ，透過しにくい性能を強化したものです。このガラスの"温室効果"を建物に利用したものが「エアフローウィンドウ」や「ダブルスキン」です。

　まず，2枚のガラスの間にあるブラインドでいったん日射を受けます。一部は外部に反射しますが，大部分の日射はブラインドに吸収され，ブラインドの表面から遠赤外線となって放出されます。しかし，室内側のガラスがこの遠赤外線を遮断するので，日射熱が室内に入るのを効果的に防ぐことができます。ブラインドの角度を変えれば，時刻によって変化する直射光に対応できるので，特に真横から日射が差し込む西側や東側の窓には「エアフローウィンドウ」や「ダブルスキン」は非常に有効です。

　冬期には，「エアフローウィンドウ」や「ダブルスキン」の2枚のガラスで密閉された空間が温室となり，窓ガラスが冷え込まず，暖房を不要にすることも可能です。

　このように，本来は熱的な弱点を持つ窓廻りの空間（ペリメータと言います）ですが，窓を「エアフローウィンドウ」や「ダブルスキン」にすることによって，冷房時の日射熱や暖房時の冷え込みを抑え，室内の温熱環境を高めることができます。同時に，窓廻り専用の空調設備を不要にすることができます。このような方法を「ペリメータレス空調」といいます。

【設計の勘所】「エアフローウィンドウ」や「ダブルスキン」を上手に機能させるためには，「自動制御ブラインド」を採用して，時々刻々変わる太陽に合わせてブラインドの角度を変化させることが重要です。これが手動であると，結局は誰も操作しないので閉め切りになっていつも暗いか，開けっ放しで，せっかくの日射遮蔽効果を発揮できません。

【熱の排出】ブラインドで受けた日射熱は，エアフローウィンドウでは室内の余剰排気を使って，ダブルスキンでは外気を通風させて外部に排出されます。余剰排気とは，空調設備から室内に供給した新鮮外気のうち便所などから建物外に排気した残りです。このため，必要以上に大きな窓面積にするとか，居住者数に応じて外気取入量を増減する最小外気量制御を行う場合には，エアフローウィンドウに必要な余剰排気が確保できないことがあります。

<ダブルスキン>

2枚のガラスの間のブラインドは，日射の方位・高度・晴曇に合わせてスラット角が自動制御されます。2枚のガラスの空間は，自動制御ダンパで，日射熱除去時には外気通風，冬期の断熱時には密閉状態に切り替えられます。

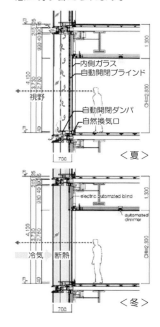

2-3　窓に庇を設ける

窓ガラスにブラインドを付けることで，真夏の室温を下げることができました。しかし，まだ十分とは言えません。周囲4周すべてが窓で日射熱負荷が大きいため，更なる日射遮蔽が必要です。そこで本節では，外部日除けである"庇"を取り上げ，その効果を検証します。

本節では，庇無しの窓①（6 mm 透明ガラスでブラインド無し）に対して，⑦（庇の出1/2）の窓と⑧（庇の出1/1）の窓を取り上げます。

- ① 庇無し：＜原型＞ケース①（6 mm 透明ガラスでブラインド無し）
- ⑦ 庇の出1/2　➡　窓高さの1/2の庇で，直達日射を半分遮る。
- ⑧ 庇の出1/1　➡　窓高さと同じ庇で，直達日射を完全に遮る。

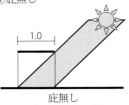

＜直達日射の遮蔽率＞
①庇無し

庇無し
直達日射の遮蔽率 $\phi_{庇}^{①}=1.0$

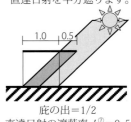

⑦庇の出1/2
直達日射を半分遮ります。

庇の出=1/2
直達日射の遮蔽率 $\phi_{庇}^{⑦}=0.5$

（1）庇による直達日射の遮蔽率

右欄の図で，太陽が真西で太陽高度45°場合，

- ①庇無し　　　：日射を遮らないので，庇の遮蔽率は $\phi_{庇}^{①}=1.0$ です。
- ⑦庇の出1/2：直達日射を半分遮りますから，遮蔽率は $\phi_{庇}^{⑦}=0.5$ です。
- ⑧庇の出1/1：直達日射を完全に遮りますから，遮蔽率は $\phi_{庇}^{⑧}=0$ です。

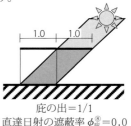

⑧庇の出1/1
直達日射を完全に遮ります。

庇の出=1/1
直達日射の遮蔽率 $\phi_{庇}^{⑧}=0.0$

（2）庇がある場合の床から見る空の形態係数

庇は天空日射も遮ります。屋根で制限された空の形態係数は前章1-2-1（2）で求めた $\Psi_{空}=0.80$ でした。庇によってどのくらい天空日射を遮蔽するかも同じ形態係数を使って求めます。庇の形態係数の計算原理の詳細は第Ⅱ編4章を見て頂くとして，ここでは公式を使って求めることにします。

右下の図は，⑦（庇の出1/2）の場合ですが，床面を ①と③，天井と庇を ②と④ とに分けます。求めたい形態係数は床①から見る庇④の形態係数 $\Psi_{1,4}$ ですが，次の公式により求めることができます。

$$\Psi_{1,4}=\frac{\Psi_{(1+3),(2+4)}\times A_{(1+3)}-\Psi_{1,2}\times A_1-\Psi_{3,4}\times A_3}{2\times A_1} \quad (\text{I-2-2})$$

ここで，形態係数 $\Psi_{(1+3),(2+4)}$，$\Psi_{1,2}$，$\Psi_{3,4}$ は図I-2-5の線図から直接求めることができます。また A_1，A_3，$A_{(1+3)}$ は面積ですから既知の値です。これらから式（I-2-2）を使って形態係数 $\Psi_{1,4}$ の値を求めることができます。

それでは庇がある場合の空の形態係数を求めてみましょう。

＜天空日射の形態係数＞
⑦庇の出が1/2の場合

【問2-7】⑦（庇の出1/2）の床①から見る庇④の形態係数を求めなさい。

【解2-7】各面の寸法比と形態係数および面積を整理すると次のようになります。なお，形態係数の値は下図 I-2-5 から求めたものです。

	寸法比	形態係数	面積(m^2)
床①+③と天井②+庇④	$x/z=1.5, y/z=1$	$\Psi_{(1+3),(2+4)}=0.25$	$A_{(1+3)}=75$
床①と天井②	$x/z=1, y/z=1$	$\Psi_{1,2}=0.20$	$A_1=50$
床③と庇④	$x/z=0.5, y/z=1$	$\Psi_{3,4}=0.12$	$A_3=25$

以上を式（I-2-2）に代入して，床①から見る庇④の形態係数 $\Psi_{1,4}$ を得ます。すなわち，$\Psi_{1,4}=\dfrac{0.25\times75-0.2\times50-0.12\times25}{2\times50}=0.06$

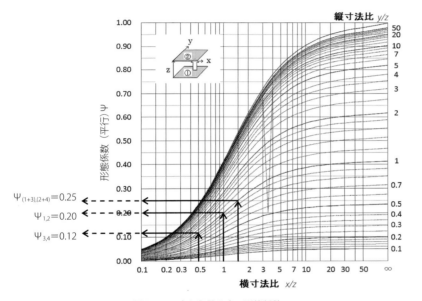

図 I-2-5　床から見る庇の形態係数

【問2-8】⑦（庇の出1/2）の，天井②と庇④で制限された床①から見る空の形態係数を求めなさい。

【解2-8】全形態係数1.0から，天井②と庇④の形態係数を差し引けばよいので，$\Psi^{⑦}_{空}=1.0-\Psi_{1,2}-\Psi_{1,4}=1-0.2-0.06=0.74$ となります。
この床から見る空の形態係数 $\Psi^{⑦}_{空}$ が天空日射に対する遮蔽率になります。

【問2-9】⑧（庇の出1/1）の，天井②と庇④で制限された床①から見る空の形態係数を求めなさい。

【解2-9】➡ 右欄

＜形態係数における寸法比と面積比＞

形態係数は実寸法でなく寸法比で求めます。

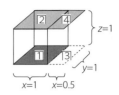

式（I-2-2）では実面積で示していますが，これを面積の比率，つまり，

$A_{(1+3)}:A_1:A_3=1.5:1:0.5$

を用いて計算しても結果は同じです。

＜庇による天空日射の遮蔽率＞

庇がどのくらい日射を遮るかを，直達日射の場合は遮蔽率 ϕ で表していますが，天空日射の場合は，床から見る空の形態係数 $\Psi_{空}$ が遮蔽率になります。

【解2-9】
⑧（庇の出1/1）の場合
1) $\Psi_{(1+3),(2+4)}=0.286$,
   $A_{(1+3)}=100$
   $\Psi_{1,2}=0.2, A_1=50$
   $\Psi_{3,4}=0.2, A_3=50$
2) $\Psi_{1,4}=0.086$
3) 床から見る空の形態係数は
   $\Psi^{⑧}_{空}=1-\Psi_{1,2}-\Psi_{1,4}$
   $=1-0.2-0.086$
   $=0.714$

（3）窓に庇を付けた場合の自然室温

庇を付けると日射を直接遮蔽するので、ガラスから入る日射熱取得が小さくなります。直達日射による日射熱取得量 q_D は、庇の遮蔽率 $\phi_庇^*$ だけ小さくなります。一方、天空日射による日射熱取得量 q_S は、①＜原型＞でも屋根で制限されていますから、各ケースの空の形態係数 $\Psi_空^*$ と原型の空の形態係数 $\Psi_空^①=0.80$ との比率で補正します。

空に庇を付けた場合の自然室温の式は式(I-2-3) となります。＊を付した記号の数値が庇の出により変化します。

$$t_R = \frac{A_{FL}(q_D \cdot \phi_庇^* + q_S \cdot \Psi_空^* / \Psi_空^①) + A_{GL} \cdot K_{GL} \cdot t_O + A_{RF} \cdot K_{RF} \cdot SAT}{A_{GL} \cdot K_{GL} + A_{RF} \cdot K_{RF}} \quad \text{(I-2-3)}$$

【問 2-10】⑦（庇の出 1/2）の場合の自然室温を求めなさい。

【解 2-10】①では、直達日射に対する遮蔽率は $\phi_庇^①=1.0$ であり、天空日射の形態係数は $\Psi_空^①=0.80$ でした。⑦では、直達日射の庇の遮蔽率は $\phi_庇^⑦=0.5$ であり、天空日射の場合の空の形態係数は $\Psi_空^⑦=0.74$ です。これらを式(I-2-3) に代入して自然室温を得ます。

$$t_R = \frac{50 \times (489 \times \boxed{0.5} + 80 \times \boxed{0.74}/0.80) + 200 \times 6.30 \times 30 + 50 \times 3.82 \times 54.8}{200 \times 6.30 + 50 \times 3.82}$$

$$\fallingdotseq 44.2 \, [℃]$$

【問 2-11】⑧（庇の出 1/1）の場合の自然室温を求めなさい。

【解 2-11】➡ 表 I-2-2 および図 I-2-6

表 I-2-2 窓に庇を設けた場合の夏期の自然室温（外気温度 30℃）

	＜庇＞	直達日射遮蔽率 $\phi_庇$	空の形態係数 $\Psi_空$	自然室温: t_R [℃]
①	庇無し	1.00	0.800	52.9
⑦	庇の出 1/2	0.50	0.740	44.2
⑧	庇の出 1/1	0.00	0.714	35.7

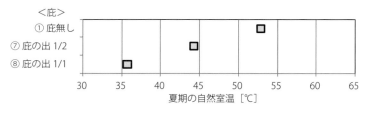

図 I-2-6 窓に庇を設けた場合の夏期の自然室温（外気温度 30℃）

＜庇の効果＞
ケース⑦⑧で検証したように、庇は外部で日射を遮蔽するので、室温を下げるのに非常に効果的であることがわかりました。

<コラム I-3> すだれを見直す—外部日除けの効果—

　太陽光による冷房負荷を効果的に削減するためには，日射を室内に入れないことが大切です。「すだれ」を見直してはいかがでしょうか。

　真夏の南面は太陽高度が高いので「庇」で直射光を遮ることができます。しかし，東面や西面では太陽高度が低くなり，窓に垂直に太陽光が入射するので，ブラインドやカーテンを垂らすしかありません。このブラインドから室内への再放射を防ぐ方法が，「エアフローウィンドウ」や「ダブルスキン」です。

　ガラス窓の無い時代から，日本の民家では西側の軒に「すだれ」を下げて夏の西日を防いでいました。現代でも住宅の夏の西日対策には，「すだれ」を下げることが最も効果的です。高層集合住宅やオフィスビル用としては「外ブラインド」があります。ドイツではアルミ製の外ブラインドのメーカーが多数ありますが，日本ではまだ普及が進んでいません。その理由は，日本では台風など雨や風の気象条件がヨーロッパより過酷で，耐久性に問題があったためです。近年，日本の気象に耐えられる外ブラインドが開発され，中層ビルでも採用できるようになりました。

　カーテンや内ブラインドの日射遮蔽率は 0.53〜0.41 ですが，外付けのブラインドの日射遮蔽率は 0.14〜0.17 であり，日射熱の侵入を 20% 以下に抑えることができ，内付けのブラインドの 3 倍近い遮蔽性能があります。外付けブラインドの日射遮蔽性能の高さは，冷房の省エネルギー効果が得られるとともに，雲など天候で日射強度が変化しても，室内温熱環境への影響が少ないことを意味し，空調の制御も容易になります。

日除け資材別の遮蔽効果　　＊次世代省エネルギー基準（1999 年告示）より抜粋

ガラスの仕様	ガラス面の η 値（日射遮蔽率）			
	日射遮蔽物等の種類			
	なし	レースカーテン	内付けブラインド	外付けブラインド
普通複層ガラス	0.79	0.53	0.45	0.17
Low-E 複層ガラス A	0.74	0.53	0.47	0.16
Low-E 複層ガラス B	0.61	0.46	0.41	0.15
Low-E 複層ガラス C	0.58	0.45	0.41	0.14

<外ブラインドの例 1>

<日建設計・東京ビル>
電動式で開閉と角度が自動制御されます。

【外ブラインドの例 2】
中部大学のゼミ室での実験
西向きの窓です。左が外ブラインドで，右が内ブラインドです。

内ブラインドでは，日射が当たる午後に，ブラインド表面温度が非常に高くなります。

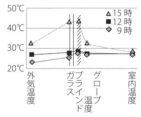

外ブラインドでは，ブラインドで吸収した日射熱が風によって奪い去られるため，ガラスの温度が高くなりません。

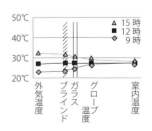

2-4 屋根に断熱を施す

取り上げるケースは以下の通りです。①＜原型＞は屋根に断熱がない場合です。これに対して，⑨では屋根に 25 mm の断熱，⑩では 50 mm の断熱，⑪では 100 mm の断熱を施すものとします。いずれも室内側に断熱するものとします。断熱は保温性を高めると同時に，日射熱を室内に伝えにくく日射遮蔽効果もあります。

① 断熱無し＜原型：ケース①＞熱通過率 K_{RF}＝3.82 W/(m²℃)
⑨ 屋根断熱 25 mm
⑩ 屋根断熱 50 mm
⑪ 屋根断熱 100 mm

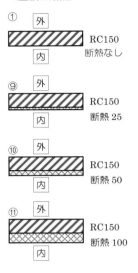

＜屋根の断熱＞

① RC150 断熱なし
⑨ RC150 断熱 25
⑩ RC150 断熱 50
⑪ RC150 断熱 100

（1）断熱がある場合の屋根の熱通過率

断熱材は，スチレン発泡板（熱伝導率は λ＝0.037 W/(m℃)）とします。

【問 2-12】⑩（屋根断熱 50 mm）の熱通過率を求めなさい。

【解 2-12】屋根断熱 50 mm がある場合の熱通過率は下の表のようになります。
熱通過率 $K_{RF}^{⑩}$＝0.62 を得ます。

➡ 材料の熱伝導率については表 Ⅱ-1-2 を参照のこと

【屋根】	厚さ d [m]	熱伝導率 λ [W/(m℃)]		熱抵抗 R [m²℃/W]
外表面抵抗			Ro=1/αo	0.043
コンクリート	0.150	1.40	Rc=d/λ	0.107
断熱材	0.000	0.037	Rs=d・λ	1.351
内表面抵抗			Ri=1/αi	0.111
			ΣR=	1.613 [m²℃/W]
熱通過率			K_{RF}=1/ΣR=	**0.62** [W/(m²℃)]

【問 2-13】⑨（屋根断熱 25 mm），⑪（屋根断熱 100 mm）の熱通過率を求めなさい。

【解 2-13】➡ 右欄

（2）屋根に断熱を施した場合の自然室温

屋根の熱通過率が変わる場合の自然室温は式（Ⅰ-2-4）により求めます。この式で，＊のところの値がケースによって変わるところです。

$$t_R = \frac{A_{FL}(q_D+q_S) + A_{GL} \cdot K_{GL} \cdot t_O + A_{RF} \cdot K_{RF}^* \cdot SAT}{A_{GL} \cdot K_{GL} + A_{RF} \cdot K_{RF}^*} \quad (Ⅰ\text{-}2\text{-}4)$$

＜表面熱伝達率＞
一般的に，外表面熱伝達率は
　α_o＝23 W/(m²℃)
内表面熱伝達率は
　α_i＝9 W/(m²℃)
が使われます。

【解 2-13】
ケース⑩の断熱材 50 mm の断熱部分の熱抵抗がケース⑨では半分に，ケース⑪では 2 倍になります。この熱抵抗を置き換えればよいのです。
ケース⑨では
　ΣR＝0.937 m²℃/W
　$K_{RF}^{⑨}$＝1.07 W/(m²℃)
ケース⑪では
　ΣR＝2.964 m²℃/W
　$K_{RF}^{⑪}$＝0.34 W/(m²℃)

【問 2-14】ケース⑩（屋根に断熱 50 mm）の場合の自然室温を求めなさい。

【解 2-14】ケース⑩の屋根の熱通過率 $K_{RF}^{⑩}=0.62$ を式（I-2-3）に代入すれば自然室温を得ます。

$$t_R=\frac{50\times(489+80)+200\times6.30\times30+50\times\boxed{0.62}\times54.8}{200\times6.30+50\times\boxed{0.62}}=52.6\ ℃$$

【問 2-15】ケース⑨（屋根断熱 25 mm）およびケース⑪（屋根断熱 100 mm）の場合の自然室温を求めなさい。

【解 2-15】➡ 表 I-2-3 および図 I-3-7

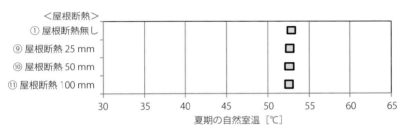

表 I-2-3 屋根に断熱を施した場合の夏期の自然室温（外気温度 30℃）

<屋根断熱>	日射侵入率:η [－]	熱通過率:K_RF [W/(m²℃)]	自然室温:t_R [℃]
① 屋根断熱無し	0.133	3.82	52.9
⑨ 屋根断熱 25mm	0.037	1.07	52.7
⑩ 屋根断熱 50mm	0.022	0.62	52.6
⑪ 屋根断熱 100mm	0.012	0.34	52.6

図 I-2-7 屋根に断熱を施した場合の夏期の自然室温（外気温度 30℃）

<屋根の日射侵入率 η>
屋根や外壁などは光は通しませんが，日射熱は壁体を通じて室内に侵入します。
屋根や外壁など不透明な部位の日射侵入率 η は
$$\eta=(a/\alpha_o)\times K$$
として得られます。なお，
　a：外表面での日射吸収率
　α_o：外表面熱伝達率
　K：壁体の熱通過率
です。
外表面での日射吸収率 a と，外表面熱伝達率 α_o は 1-4 節で屋根の SAT を求める時に
　$a=0.80$
　$\alpha_o=23\ W/(m^2℃)$
としました。
壁体の熱通過率 K はケースによって変わります。
➡詳細は，第Ⅱ編 1-3 節で説明します。

【補足】
　断熱無しの①＜原形＞の自然室温 52.9℃が，⑨（屋根断熱 25 mm）では 52.7℃と少し下がりました。しかし，⑩（屋根断熱 50 mm）で断熱材を 2 倍にしても 52.6℃，⑪（屋根断熱 100 mm）と更に 2 倍にしても 52.6℃であり，断熱を厚くしても自然室温はあまり下がりません。
　なお，この結果だけを見て，屋根断熱の効果は小さいとか，屋根断熱は不要であると判断するのは早計です。断熱は省エネルギーおよび室温を適性にするための基本中の基本です。本書のモデル建物は 4 周すべてがガラスでガラス面積が非常に大きいため，ガラスからの日射熱取得が支配的となっています。このため相対的に屋根断熱の効果が小さくなったに過ぎません。
　第 3 章の熱負荷では，屋根断熱の効果がより顕著に現れます。是非，第 3 章も読んでください。

2-5 換気をする

これまでは換気がない条件でした。室温よりも外気温度が低い場合は、窓を開けて換気をすることで室温を下げることができます。本節では、換気によりどのくらい室温を下げられるかを検討します。

<換気の効果>
換気で室温が下がるのは、気温が室温よりも低い時です。

（1）換気により室外に排出される熱量

換気により室外に排出される熱量は次式(I-2-5)で表されます。

$$Q_{OA} = c_p \cdot \rho \cdot G_{OA}(t_O - t_R) \times 1000/3600 \qquad (\text{I-2-5})$$

ここに、Q_{OA}：換気により室外に排出される熱量 [W]
　　　　c_p：空気の定圧比熱＝1.006 kJ/(kg℃)
　　　　ρ：空気の比重＝1.2 kg/m³　とする。
　　　　G_{OA}：換気量 [m³/h]
　　　　t_O：外気温度 [℃]
　　　　t_R：室温 [℃]（未知数）

<換気の式の係数>
式(I-2-5)で、1000は比熱の単位 kJ を J の値に換算するための係数であり、3600は時間当たり [/h] を秒当たり [/s] に換算するための係数です。
これにより、熱量の単位が kJ/h → W に換算されます。

上式において $c_p \times \rho \times 1000/3600 ≒ 0.335$ となり1つの定数として扱います。よって、式(I-2-5)は次のようになります。

$$Q_{OA} = 0.335 \times G_{OA}(t_O - t_R) \qquad (\text{I-2-6})$$

なお、本節では換気量を換気回数で表します。換気回数は室の容積 350 m³ を基準にします。例えば、換気回数1回/hの場合の換気量は G_{OA}＝350 m³/h です。

<換気回数と換気風量>
換気回数とは1時間に室の空気が何回入れ替わるかという指標です。
本モデルは一辺が 7.07 m の立方体であり容積は 353.39 m³ ですが、計算を簡単化するため 350 m³ とします。

（2）換気を含めた熱平衡式

第1章で示した熱平衡式(I-1-10)に換気の項を加えると、次式のようになります。

$$A_{FL}(q_D + q_S) + A_{GL} \cdot K_{GL}(t_O - t_R) + A_{RF} \cdot K_{RF}(SAT - t_R) + 0.335 G_{OA}(t_O - t_R) = 0 \qquad (\text{I-2-7})$$

これを室温 t_R について解くと、次式(I-2-8)が得られます。この式で＊の値がケースによって変わるところです。

$$t_R = \frac{A_{FL}(q_D + q_S) + A_{GL} \cdot K_{GL} \cdot t_O + A_{RF} \cdot K_{RF} \cdot SAT + 0.335 \times G_{OA}^* \cdot t_O}{A_{GL} \cdot K_{GL} + A_{RF} \cdot K_{RF} + 0.335 \times G_{OA}^*}$$

$$(\text{I-2-8})$$

<換気を含む熱収支>

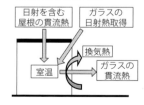

（3）換気による室温を下げる効果

ここでは，次のケースを取り上げます。
- ① 換気無し　　　＜原型：ケース①＞
- ⑫ 換気回数 1 回/h　　換気量 $G_{OA}^{⑫}=350 \text{ m}^3/\text{h}$
- ⑬ 換気回数 2 回/h
- ⑭ 換気回数 5 回/h
- ⑮ 換気回数 10 回/h

＜換気回数の目安＞
・空調熱負荷計算で見込む冬の隙間風の換気回数は
　ビルでは　0〜0.6 回/h
　住宅では　0.3〜1.0 回/h
・空調で取り入れる外気風量は換気回数で概ね　2 回/h
・空調も外気を含む給気風量は，事務所の場合，換気回数に換算すると　5〜8 回/h

【問 2-16】⑫（換気回数が 1 回/h）の場合の自然室温を求めなさい。

【解 2-16】式（I-2-8）で換気量を $G_{OA}^{⑫}=350 \text{ m}^3/\text{h}$ として室温 t_R を求めます。

$$t_R = \frac{50 \times (489+80) + 200 \times 6.30 \times 30 + 50 \times 3.82 \times 54.8 + 0.335 \times \boxed{350} \times 30}{200 \times 6.30 + 50 \times 3.82 + 0.335 \times \boxed{350}}$$

$$\fallingdotseq 51.2 \text{ [℃]}$$

【問 2-17】ケース⑬〜⑮の各換気回数の場合の室温を求めなさい。

【解 2-17】➡ 結果を表 I-2-4 および図 I-2-8 に示します。

　換気により自然室温が大きく下がり，換気の効果が大きいことが分かります。究極的に換気量を無限大にすれば，自然室温は外気温度と同じ 30℃まで下がります。

表 I-2-4　換気回数と夏期の自然室温（外気温度 30℃）

	＜換気＞	換気回数[回/h]	換気風量 G_{OA} [m³/h]	自然室温: t_R [℃]
①	換気　無し	0.0	0	52.9
⑫	換気回数　1回/h	1.0	350	51.2
⑬	換気回数　2回/h	2.0	700	49.7
⑭	換気回数　5回/h	5.0	1750	46.3
⑮	換気回数　10回/h	10.0	3500	42.6
参考	換気回数　20回/h	20.0	7000	38.7

＜換気の実現可能性＞
換気には，風力換気，温度差換気あるいは機械換気などの方法があります。
本節では，どの位の換気が可能かは問うていませんが，これについては第Ⅱ編 6 章で勉強します。

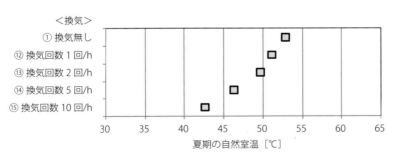

図 I-2-8　換気回数と夏期の自然室温（外気温度 30℃）

2 章　真夏の自然室温を下げるための検討

2-6 組み合わせ効果

これまでは，各ケースのそれぞれの単独の効果を検討しました。ここでは，これらの要素を組み合わせた効果を検討します。

<ケース⑯>
- ① 6 mm 透明ガラス　　　$SC^{①}=0.965$, $K_{GL}^{①}=6.30$
- +④ ブラインド　　　　　$SC^{④}=0.501$, $K_{GL}^{④}=4.50$
- +⑦ 庇の出が 1/2 の庇　　直達日射の遮蔽率　$\phi_{庇}^{⑦}=0.5$
  天空日射の形態係数 $\Psi_{空}^{⑦}=0.74$
- +⑩ 屋根断熱 50 mm　　　$K_{RF}^{⑩}=3.82 \rightarrow K_{RF}^{⑩}=0.62$
- +⑭ 換気回数 5 回/h　　　$G_{OA}^{⑭}=1750 \text{ m}^3/\text{h}$

組み合わせ効果では，出発点の①＜原型＞（6 mm 透明ガラス）から始めて，順次，④ブラインド→⑦庇→⑩屋根断熱→⑭換気と段階的に組み合わせる方法で検討します。

熱平衡式：すべての要素を含む熱平衡式は次式（I-2-9）になります。ここで＊を添えた値が各ケースで変わるところです。

$$t_R = \frac{A_{FL}(q_D \cdot \phi_{庇}^* + q_S \cdot \Psi_{空}^*/\Psi_{空}^{①}) \cdot SC^*/SC^{①} + A_{GL} \cdot K_{GL}^* \cdot t_O + A_{RF} \cdot K_{RF}^* \cdot SAT + 0.335 \times G_{OA}^* \cdot t_O}{A_{GL} \cdot K_{GL}^* + A_{RF} \cdot K_{RF}^* + 0.335 \times G_{OA}^*}$$

（I-2-9）

【問 2-18】ケース⑯の各要素を組み合わせたときの自然室温を求めなさい。

【解 2-18】順次，要素を加えていきます。

① ガラスの遮蔽係数は $SC^{①}=0.965$, 熱通過率は $K_{GL}^{①}=6.30 \text{ W}/(\text{m}^2\text{℃})$ です。庇が無いので直達日射の遮蔽率は $\phi_{庇}^{①}=1.0$，天空日射の空への形態係数は $\Psi_{空}^{①}=0.80$ です。断熱の無い屋根の熱通過率は $K_{RF}^{①}=3.82 \text{ W}/(\text{m}^2\text{℃})$ であり，換気量は $G_{OA}^{①}=0.0 \text{ m}^3/\text{h}$ です。

自然室温を改めて示せば，式（I-2-9）に各値を代入して下記を得ます。

$$t_R = \frac{50\times(489+80)+200\times\boxed{6.30}\times30+50\times\boxed{3.82}\times54.8}{200\times\boxed{6.30}+50\times\boxed{3.82}} \fallingdotseq 52.9 \text{ [℃]}$$

④ 6 mm 透明ガラス＋ブラインドの遮蔽係数は $SC^{④}=0.501$ であり，熱通過率は $K_{GL}^{④}=4.50 \text{ W}/(\text{m}^2\text{℃})$ です。これらを式（I-2-9）に代入して自然室温を得ます。

<基準ケースの与条件>
外気温度：30℃
相当外気温度 SAT：54.8℃
日射熱取得：直達 489 W/m²
　　　　　　天空 80 W/m²
は透明ガラス 6 mm，庇なしの場合で，床面での日射熱取得です。
面積は 床 50 m², 屋根 50 m², 窓 200 m² です。

$$t_R = \frac{50\times(489+80)\times\boxed{0.501}/0.965 + 200\times\boxed{4.50}\times30 + 50\times3.82\times54.8}{200\times\boxed{4.50}+50\times3.82} \fallingdotseq 47.9\ [℃]$$

⑦庇の出 1/2 の庇の直達日射の遮蔽率は $\phi_{庇}^{⑦}=0.5$ であり，天空日射の形態係数は $\Psi_{空}^{⑦}=0.74$ です。これらを式 (I-2-9) に代入して自然室温を得ます。

$$t_R = \frac{50\times(489\times\boxed{0.5}+80\times\boxed{0.74}/0.80)\times0.501/0.965 + 200\times4.50\times30 + 50\times3.82\times54.8}{200\times4.50+50\times3.82} = 41.9\ [℃]$$

⑩屋根断熱 50 mm の熱通過率は $K_{RF}^{⑩}=0.62\ \mathrm{W/(m^2℃)}$ です。式 (I-2-9) に代入して自然室温を得ます。

$$t_R = \frac{50\times(489\times0.5+80\times0.74/0.80)\times0.501/0.965 + 200\times4.50\times30 + 50\times\boxed{0.62}\times54.8}{200\times4.50+50\times\boxed{0.62}} = 39.7\ [℃]$$

⑭換気回数 5 回/h の換気量は $G_{OA}^{⑭}=1750\ \mathrm{m^3/h}$ です。式 (I-2-9) に代入して自然室温を得ます。

$$t_R = \frac{50\times(489\times0.5+80\times0.74/0.80)\times0.501/0.965 + 200\times4.50\times30 + 50\times0.62\times54.8 + 0.335\times\boxed{1750}\times30}{200\times4.50+50\times0.62+0.335\times\boxed{1750}}$$
$$= 36.0\ [℃]$$

　組み合わせ効果の結果を表 I-2-5 および図 I-2-9 に示します。①，④，⑦，⑩，⑭を組み合わせることで，室温を 36.0℃まで下げることができました。また，単独ではほとんど効果が見られなかった⑩屋根断熱も，①+④+⑦の他の要素と組み合わせることで自然室温を 41.9℃ → 39.7℃と 2.2℃も下げる効果が見られることに着目してください。

表 I-2-5　組み合わせによる夏期の自然室温（外気温度 30℃）

⑯＜組み合わせ＞	夏期の自然室温 t_R[℃]	
	単独効果	組み合わせ効果
① 6mm透明ガラス	52.9	52.9
①+④ ブラインド	47.9	47.9
①+④+⑦ 庇の出 1/2	44.2	41.9
①+④+⑦+⑩ 屋根断熱 50mm	52.6	39.7
①+④+⑦+⑩+⑭ 換気回数5回/h	46.3	36.0

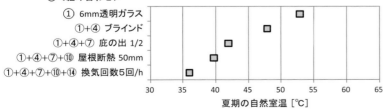

図 I-2-9　組み合わせによる夏期の自然室温（外気温度 30℃）

3章　冷暖房の熱負荷

　本章では，冷房と暖房の熱負荷を求めます。ここでのポイントは，自然室温を下げる場合と冷暖房の熱負荷を小さくする場合で各手法の効果の表れ方に違いがあること，また，同じ熱負荷でも冷房と暖房とでは各手法の効果の表れ方に違いがあることを理解することです。

3-1　冷暖房負荷を求める時の条件

（1）室内外の条件

＜冷房＞　冷房時の条件は，1章，2章と同じとします。
　　　　　室温は標準的な冷房時の室温である $t_R=26$℃ とします。

＜暖房＞　暖房時の条件は冬の寒い日とし，次の条件とします。
　　① 日射が無い条件とします。（→右欄）
　　② 外気温度は $t_O=0$℃ とします。
　　③ 室温は $t_R=22$℃ とします。

<暖房負荷時の日射>
　日中の日射がゼロということはありませんが，いわゆる設計用負荷計算では安全側の計算をする意味で，暖房負荷では日射が無いものとして計算します。

（2）冷暖房負荷の熱平衡式

＜冷房時＞　熱平衡式は次式（I-3-1）となります。

$$A_{FL}(q_D+q_S)+A_{GL}\cdot K_{GL}(t_O-t_R)+A_{RF}\cdot K_{RF}(SAT-t_R)+0.335\times G_{OA}(t_O-t_R)=Q_{AC} \quad \text{(I-3-1)}$$

＜暖房時＞　熱平衡式は次式（I-3-2）となります。

$$A_{GL}\cdot K_{GL}(t_O-t_R)+A_{RF}\cdot K_{RF}(t_O-t_R)+0.335\times G_{OA}(t_O-t_R)=Q_{AC} \quad \text{(I-3-2)}$$

自然室温の熱平衡式との違いは次の3点です。
　① 室温が未知数ではなく与条件になります。冷房時は $t_R=26$℃，暖房時は $t_R=22$℃ とします。
　② 右辺が "=0" ではなく "=Q_{AC}" であり，熱負荷 Q_{AC} [W] を未知数として解きます。この熱負荷は，冷房時は正の値（$Q_{AC}>0$）として得られ，暖房時は負の値（$Q_{AC}<0$）として得られます。
　③ 暖房負荷では日射を無視したので，式（I-3-2）では日射の項が消えています。また，相当外気温度 SAT ではなく，外気温度 t_O になります。

3-2 冷暖房負荷を求める

検討するケースは前の 2 章のすべてのケースとします。冷暖房負荷を求めるのに式(I-3-1)と式(I-3-2)に各ケースの値を代入しても良いのですが，ここでは下式(I-3-3)と式(I-3-4)を使って，①〈原型〉を元に各ケースの値で補正する方法で解くことにします。＊印の箇所が各ケースで値が変化する箇所です。なお，日射熱所得 q_D, q_S には空の形態係数 $\Psi_空^①$ やガラスの遮蔽係数 $SC^①$ が組み込まれているため，〈原型〉の値に対し，直達日射は日除けの遮蔽率 $\phi_庇^*$ で補正し，天空日射は庇を含む空の形態係数 $\Psi_空^*$ で補正します。

＜冷房時＞
$$A_{FL}(q_D \cdot \phi_庇^* + q_S \cdot \Psi_空^*/\Psi_空^①) \cdot SC^*/SC^① + A_{GL} \cdot K_{GL}^* (t_O - t_R)$$
$$+ A_{RF} \cdot K_{RF}^* (SAT - t_R) + 0.335 \times G_{OA}^* (t_O - t_R) = Q_{AC} \quad (I\text{-}3\text{-}3)$$

＜暖房時＞
$$A_{GL} \cdot K_{GL}^* (t_O - t_R) + A_{RF} \cdot K_{RF}^* (t_O - t_R) + 0.335 \times G_{OA}^* (t_O - t_R) = Q_{AC} \quad (I\text{-}3\text{-}4)$$

(1) 冷房負荷を求める

【問 3-1】①〈原型〉の場合の冷房負荷を求めなさい。

【解 3-1】式(I-3-1)を使います，式が横に長くなるので，下記に示すように項ごとに分けて求め，最後に合計します

- 窓の日射熱取得　$Q_S = A_{FL}(q_D + q_S) = 50 \times (489 + 80) = 28,450$
- 窓の貫流熱　$Q_{GL} = A_{GL} \cdot K_{GL}(t_O - t_R) = 200 \times 6.30 \times (30-26) = 5,040$
- 屋根の貫流熱　$Q_{RF} = A_{RF} \cdot K_{RF}(SAT - t_R) = 50 \times 3.82 \times (54.8-26) = 5,500.8$
- 換気の熱負荷　$Q_{OA} = 0$　　（ケース①では換気量はゼロです）
- 冷房負荷　$Q_{AC} = Q_S + Q_{GL} + Q_{RF} + Q_{OA} = 38,990.8$ W $≒ 39.0$ kW

【問 3-2】組み合わせケース⑯の全要素を含めた冷房負荷を求めなさい。

【解 3-2】式(I-3-3)を使います。。

- 窓の日射熱取得（④透明ガラス＋ブラインド，⑦庇の出 1/2）
$$Q_S = A_{FL} \cdot (q_D \cdot \phi_庇^⑦ + q_S \cdot \Psi_{庇,空}^⑦/\Psi_空^①) \cdot SC^④/SC^①$$
$$= 50 \times (489 \times 0.5 + 80 \times 0.74/0.80) \times 0.501/0.965 = 8,267.8$$
- ④窓の貫流熱　$Q_{GL} = A_{GL} \cdot K_{GL}^④ (t_O - t_R) = 200 \times 4.50 \times (30-26) = 3,600$
- ⑩屋根の貫流熱　$Q_{RF} = A_{RF} \cdot K_{RF}^⑩ (SAT - t_R) = 50 \times 0.62 \times (54.8-26) = 892.8$
- ⑭換気の熱負荷　$Q_{OA} = 0.335 \times G_{OA}^⑭ (t_O - t_R) = 0.335 \times 1750 \times (30-26) = 2,345$
- 冷房負荷　$Q_{AC} = Q_S + Q_{GL} + Q_{RF} + Q_{OA} = 15,105.6$ W $≒ 15.1$ kW

＜各ケースの条件＞
- ガラス
  6 mm ガラス
  $SC^① = 0.965$, $K_{GL}^① = 6.30$
  6 mm + 6 mm 複層ガラス
  $SC^② = 0.835$, $K_{GL}^② = 3.50$
  LowE 複層ガラス
  $SC^③ = 0.466$, $K_{GL}^③ = 2.60$
- ガラス＋ブラインド
  6 mm ガラス
  $SC^④ = 0.501$, $K_{GL}^④ = 4.50$
  6 mm + 6 mm 複層ガラス
  $SC^⑤ = 0.523$, $K_{GL}^⑤ = 2.90$
  LowE 複層ガラス
  $SC^⑥ = 0.343$, $K_{GL}^⑥ = 2.30$
- 庇
  庇無し
  $\phi_庇^① = 1$, $\Psi_空^① = 0.80$
  庇の出 1/2
  $\phi_庇^⑦ = 0.5$, $\Psi_空^⑦ = 0.74$
  庇の出 1/1
  $\phi_庇^⑧ = 0$, $\Psi_空^⑧ = 0.71$
- 屋根断熱
  断熱無し　$K_{RF}^① = 3.82$
  断熱 25 mm　$K_{RF}^⑨ = 1.07$
  断熱 50 mm　$K_{RF}^⑩ = 0.62$
  断熱 100 mm　$K_{RF}^⑪ = 0.34$
- 換気
  換気無し　$G_{OA}^① = 0$
  換気 1 回/h　$G_{OA}^② = 350$
  換気 2 回/h　$G_{OA}^③ = 700$
  換気 5 回/h　$G_{OA}^⑭ = 1750$
  換気 10 回/h　$G_{OA}^⑮ = 3500$

＜熱負荷の単位＞

　式から求める熱負荷の単位は［W］ですが，W 単位では桁数が大きくなるので，ここでは［kW］単位とし，小数以下 1 桁まで求めることにします。

【問 3-3】問 3-1，問 3-2 以外のすべてのケースの冷房負荷を求めなさい。
【解 3-3】➡ 結果を表 I-3-1 に示します。

【問 3-4】ガラスを Low E 複層ガラスに変えた場合の組み合わせケース⑰の冷房負荷を求めなさい。
【解 3-4】➡ 結果を表 I-3-1 に示します。

（2）暖房負荷を求める

検討するケースは，冷房負荷と同様に前の 2 章の①＜原型＞から⑰＜組み合わせ＞までの各ケースとします。各ケースの条件は繰り返しになるので，ここでは省略します。

【問 3-5】①＜原型＞の場合の暖房負荷を求めなさい。
【解 3-5】式 (I-3-2) を使います．式が横に長くなるので，下記に示すように各項ごとに分けて求め，最後に合計します。

- 窓の貫流熱　　$Q_{GL} = A_{GL} \cdot K_{GL}^{①}(t_O - t_R) = 200 \times 6.30 \times (0-22) = -27,720$
- 屋根の貫流熱　$Q_{RF} = A_{RF} \cdot K_{RF}^{①}(t_O - t_R) = 50 \times 3.82 \times (0-22) = -4,202$
- 換気の熱負荷　$Q_{OA} = 0$　　（→ ケース①では換気量はゼロです）

　冷房負荷　　　$Q_{AC} = Q_S + Q_{GL} + Q_{RF} + Q_{OA} = -31,922 \text{ W} ≒ -31.9 \text{ kW}$

【問 3-6】組み合わせケース⑯の全要素を含めた暖房負荷を求めなさい。
【解 3-6】式 (I-3-4) を使います。

- ④窓の貫流熱　　$Q_{GL} = A_{GL} \cdot K_{GL}^{④}(t_O - t_R) = 200 \times 4.50 \times (0-22) = -19,800$
- ⑨屋根の貫流熱　$Q_{RF} = A_{RF} \cdot K_{RF}^{⑩}(SAT - t_R) = 50 \times 0.62 \times (0-22) = -682$
- ⑬換気の熱負荷

  $Q_{OA} = 0.335 \times G_{OA}^{⑬}(t_O - t_R) = 0.335 \times 1750 \times (0-22) = -12,897.5$

　暖房負荷　　　$Q_{AC} = Q_{GL} + Q_{RF} + Q_{OA} = -33,379.5 \text{ W} ≒ -33.4 \text{ kW}$

【問 3-7】問 3-5，問 3-6 以外のすべてのケースの暖房負荷を求めなさい。
【解 3-7】➡ 結果を表 I-3-1 に示します。

【問 3-8】ガラスを Low E 複層ガラスに変えた場合の組み合わせケース⑰の暖房負荷を求めなさい。
【解 3-8】➡ 結果を表 I-3-1 に示します。

表 I-3-1　各ケースの夏期の冷房負荷（室温 26℃）と冬期の暖房負荷（室温 22℃）

<ブラインド無>	冷房負荷 [kW]	負荷の内訳						暖房負荷 [kW]	負荷の内訳		
		日射熱取得	直達日射	天空日射	窓貫流熱	屋根貫流熱	換気		窓	屋根	換気
① 6 mm 透明ガラス	39.0	28.4	24.4	4.0	5.0	5.5	0.0	−31.9	−27.7	−4.2	0.0
② 透明複層ガラス	32.9	24.6	21.2	3.5	2.8	5.5	0.0	−19.6	−15.4	−4.2	0.0
③ LowE 複層ガラス	21.3	13.7	11.8	1.9	2.1	5.5	0.0	−15.6	−11.4	−4.2	0.0

<ブラインド有>	冷房負荷 [kW]	負荷の内訳						暖房負荷 [kW]	負荷の内訳		
		日射熱取得	直達日射	天空日射	窓貫流熱	屋根貫流熱	換気		窓	屋根	換気
④ 6 mm 透明ガラス + ブラインド	23.9	14.8	12.7	2.1	3.6	5.5	0.0	−24.0	−19.8	−4.2	0.0
⑤ 透明複層ガラス + ブラインド	23.2	15.4	13.3	2.2	2.3	5.5	0.0	−17.0	−12.8	−4.2	0.0
⑥ LowE 複層ガラス + ブラインド	17.5	10.1	8.7	1.4	1.8	5.5	0.0	−14.3	−10.1	−4.2	0.0

<庇>	冷房負荷 [kW]	負荷の内訳						暖房負荷 [kW]	負荷の内訳		
		日射熱取得	直達日射	天空日射	窓貫流熱	屋根貫流熱	換気		窓	屋根	換気
① 庇無し	39.0	28.4	24.4	4.0	5.0	5.5	0.0	−31.9	−27.7	−4.2	0.0
⑦ 庇の出 1/2	26.5	15.9	12.2	3.7	5.0	5.5	0.0	−31.9	−27.7	−4.2	0.0
⑧ 庇の出 1/1	14.1	3.6	0.0	3.6	5.0	5.5	0.0	−31.9	−27.7	−4.2	0.0

<屋根断熱>	冷房負荷 [kW]	負荷の内訳						暖房負荷 [kW]	負荷の内訳		
		日射熱取得	直達日射	天空日射	窓貫流熱	屋根貫流熱	換気		窓	屋根	換気
① 屋根断熱無し	39.0	28.4	24.4	4.0	5.0	5.5	0.0	−31.9	−27.7	−4.2	0.0
⑨ 屋根断熱 25 mm	35.0	28.4	24.4	4.0	5.0	1.5	0.0	−28.9	−27.7	−1.2	0.0
⑩ 屋根断熱 50 mm	34.4	28.4	24.4	4.0	5.0	0.9	0.0	−28.4	−27.7	−0.7	0.0
⑪ 屋根断熱 100 mm	34.0	28.4	24.4	4.0	5.0	0.5	0.0	−28.1	−27.7	−0.4	0.0

<換気>	冷房負荷 [kW]	負荷の内訳						暖房負荷 [kW]	負荷の内訳		
		日射熱取得	直達日射	天空日射	窓貫流熱	屋根貫流熱	換気		窓	屋根	換気
① 換気無し	39.0	28.4	24.4	4.0	5.0	5.5	0.0	−31.9	−27.7	−4.2	0.0
⑫ 換気回数 1 回/h	39.5	28.4	24.4	4.0	5.0	5.5	0.5	−34.5	−27.7	−4.2	−2.6
⑬ 換気回数 2 回/h	39.9	28.4	24.4	4.0	5.0	5.5	0.9	−37.1	−27.7	−4.2	−5.2
⑭ 換気回数 5 回/h	41.3	28.4	24.4	4.0	5.0	5.5	2.3	−44.8	−27.7	−4.2	−12.9
⑮ 換気回数 10 回/h	43.7	28.4	24.4	4.0	5.0	5.5	4.7	−57.7	−27.7	−4.2	−25.8
参考 換気回数 20 回/h	48.4	28.4	24.4	4.0	5.0	5.5	9.4	−83.6	−27.7	−4.2	−51.6

⑯<組み合わせ(1)>	冷房負荷 [kW]	負荷の内訳						暖房負荷 [kW]	負荷の内訳		
		日射熱取得	直達日射	天空日射	窓貫流熱	屋根貫流熱	換気		窓	屋根	換気
① 6 mm 透明ガラス	39.0	28.4	24.4	4.0	5.0	5.5	0.0	−31.9	−27.7	−4.2	0.0
①+④ ブラインド	23.9	14.8	12.7	2.1	3.6	5.5	0.0	−24.0	−19.8	−4.2	0.0
①+④+⑦ 庇の出 1/2	17.4	8.3	6.3	1.9	3.6	5.5	0.0	−24.0	−19.8	−4.2	0.0
①+④+⑦+⑩ 断熱 50 mm	12.8	8.3	6.3	1.9	3.6	0.9	0.0	−20.5	−19.8	−0.7	0.0
①+④+⑦+⑩+⑭ 換気回数 5 回/h	15.1	8.3	6.3	1.9	3.6	0.9	2.3	−33.4	−19.8	−0.7	−12.9

⑰<組み合わせ(2)>	冷房負荷 [kW]	負荷の内訳						暖房負荷 [kW]	負荷の内訳		
		日射熱取得	直達日射	天空日射	窓貫流熱	屋根貫流熱	換気		窓	屋根	換気
③ LowE 複層ガラス	21.3	13.7	11.8	1.9	2.1	5.5	0.0	−15.6	−11.4	−4.2	0.0
③+⑥ ブラインド	17.5	10.1	8.7	1.4	1.8	5.5	0.0	−14.3	−10.1	−4.2	0.0
③+⑥+⑦ 庇の出 1/2	13.0	5.7	4.3	1.3	1.8	5.5	0.0	−14.3	−10.1	−4.2	0.0
③+⑥+⑦+⑩ 断熱 50 mm	8.4	5.7	4.3	1.3	1.8	0.9	0.0	−10.8	−10.1	−0.7	0.0
③+⑥+⑦+⑩+⑭ 換気回数 5 回/h	10.7	5.7	4.3	1.3	1.8	0.9	2.3	−23.7	−10.1	−0.7	−12.9

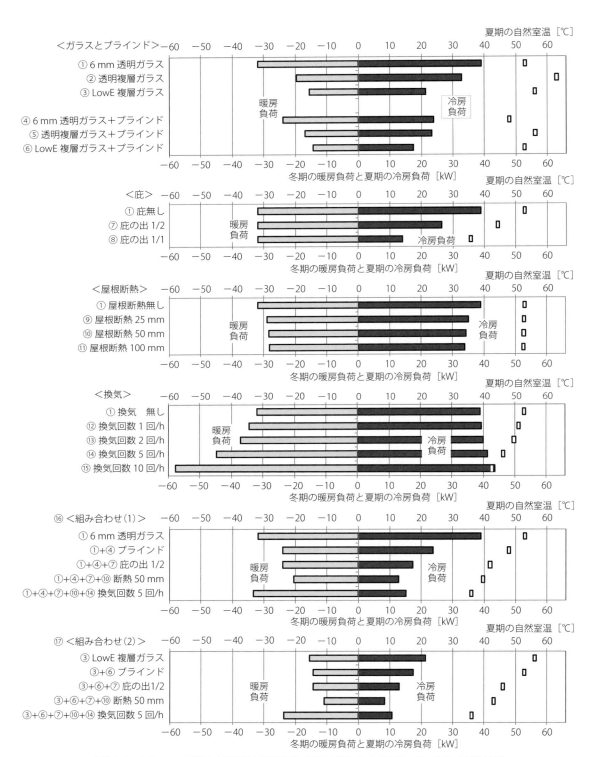

図 I-3-1 各ケースの夏期の自然室温と冷房負荷（室温 26℃）および冬期の暖房負荷（室温 22℃）

3-3　総合評価／自然室温と冷暖房負荷に対する各要素の効果の違い

　図I-3-1に，夏期の自然室温と冷房負荷および冬期の暖房負荷をまとめて示します。これより各手法の，(1)夏期の自然室温と冷房負荷に対する効果の違い，(2)冷房負荷と暖房負荷に対する効果の違いを見ていきます。

　自然室温は冷暖房をしない場合の室温ですから，当然ですが夏期の気温は成り行きで30℃よりも高くなります。これに対して，冷暖房する場合の室温は，夏期26℃，冬期22℃と設定しました。冷暖房負荷はそれぞれの室温を維持するための熱負荷です。

1) ガラス

- 透明複層ガラスは1枚ガラスと比べて日射遮蔽性能はそれほど変らず，一方で保温性がよくなるため熱を室内に閉じこめてしまい自然室温が高くなります。
- Low E複層ガラスは保温性と日射遮蔽性能の両方に優れていますが，自然室温は1枚ガラスとほぼ同じです。自然室温は日射遮蔽と保温性能のバランスで決まることが分かります。
- 自然室温を高めてしまった透明複層ガラスも冷暖房の熱負荷を小さくします。保温性能は内外の温度差が大きい暖房負荷に特に効果的です。
- Low E複層ガラスは保温性能と日射遮蔽性能が更に良いので冷房と暖房の熱負荷がより一層低減されます。

2) ブラインド

- ブラインドは日射遮蔽効果があり，また，ガラスとの間の空気層が保温性を高める効果を持ちます。
- 日射を遮蔽することで夏期の自然室温を下げ，また，冷房負荷が小さくなります。保温性が良くなるので，暖房負荷も小さくなります。
- 庇は形を変えられませんが，ブラインドは上げ下げやスラット角を変えられるので多様な対応ができるというメリットがあります。

3) 庇

- 外部で日射を遮蔽する庇は，自然室温を下げるとともに冷房負荷を小さくすることに大きな効果が見られます。
- ⑧（庇の出1/1）と④（ブラインド）は似ていますが，庇が外部で日射を遮蔽するのに対し，ブラインドは日射をいったん室内に取り込むという違

いが，自然室温や冷房負荷に対する効果の差になっています。

4）屋根断熱
- 自然室温については屋根断熱の効果はほとんど見られません。これは4面の外周がすべてガラスでありここからの日射熱取得が過大であるため，相対的に屋根断熱の効果が小さくなったためです。
- 冷暖房の熱負荷では屋根断熱の効果が表れます。なお，断熱の厚さを倍にしても熱負荷が半分になるわけではありません。

5）換気
- 外気温度よりも室温が高い場合は換気で室温を下げることができます。究極的には外気温度の30℃近くまで下げることができます。
- 一方，冷房時や暖房時には換気は熱負荷を大きくします。

6）組み合わせ（1）
- 6 mmの透明ガラスにブラインド・庇・屋根断熱・換気を組み合わせることで自然室温を上手に下げることができます。
- 換気は夏期の自然室温を下げるのには大きな効果がありましたが，冷暖房時には熱負荷となるので換気回数は最小限に抑えることが肝要です。

7）組み合わせ（2）
- Low E複層ガラスにすると保温性能が良すぎるために，夏期の自然室温は＜組み合わせ（1）＞よりも高くなります。なお，最後の換気を加えるとほとんど差がなくなります。
- 一方，熱負荷については，Low E複層ガラスは日射遮蔽性能と保温性が共に良いので，冷房負荷および暖房負荷とも＜組み合わせ（1）＞に比べ熱負荷を大きく低減することができます。

第Ⅱ編　熱・日射・採光・換気の基本を理解する

第Ⅰ編では，ガラスの家の自然室温と冷暖房負荷の課題に対して，いろいろな理論を使って計算しました。

第Ⅰ編は急ぎ足で課題を解きましたが，第Ⅱ編では改めて，どうしてそうなるのかを基礎からしっかり勉強します。振り出し戻るように思われるかもしれませんが，真の意味を理解することが大切で，真の理解ができれば応用が効くようになります。"急がば回れ"です。

本編は，1章で熱，2章で日射，5章で採光，6章で自然換気，という構成になっています。この熱・日射・光・風は建築の省エネルギーを考える上で欠かせない4要素です。この間の3章と4章には太陽位置と形態係数が入ります。3章の太陽位置は日射と熱を理解する上で欠かせない知識です。また，4章の形態係数は日射や熱放射や採光を解く上で欠かせません。6章の自然換気は第Ⅰ編でも取り上げましたが，ここでは自然換気が生じる原理を勉強します。そして，最後に熱と換気の同時解法を学びます。

<知識・理論>
大切なことは，知っていることではなく，知識の使い方です。
ここでは問題を通じて知識や理論の応用の仕方を学びます。

1章 熱

1-1 熱の伝わり方

（1）放射・対流・伝導

熱の伝わり方には，次の三通りあります。

① 放射 （または輻射）（radiation）
② 伝導 （conduction）
③ 対流 （convection）

夏の強い日射しを浴びて暑いと感じるのは①放射であり，焼けたフライパンの柄を持つと熱いと感じるのは②伝導であり，風に当たって涼しいと感じるのは③対流です。

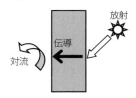

＜熱の伝わり方＞

（2）熱の伝わり方を表す式と単位

対流，伝導，放射の順に説明しましょう。

＜対流（convection）＞

壁・床・天井などの固体表面と，空気や水などの流体との間で伝わる熱が対流熱伝達（convective heat transfer）です。基本式は

$$q = \alpha_C(t_A - t_S) \tag{Ⅱ-1-1}$$

ここに，q：対流によって伝わる熱量 [W/m²]
　　　　α_C：対流熱伝達率（convective transmittance）[W/(m²℃)]
　　　　t_A, t_S：流体の温度と固体表面温度 [℃]

熱の伝わる量は熱伝達率と温度差で決まります。温度差が大きいと伝わる熱量も大きく，温度差が小さいと伝わる熱量も小さくなります。つまり，伝わる熱量は"温度差"に比例するということになります。

対流熱伝達率熱 α_C は，熱の伝えやすさを表します。例えば，空気よりも水の方が熱を伝えやすく，同じ空気でも風速が速いと熱を伝えやすいという性質があります。扇風機に当たると涼しいと感じるのはこのためです。

空気の対流熱伝達率は下記のユルゲス（Jürges）の式（Ⅱ-1-2）が知られています。

$$\left.\begin{array}{ll} \alpha_C = 5.8 + 3.9v & v \leq 5 \text{ m/s} \\ \alpha_C = 7.1v^{0.78} & v > 5 \text{ m/s} \end{array}\right\} \tag{Ⅱ-1-2}$$

ここに，v：風速 [m/s]

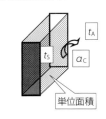

＜対流熱伝達率＞

対流熱伝達率 α_C の添え字は対流（convection）の頭文字のCです。

<伝導（conduction）>

固体中を伝わる熱が熱伝導（heat conduction）です。基本式は

$$q = \frac{\lambda}{d}(t_s - t_i) \quad \text{(II-1-3)}$$

ここに，q：伝導による熱量　[W/m²]
　　　　λ：熱伝導率（heat conductance）　[W/(m℃)]
　　　　d：固体の厚さ　[m]
　　　　t_s, t_i：固体のある点の温度と他の点の温度　[℃]

熱の伝わる量が温度差に比例するのは対流と同じです。熱伝導率 λ が熱の伝わりやすさを表します。熱の伝わりやすさは材料によって異なります。（→1-5, 表II-1-2）

熱伝導率の単位は [W/(m℃)] と単位長さ・単位温度当たりとなっています。対流熱伝達率の単位が単位面積当たり [W/(m²℃)] であるのと違う点に注意して下さい。熱伝導率の場合は厚さ d が決まって初めて，部材としての熱伝導率 λ/d が確定します。λ/d の単位は [W/(m℃)] ÷ [m] = [W/(m²℃)] となり，対流熱伝達率と同じになります。

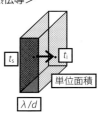

<熱伝導>

熱伝導率の単位は [Wm/(m²℃)]，つまり分母の m² が単位面積当たりを表し，分子の m が単位厚さ当たりを表します。熱伝導は厚さとは反比例しますから，熱伝導率 λ を厚さ d[m] で割ることで，部材としての熱伝導率 λ/d[W/(m²℃)] が得られます。このように考えてもよいのです。

<放射（radiation）>

離れた物体同士の熱授受が放射熱伝達です。基本式は

$$q_{1,2} = \sigma\left\{\left(\frac{t_2+273.15}{100}\right)^4 - \left(\frac{t_1+273.15}{100}\right)^4\right\}\cdot\varepsilon_1\cdot\varepsilon_2\cdot\Psi_{1,2} \quad \text{(II-1-4)}$$

ここに，$q_{1,2}$：放射により面1が面2から受ける熱量　[W/m²]
　　　　σ：ステファン・ボルツマン定数＝5.67 W/(10⁸m²K⁴)
　　　　t_1, t_2：面1と面2の温度　[℃]
　　　　　　$T = t + 273.15$　で絶対温度 [K] になります。
　　　　　　→ p.48の<絶対温度>を参照のこと
　　　　ε_1, ε_2：面1と面2の放射率（emissivity）　[－]
　　　　$\Psi_{1,2}$：面1から見る面2の形態係数　[－]

[補足1] 完全黒体の表面から放射されるエネルギー量はその黒体の絶対温度の4乗に比例するという物理法則をステファン・ボルツマンの法則といいます。ステファン・ボルツマン定数の詳しい値は $\sigma = 5.670370\cdots$ W/(10⁸m²K⁴) です。

[補足2] 完全黒体の熱放射を1としたときの各物質の熱放射の割合を放射率といいます。建築で使う材料では，ガラス 0.96，コンクリート 0.8，鉄 0.08 です。また，キルヒホッフの法則によると放射率 ε ＝吸収率 a です。

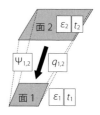

<放射熱伝達>

式(II-1-4)の $q_{1,2}$ は面1が面2から受ける単位面積当たりの放射熱伝達量です。

逆に，面2が面1から受ける放射熱伝達量 $q_{2,1}$ は，式(II-1-4) において，記号1と記号2を入れ替えればよいのです。

また，面2→面1の放射熱 $q_{1,2}$ と面1→面2の放射熱 $q_{2,1}$ は双方の面積 A_1, A_2 を乗じると等しいのです。

$$A_1\cdot q_{1,2} = A_2\cdot q_{2,1}$$

なお形態係数 Ψ については本編4章を参照して下さい。

（3）総合熱伝達率

建築環境工学や空調の熱負荷計算でしばしば登場する総合表面熱伝達（total transmittance）とは何でしょうか。

これは対流と放射を合わせた熱伝達率，つまり壁面（壁・床・天井・ガラス等）の表面と空気との間の対流伝達率と，壁面の表面と周囲物体との放射熱伝達率を足し合わせたものです。

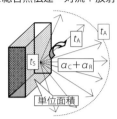

＜総合熱伝達＝対流＋放射＞

＜空調の熱負荷計算における総合熱伝達率＞

内表面総合熱伝達率は標準値として $\alpha_i = 9\ \mathrm{W/(m^2 ℃)}$ を用います。これは対流と放射が半分ずつ，すなわち対流熱伝達率 $\alpha_{i(C)} = 4.5\ \mathrm{W/(m^2 ℃)}$，放射熱伝達率 $\alpha_{i(R)} = 4.5\ \mathrm{W/(m^2 ℃)}$ とした値です。

外表面総合伝達率は標準値として $\alpha_o = 23\ \mathrm{W/(m^2 ℃)}$ を用います。放射熱伝達率 $\alpha_{o(R)} = 4.5\ \mathrm{W/(m^2 ℃)}$ は同じですが，外部では風速が大きいので対流熱伝達率は $\alpha_{o(C)} = 18.5\ \mathrm{W/(m^2 ℃)}$ と大きくなります。

対流熱伝達は，壁面の表面温度と空気温度（外気または室内）との間の熱伝達です。一方，放射熱伝達は，壁面と周囲の物体との熱伝達です。なお，総合熱伝達率を用いる時の周囲の物体の温度は空気温度と等しいと仮定しています。等しいから対流と放射を1つの式で計算できるのです。

外表面での総合熱伝達量　　$q_o = \alpha_o (t_o - t_{so})$　　　　（Ⅱ-1-5）

内表面での総合熱伝達量　　$q_i = \alpha_i (t_i - t_{si})$　　　　（Ⅱ-1-6）

ここに，q_i, q_o：総合熱伝達量 $[\mathrm{W/m^2}]$

　　　　α_i, α_o：内外の総合熱伝達率 $[\mathrm{W/(m^2 ℃)}]$

　　　　t_i, t_o：室内および屋外の温度 $[℃]$

　　　　t_{si}, t_{so}：壁面の内表面および外表面温度 $[℃]$

【補足】本来，放射熱伝達量は絶対温度の4乗の差に比例しますが，通常の熱負荷計算の総合熱伝達では温度差で扱っています。なお，対流熱伝達率と放射熱伝達率を総合化できるのは，放射を線形で扱っても問題ない範囲です。

例えば，温度が低い領域では誤差は小さく，

　　10℃と11℃の温度差は1℃ですが，4乗則では1.023倍になります。

　　30℃と31℃の温度差は1℃ですが，4乗則では1.12倍になります。

温度が高くなると総合熱伝達率では扱えなくなります。

　　100℃と101℃の温度差は1℃ですが，4乗則では2.08倍になります。

　　1000℃と1001℃の温度差は1℃ですが，4乗則では83倍になります。

【設問】

左の【補足】の最後の行の温度が1000℃では，温度差1℃に対して，4乗則により83倍もの熱を放射することが分かりました。さて，このことは物体が持つエネルギーが83倍に増えたことになるのでしょうか。

【設問の回答】

単純な温度差よりも83倍の大きさでエネルギーが流れるということです。

（4）潜熱移動

先の3つ（対流・伝導・放射）の熱の伝わり方のほかに、潜熱移動があります。

潜熱（latent heat）とは、固体・液体・気体の相転移（phase transition）の際に吸熱あるいは放熱される熱のことで、状態変化のみに費やされ温度変化を伴わない熱のことをいいます。

人の呼吸や発汗に伴う熱が潜熱であり、空調の除湿や加湿に費やされる熱も潜熱です。

固体 → 液体の相転移を「融解（fusion）」
液体 → 気体を「蒸発または気化（evaporation または vaporization）」
気体 → 液体を「凝縮または液化（condensation または liquefaction）」
液体 → 固体を「凝固または固化（solidification）」といいます。
ドライアイスのように
固体 → 気体の相転移を「昇華（sublimation）」といい、
逆に「気体」→ 固体を「凝結（deposition）」といいます。

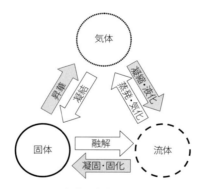

図Ⅱ-1-1　気体・液体・固体の位相変化

水（水蒸気・氷）の場合の相転移に伴う潜熱と相転移温度（標準大気圧における）は以下の通りです。

　　氷 → 水の融解潜熱・水 → 氷の凝固潜熱は　　　333.5 kJ/kg
　　　　相転移温度は　　　　　　　　　　　　　　0℃

　　水 → 水蒸気の蒸発潜熱・水蒸気 → 水の凝縮潜熱
　　　　相移転温度が 0℃の場合の潜熱は　　　　　2501 kJ/kg
　　　　相移転温度が 100℃の場合の潜熱は　　　　2256 kJ/kg

<顕熱と潜熱>
潜熱（latent heat）に対して温度変化をもたらす熱や日射熱を顕熱（sensible heat）といいます。

<三重点>
固体・液体・気体が共存する温度・圧力の状態点をいいます。
水の三重点は、
温度が 0.01℃（273.16 K），
圧力が 611.73 Pa（0.006 気圧）の点です。

<絶対温度 K（ケルビン）>
一般にはセルシウス（℃）の 0℃を 273.15 K とする絶対温度を用いますが、1968 年の国際度量衡総会（CGPM）による熱力学的な絶対温度の定義は、水の三重点（0.01℃）を絶対温度の 273.16 K としています。

1-2 貫流熱と熱通過率

(1) 貫流熱

室内と外気の温度差により壁体を通過して伝わる熱を貫流熱といい，次式で表します。

$$q = K(t_O - t_R) \quad (\text{II-1-7})$$

ここに，q：貫流熱量　[W/m²]
　　　　K：熱通過率（熱貫流率ともいう）　[W/(m²℃)]
　　　　t_O, t_R：外気温度および室内温度　[℃]

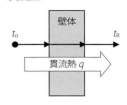
<貫流熱>

貫流熱量は熱通過率に比例し，温度差に比例します。式(II-1-7)は単位面積当たりの貫流熱量 q [W/m²] であり，これに面積を乗じれば全体の貫流熱量 [W] になります。ところで，熱の通しやすさが熱通過率ですが，この熱通過率とは何かを解明します。

(2) 熱通過率の式の誘導

壁体の熱通過率は下式で定義されます。

$$K = \cfrac{1}{\cfrac{1}{\alpha_O} + \Sigma \cfrac{d}{\lambda} + \cfrac{1}{\alpha_i}} \quad (\text{II-1-8})$$

ここに，K：屋根や外壁などの熱通過率　[W/(m²℃)]
　　　　α_O：外表面熱伝達率　[W/(m²℃)]
　　　　α_i：内表面熱伝達率　[W/(m²℃)]
　　　　d：部材の厚さ　[m]
　　　　λ：部材の熱伝導率　[W/(m℃)]

外気から壁を通じて室内へ流入する熱の流れは，右欄の図に示すように，外表面での熱伝達 → 壁体の熱伝導 → 室内表面での熱伝達の3つのプロセスから成ります。それぞれの熱量は以下に示す式 (i) ～ (iii) のとおりです。

外表面の熱伝達量　　$q = \alpha_O(t_O - t_S)$　　　　　…(i)

壁体の熱伝導量　　　$q = \dfrac{\lambda}{d}(t_S - t_i)$　　　　　…(ii)

内表面の熱伝達量　　$q = \alpha_i(t_i - t_R)$　　　　　…(iii)

ここに，q：単位面積当たりの伝達熱量および伝導熱量　[W/m²]
　　　　t_O, t_R：外気温度および室内温度　[℃]
　　　　t_S, t_i：壁体の外表面および内表面の温度　[℃]

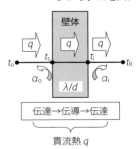
<熱の流れの3つのプロセス>

なお，式（ⅰ）〜（ⅲ）の熱量 q はすべて同じです。何故ならば，熱量保存則により外表面から入った熱が途中で増えたり減ったりはしないからです。

ところで，熱通過率 K を使うと，外気温度 t_O と室内温度 t_R との間に流れる熱量を1つの式で表すことができます。式（ⅳ）で表される熱量が貫流熱量です。もちろんこの貫流熱量 q は式（ⅰ）〜（ⅲ）の伝達や伝導の熱量 q と大きさは変わりません。

$$q = K(t_O - t_R) \qquad （ⅳ）（式（Ⅱ-1-7）に同じ）$$

ここに，q：貫流熱量 [W/m²]
K：熱通過率（熱貫流率）[W/(m²℃)]
t_O, t_R：外気温度および室内温度 [℃]

【補足】熱通過率の式の意味

何故，熱通過率 K が式（Ⅱ-1-8）のように定義されるのか，式（ⅰ）〜（ⅳ）から導いてみましょう。まず，式（ⅰ）〜（ⅳ）を次のように整理します。右辺を温度差で表したのは，以下の式の展開をしやすくするためです。

$$q\left(\frac{1}{\alpha_O}\right) = t_O - t_S \qquad \cdots（ⅰ）'$$

$$q\left(\frac{d}{\lambda}\right) = t_S - t_i \qquad \cdots（ⅱ）'$$

$$q\left(\frac{1}{\alpha_i}\right) = t_i - t_R \qquad \cdots（ⅲ）'$$

$$q\left(\frac{1}{K}\right) = t_O - t_R \qquad \cdots（ⅳ）'$$

まず，式（ⅰ）' を t_S について解くと　　$t_S = t_O - q\left(\frac{1}{\alpha_O}\right)$

これを式（ⅱ）' に代入すると，　　$q\left(\frac{d}{\lambda}\right) = t_O - q\left(\frac{1}{\alpha_O}\right) - t_i$

これを t_i について解くと，　　$t_i = t_O - q\left(\frac{1}{\alpha_O} + \frac{d}{\lambda}\right)$

これを式（ⅲ）' に代入すると，　　$q\left(\frac{q}{\alpha_i}\right) = t_O - q\left(\frac{1}{\alpha_O} + \frac{d}{\lambda}\right) - t_R$

これを熱流 q について整理すると，　　$q\left(\frac{1}{\alpha_O} + \frac{d}{\lambda} + \frac{1}{\alpha_i}\right) = t_O - t_R$

これに式（ⅳ）' を並べると，　　$q\left(\frac{1}{K}\right) = t_O - t_R$　となり，

この2つの式から　　$\frac{1}{K} = \frac{1}{\alpha_O} + \frac{d}{\lambda} + \frac{1}{\alpha_i}$　となることが分かります。

K について整理すると　　$K = \dfrac{1}{\dfrac{1}{\alpha_O} + \dfrac{d}{\lambda} + \dfrac{1}{\alpha_i}}$　…（ⅴ）　が得られます。

<熱通過率と熱抵抗>
式（ⅴ）の熱通過率の K 値は熱抵抗の逆数になっています。また，右辺の分母の中も，$1/\alpha_O$ や $1/\alpha_i$ は熱伝達率の逆数である熱伝達抵抗，d/λ は熱伝導率の逆数である熱伝達抵抗です。

熱伝達率や熱伝導率の足し算はできませんが，逆数の熱抵抗は足し算ができます。

よって，逆数である抵抗に直して計算するのです。これは電気の直列抵抗と同じ原理です。

前述の熱通過率の定義式（v）は部材が1つの単層壁の場合ですが，複数の部材の場合は式（II-1-8）が熱通過率 K の定義式となります。

本来は，式（i）〜（iii）の連立方程式を解かねばなりませんが，熱通過率 K を使えば連立方程式を解かずに，直接，外部と室内との貫流熱量を求めることができます。別の言い方をすると，熱通過率 K は先の式（i）〜（iii）の連立方程式を解いた形になっているのです。

空調の熱負荷計算で第一に知りたいのは貫流熱負荷 q であり，結露などの現象を解く場合を除けば，表面温度や内部の温度は未知のままでもよいのです。

【問 1-1】右欄に示す外壁の熱通過率を求めなさい。
部材は，タイル 8 mm（$\lambda=1.3$ W/(m℃)），モルタル 20 mm（$\lambda=1.5$），普通コンクリート 200 mm（$\lambda=1.4$），非密閉空気層（熱抵抗 $R=0.07$ m²℃/W），石膏ボード 12 mm（$\lambda=0.17$）とします。
総合熱伝達率は外表面が $\alpha_0=23$ W/(m²℃)，内表面が $\alpha_i=9$ W/(m²℃) とします。

【解 1-1】

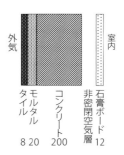

	厚さ [m]	熱伝導率 [W/(m℃)]	計算式		熱抵抗 [m²℃/W]
外表面			$R_0=1/\alpha_o$	= 1/23	0.043
タイル	d= 0.008	λ = 1.3	$R_1=$ 0.008	/ 1.3	0.006
モルタル	d= 0.020	λ = 1.5	$R_2=$ 0.020	/ 1.5	0.013
コンクリート	d= 0.200	λ = 1.4	$R_3=$ 0.200	/ 1.4	0.143
非密閉空気層			$R_4=$		0.070
石膏ボード	d= 0.012	λ = 0.17	$R_5=$ 0.012	/ 0.17	0.071
内表面			$R_i=1/\alpha_i$	= 1/9	0.111
			抵抗の合計	$\Sigma R=$	0.457
			熱通過率	$K=1/\Sigma R=1/$ 0.457 =	2.19

【注】解 1-1 は表計算ソフトを使って計算しています。熱抵抗の値は四捨五入して小数以下3桁まで表示していますが，実際の数値が持つ有効桁数は大きいので，個々の熱抵抗と合計値が小数3桁目で合わないことがあります。
なお，この計算方法は本書を通じて共通です。

【問 1-2】問 1-1 の外壁で，コンクリートの厚さを 100 mm，150 mm，200 mm，400 mm，800 mm，1200 mm と変えた場合の熱通過率を求めなさい。

【解 1-2】

コンクリート [mm]	100	150	200	400	800	1200
熱通過率 [W/(m²°C)]	2.59	2.37	2.19	1.67	1.13	0.85

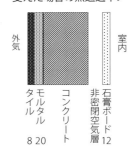

＜コンクリートの厚さを変えた場合の熱通過率＞

コンクリートの厚さが増すと，熱通過率は徐々に小さくなります。その変化は直線的ではありません。熱通過率は抵抗の逆数ですから，双曲線的に熱通過率が下がっていきます。

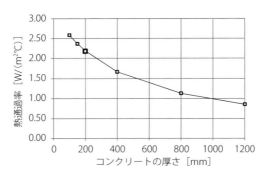

図Ⅱ-1-2　外壁のコンクリートの厚さと熱通過率の関係

【問 1-3】問 1-1 のコンクリートの厚さが 200 mm の外壁に，断熱材を入れた場合の熱通過率を求めなさい。なお，断熱材は硬質ウレタン発泡板（$\lambda = 0.028$ W/(m°C)）とし，断熱材の厚さは，0 mm，10 mm，20 mm，50 mm，100 mm，200 mm の各ケースとします。

【解 1-3】

断熱材 [mm]	0	10	20	50	100	200
熱通過率 [W/(m²°C)]	2.19	1.23	0.85	0.45	0.25	0.13

＜断熱材を入れた場合の熱通過率＞

断熱材は無しと有りとでは，熱通過率が大きく違います。これは，断熱材の熱伝導率が他の材料よりもずっと小さい（熱伝達抵抗が大きい）ためです。

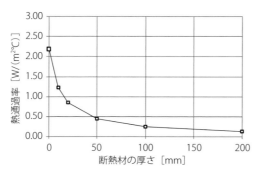

図Ⅱ-1-3　外壁の断熱材の厚さと熱通過率の関係
（コンクリート 200 mm の外壁）

<コラム Ⅱ-1> 内断熱と外断熱

右欄の図は，単純なコンクリートの外壁ですが，上の図は，断熱材が建物の外側にある外断熱，下の図は断熱材が建物の室内側にある内断熱です。外断熱と内断熱でどのような違いがあるかを見ていきましょう。

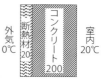

【問 1-4】外断熱と内断熱で熱通過率はどう変わるのでしょうか。

【解 1-4】断熱材の厚さが同じなら，熱通過率は外断熱でも内断熱でも変わりません。コンクリートの間にサンドイッチされて場合でも熱通過率は同じです。

【問 1-5】内断熱と外断熱のそれぞれの場合の温度分布を求めなさい。なお，コンクリートは 200 mm（熱伝導率 $\lambda=1.4$ W/(m℃)），断熱材は硬質ウレタン発泡板 20 mm（$\lambda=0.028$ W/(m℃)），外気温度は 0℃，室内温度は 20℃とします。

【解 1-5】連立方程式を解いた答を右欄に示します。

【解 1-5】式(ⅰ)の外表面における総合熱伝達，式(ⅱ)のコンクリートおよび断熱材の熱伝導，式(ⅲ)の内表面における総合熱伝達，以上による4元連立方程式を解きます。

- 外断熱の場合
  外表面温度＝0.9℃
  断熱材とRCの境界＝15.0℃
  内表面温度＝17.8℃

- 内断熱の場合
  外表面温度＝0.9℃
  RCと断熱材の境界＝3.7℃
  内表面温度＝17.8℃

<別解：図解法>

図Ⅱ-1-4 の左図は縦軸が温度で，横軸は熱抵抗です。熱抵抗の幅は外表面・断熱・コンクリート，内表面の各部位の熱抵抗の大きさを表しています。なお，斜めの直線の左上半分が外断熱，右下半分が内断熱の場合です。断熱材はコンクリートの厚さの1/10ですが，熱抵抗は5倍です。左隅の○印が外気温度0℃で，右上隅の○印が室内温度20℃です。これを直線で結んだ斜めの線と各部位との交点が境界面の温度です。

右図は，横軸を実際のコンクリートと断熱材の厚さにしたものです。断熱材のところで温度差が大きく付くことが分かります。内断熱では壁の温度が全体的に低くなります。一方，外断熱では壁の温度が全体的に高く，内部結露がしにくいという利点があります。

<外断熱と内断熱>

外断熱は断熱材がバリヤーとなって，外壁全体の温度が高く保たれ内部結露しにくいというメリットがあります。また，熱容量の大きいコンクリートを室内側に取り込むため，室内の温度が安定するというのもメリットです。一方で，間欠的に使用する建物での外断熱は，暖房をしてもなかなか室が暖まりません。これはコンクリートの熱容量が邪魔をするからです。

外断熱・内断熱の各々の長所・短所を知って使い分けることが肝要です。

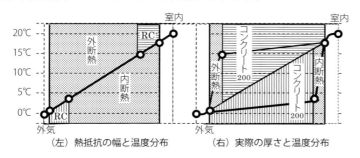

図Ⅱ-1-4　外断熱と内断熱の温度分布の比較

1章　熱　　53

1-3　SAT：不透明な壁体の日射を含めた貫流熱の計算原理

不透明な外壁や屋根は光は透過しませんが，表面で吸収した日射が外壁や屋根を伝わって熱として室内に侵入します。この日射の影響を温度に換算して扱うのが"相当外気温度"（SAT：Sol-Air-Temperature）です。

（1）日射を考慮した貫流熱の計算

まず，相当外気温度 SAT を使った貫流熱の式を示します。

$$q = K(SAT - t_R) \tag{Ⅱ-1-9}$$

ここに，q：日射を含めた屋根や外壁の貫流熱量　[W/m²]
　　　　K：屋根や外壁の熱通過率　[W/(m²℃)]
　　　　SAT：相当外気温度　[℃]
　　　　t_R：室内温度　[℃]

この式（Ⅱ-1-9）は，貫流熱の式（Ⅱ-1-7）$q = K(t_0 - t_R)$ の外気温度 t_0 が相当外気温度 SAT に変わっただけで，一般的な貫流熱を求める式と同じ式で日射を含めた計算ができるというところがミソです。

（2）SAT：日射を考慮した相当外気温度

相当外気温度 SAT の定義を式（Ⅱ-1-10）に示します。

$$SAT = t_0 + \frac{a}{\alpha_0} J \tag{Ⅱ-1-10}$$

ここに，SAT：相当外気温度　[℃]
　　　　t_0：外気温度　[℃]
　　　　J：壁面に当たる日射量　[W/m²]
　　　　a：日射吸収率　[－]
　　　　α_0：外表面熱伝達率　[W/(m²℃)]

日射量 J に (a/α_0) を乗じることで温度に換算されます。これと元々の外気温度 t_0 を合わせたものが相当外気温度 SAT です。なお，相当外気温度 SAT はあくまでも理論上の温度です。

それでは何故，相当外気温度 SAT が　$SAT = t_0 + \frac{a}{\alpha_0} J$　となるのかを考えてみましょう。

＜日射を温度に換算する＞
日射量が温度に換算されたことを単位計算で確認します。

$\frac{a}{\alpha_0} J$ において単位は，
　a：日射吸収率　[－]
　α_0：外表面熱伝達率
　　　[W/(m²℃)]
　J：日射量　[W/m²]
単位計算で確認すると
$\frac{1}{[W/(m^2℃)]} \times [W/m^2]$
$= [℃]$

まず，日射が無い場合の外気温度 t_O と外表面温度 t_S との温度差で生じる熱伝達熱量を q_t とします。なお，$α_O$ は外表面熱伝達率です。

$$q_t = α_O(t_O - t_S) \quad \cdots(\text{i})$$

次に日射量を J，日射吸収率を a とすると，外表面で吸収される日射熱量 q_a は

$$q_a = a \cdot J \quad \cdots(\text{ii})$$

温度差よる熱伝達熱量 q_t と吸収した日射熱量 q_a を合計した熱量 q_{t+a} は，

$$q_{t+a} = q_t + q_a = α_O(t_O - t_S) + a \cdot J \quad \cdots(\text{iii})$$

これを外表面熱伝達率 $α_O$ で括ります。

$$q_{t+a} = α_O\left(t_O + \frac{a}{α_O}J - t_S\right) \quad \cdots(\text{iv})$$

日射量 J が（ ）で括られ，$\frac{a}{α_O}J$ で温度に換算されたことになります。（ ）の中の第1項の外気温度 t_O と第2項の温度に換算された日射熱量 $\frac{a}{α_O}J$ の和を相当外気温度 SAT と定義します。

$$SAT = t_O + \frac{a}{α_O}J \quad \cdots(\text{Ⅱ-1-10})\text{再掲}$$

式(iv)を相当外気温度 SAT を使って表すと次式(v)となります。

$$q_{t+a} = α_O(SAT - t_S) \quad \cdots(\text{v})$$

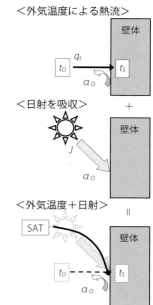

（3）日射を含めた貫流熱

式(v)は，相当外気温度 SAT と外表面温度 t_S との間の外表面熱伝達熱量です。一方，式(Ⅱ-1-9)は，相当外気温度 SAT と室温 t_R との貫流熱量です。

$$q_{t+a} = α_O(SAT - t_S) \quad \cdots(\text{v})\text{再掲}$$

$$q = K(SAT - t_R) \quad \cdots(\text{Ⅱ-1-9})\text{再掲}$$

式(v) と式(Ⅱ-1-9)には次の対応関係があります．

外表面熱伝達率 $α_O$ ⟷ 熱通過率 K
外表面温度 t_S ⟷ 室温 t_R

ところで，右欄の示すように，熱は外表面熱伝達→熱伝導→内表面熱伝達というプロセスで外部から室内に伝わります。貫流熱はこのプロセス全体の熱の伝わり方をいいます。また，各プロセスで伝わる熱量の大きさはすべて同じで途中で増えたり減ったりしません。よって，

$$q_{t+a} = α_O(SAT - t_S) = K(SAT - t_R) = q \quad \cdots(\text{vi})$$

以上より，相当外気温 SAT と熱通過率 K を使って日射を含めた貫流熱量を計算できることが分かります。

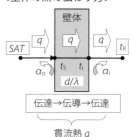

（4）外表面に当たる日射量のうち室内に侵入する日射熱量の割合

外壁や屋根などの不透明な壁体の場合，外表面に当たる日射量のうち，どの位の割合が室内へ侵入する熱量となるのでしょうか。一般的な壁体の日射吸収率は $a=0.8$ ですから，日射量の 80％ が外表面に吸収されます。そのすべてが室内への貫流熱量になるのでしょうか。数値を使って確かめてみましょう。

【問 1-6】室内に侵入する日射による貫流熱量を求めなさい。条件は，外気温度 $t_O=30℃$，室温 $t_R=26℃$，日射量 $J=690 \text{ W/m}^2$，日射吸収率 $a=0.8$，外表面熱伝達率 $\alpha_O=23 \text{ W/(m}^2℃)$，外壁の熱通過率 $K=1.5 \text{ W/(m}^2℃)$ とします。

【解 1-6】

外表面で吸収した日射熱は　　$a \times J = 0.8 \times 690 = 552 \text{ [W/m}^2]$

温度に換算すると　　$\dfrac{a}{\alpha_O}J = \dfrac{0.8}{23} \times 690 = 24 \text{ [℃]}$

相当外気温度 SAT は　　$SAT = t_O + \dfrac{a}{\alpha_O}J = 30 + 24 = 54 \text{ [℃]}$

日射を含めた貫流熱量は　　$q_{t+a} = K(SAT - t_R) = 1.5 \times (54 - 26) = 42 \text{ [W/m}^2]$
日射を含めない貫流熱量は　　$q_t = K(t_O - t_R) = 1.5 \times (30 - 26) = 6 \text{ [W/m}^2]$
差し引きして日射による貫流熱量は　　$q_J = q_{t+a} - q_t = 42 - 6 = 36 \text{ [W/m}^2]$

【問 1-7】日射量 $J=690 \text{ W/m}^2$ のうち，室内に侵入した日射による貫流熱量の割合はいくらでしょうか。

【解 1-7】前問の解 $q_J=36$ より，$q_J \div J = 36 \div 690 ≒ 0.05217$ と求められます。
　なお，一般式として $K \times a/\alpha_O = 1.5 \times 0.8 \div 23 ≒ 0.05217 ≒ 5.2\%$ としても得られます。日射量のうち貫流熱になる比率は，壁体の熱通過率 K に依存することが分かります。

【問 1-8】前々問で，外表面で吸収した日射熱は 552 W/m^2 ですが，室内へ流入した日射による貫流熱量は 36 W/m^2 でした。その差 516 W/m^2 は何処に消えたのでしょうか。

【解 1-8】消えたのではなく外部に放出されたのです。右図は日射と温度による全体の熱の流れを示します。外表面温度 $52.174℃$ が外気温度 $30℃$ より高いので，外表面から外部へ熱が流れることが分かります。

外表面で吸収した日射熱 552 W/m^2 は，室内に 36 W/m^2 が流れ，外部に 516 W/m^2 を放出して全体のバランスがとれています。
外気温と室温との温度差による純粋な貫流熱が 6 W/m^2 あり，日射による貫流熱 36 W/m^2 と合わせて 42 W/m^2 の熱が室内に流入します。

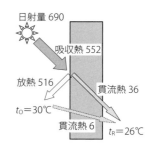

1-4　実効温度差 ETD

前節 1-3 において，相当外気温度 SAT を使って，外壁や屋根における日射の影響を含めた貫流熱の計算を学びました。ところで，この貫流熱がそのまま室内への熱負荷になるかというと，そうではないのです。

ビルの外壁や屋根には一般的にコンクリートが使われます。コンクリートなどの重い材料は熱容量が大きく，外表面で吸収した日射熱が直ぐには室内に伝わりません。大きな熱容量があるため熱負荷になるまでに時間遅れが生じるのです。この時間遅れを考慮した熱負荷を計算するために使われるのが実効温度差 ETD（Equivalent Temperature Differential）です。

（1）相当外気温度 SAT と実効温度差 ETD

相当外気温度 SAT は時間遅れがない場合の熱計算に用います。

$$q = K(SAT - t_R) \qquad （\text{II-1-9}）再掲$$

一方，時間遅れを考慮した熱負荷は，

$$q = K(t_E - t_R) \qquad （\text{II-1-11}）$$
$$q = K \cdot ETD \qquad （\text{II-1-12}）$$

ここに，　q：貫流熱量または熱負荷 [W/m²]
　　　　　K：熱通過率 [W/(m²℃)]
　　　　SAT：相当外気温度 [℃]
　　　　　t_E：実効温度 [℃]
　　　　　t_R：室内温度 [℃]
　　　　ETD：実効温度差（$ETD = t_E - t_R$）[℃]

相当外気温度 SAT は，日射量を温度に換算して上乗せした外気温度ですが，実効温度 t_E は更に，これに壁体の熱容量による熱負荷の時間遅れを考慮した外気温度です。実効温度差 ETD はこの実効温度 t_E と室内温度 t_R との温度差を表したものです。

表 II-1-1 と図 II-1-5 は東京・南面・夏期の相当外気温度 SAT と実効温度 t_E を示したものです。一般的な熱負荷計算で用いられる実効温度 t_E は時間遅れの違いにより 4 つの壁 tape に分類されています。

　　　　type I は，コンクリート厚さ $d = 0〜5^*〜30$ mm
　　　　type II は，コンクリート厚さ $d = 30〜100^*〜140$ mm
　　　　type III は，コンクリート厚さ $d = 140〜190^*〜230$ mm
　　　　type IV は，コンクリート厚さ $d = 230〜320^*$ mm 以上

なお，図中の各タイプの実効温度 t_E は * 印のある厚さで計算されたものです。

<時間遅れを伴う熱流>

熱通過率のところで，壁体を流れる熱流の大きさはどの断面をとってもすべて同じで，熱が増えたり減ったりしないといいました。

ところが，時間の遅れを伴う非定常の熱れの場合は，同じ時刻に流れる熱流の大きさは場所場所で同じではありません。

だからといって熱が増えたり減ったりするわけでもありません。これは蓄熱といって壁体自身に熱が蓄えられるからです。壁体が暖められることで温度差が生じ，温度差が生じることで熱流が発生するのです。

コンクリートは熱容量が大きいので暖まりにくく冷めにくい性質を持ちます。

表 II-1-1　実効温度差 ETD の例（東京・南・夏期・室温 26℃）

	時　刻		5	6	7	8	9	10	11	12	13	14	15	16	17	18	19	20	21
	気　温	[℃]	26.8	27.0	28.1	29.4	30.7	31.7	32.5	33.1	33.4	33.3	33.1	32.4	31.6	30.7	30.0	29.3	28.8
	SAT	[℃]	27.1	28.0	29.5	31.6	36.2	39.8	42.2	43.1	42.6	40.5	37.3	33.9	32.9	31.5	30.0	29.3	28.8
ETD [℃]	東京 南 夏期	I	1	2	3	5	9	13	15	16	15	14	11	8	7	5	4	3	3
		II	1	1	2	2	4	6	9	11	13	14	14	12	11	9	7	6	5
		III	3	3	2	3	3	4	5	6	8	9	10	10	10	10	9	8	8
		IV	5	5	5	5	4	4	5	5	6	6	7	7	7	7	8	8	7
	日影	III	1	1	2	3	5	6	7	7	7	7	7	6	6	5	4	3	3

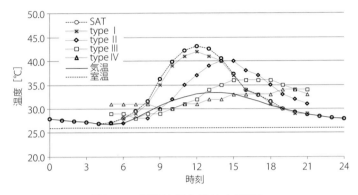

図 II-1-5　相当外気温度 SAT と実効温度 t_E

<実効温度差の原典>

表 II-1-1 の実効温度差の原典は空気調和・衛生工学便覧（第 13 版）です。
実効温度差は設計用の熱負荷計算に用いるため，5〜21 時の必要な時間帯のみとなっています。

【問 1-9】 一般的な実効温度差は，室温を $t_R=26℃$ として求められています。東京・南・夏期・12 時の壁 type III の実効温度差 ETD_{26} は表 II-1-1 より 6℃ です。これを室温を $t_R=27℃$ に変えた場合の実効温度差 ETD_{27} はどのようにして求めればよいでしょうか。

【解 1-9】 室温 $t_R=27℃$ の時の実効温度差は

$$ETD_{27}=ETD_{26}-(27-26)=6-1=5℃$$

です。実効温度差が 1℃ だけ小さくなります。

<実効温度差>

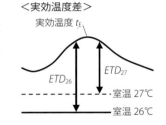

【問 1-10】 東京・南・夏期の 16 時の壁 type III の実効温度差は $ETD=10℃$ です。外壁の日射吸収率が $a=0.35$ の場合の実効温度差 $ETD_{0.35}$ は何℃でしょう。

【解 1-10】 表 II-1-1 の"日影"は日射の影響がない場合です。これとの差が日射成分です。実効温度差は日射吸収率を 0.7 として求められていますので，日射成分を日射吸収率の比率（0.35/0.7）で補正します。よって，日射吸収率が 0.35 の場合の実効温度差 $ETD_{0.35}$ は

$$ETD_{0.35}=ETD_{日影}+(ETD_{0.7}-ETD_{日影})\times 0.35/0.7$$
$$=6+(10-6)\times 0.35/0.7=8℃$$

<実効温度差の日射吸収率>

表 II-1-1 および図 II-1-5 の相当外気温度 SAT，実効温度差 ETD，実効温度 t_E などは，日射吸収率を 0.7 として計算された値です。

（2）実効温度差 ETD はどのようにして求めるのか

<応答係数 RF>
応答係数 RF は壁体の熱伝導方程式をラプラス変換などの高度な数学を使って解きます。ここでは詳細な解説は省略します。興味ある人は専門書をお読み下さい。

① 応答係数：RF（Response Factor）

図Ⅱ-1-6 において，壁の左の三角形は，高さが温度 1℃で，幅が 1 時間の△波です。壁の右はこの温度によって生じる熱流の応答です。時間遅れがなければ，左の温度と相似形の△波になります。相似形の△波の面積が熱通過率になります。時間遅れがある場合の応答は形が崩れて波形になります。その波形の面積は熱通過率 K [W/(m²℃)] と同じです，つまり，

$$K = \sum RF_{(j)} \quad (\text{Ⅱ-1-13})$$

応答係数 RF とは時系列の値を持つ熱通過率 [W/(m²℃)] のことです。

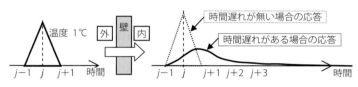

図Ⅱ-1-6　温度と熱流の応答

② 時系列の SAT と時系列の熱流の応答

図Ⅱ-1-7 の左側の△波は相当外気温度 SAT です。これらの△波の頂点を結んだ実線は SAT の時間変化を近似的に表します。右側の実線の曲線群は，各時刻の SAT により生じた時間遅れを伴った熱流の応答です。これらの熱の応答を時間ごとに合計すると上部の波線の曲線になります。

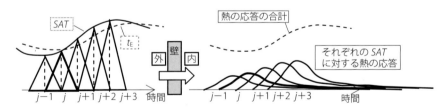

図Ⅱ-1-7　時系列の SAT とその熱流の応答

③ 実効温度差 ETD

図Ⅱ-1-7 の左の破線の波線は，右側の破線の曲線の熱の応答を温度に逆算して左側に移したものです。この温度の変化の波が実効温度 t_E です。熱流の応答には時間遅れの要素を伴っていますので，この実効温度 t_E にも時間遅れの要素が反映されています。このようにして，求められた実効温度 t_E と夏期の室温 26℃との差が実効温度差 ETD になります。

1-5　建築材料の熱特性

材料には，① 熱伝導率：熱を伝えやすい／伝えにくい性質と，② 比熱：温まりやすい／冷めにくい性質の2つの性質があります。

表Ⅱ-1-2に建築材料の熱伝導率と容積比熱を示します。また，図Ⅱ-1-8は，建築材料の容積比熱と熱伝導率の関係を散布図にして示しています。

（1）熱伝導率

材料の熱の伝えやすさを表すのが熱伝導率 λ，単位は $[W/(m℃)]$ です。材料の厚さ d で割った λ/d の単位は $[W/(m^2℃)]$ となります。その逆数 d/λ が熱伝導抵抗 $[m^2℃/W]$ です。これについては 1-1 節の（2）項で勉強しました。

最も熱を伝えやすい材料は金属です。コンクリートやモルタル，石，土などは，金属ほどではありませんが建築材料の中では熱を伝えやすい性質を持ちます。

逆に，最も熱を伝えにくいのは断熱材です。各種の断熱材がありますが，共通することは断熱材は気泡（動かない空気）を多く含むことです。この気泡が熱を伝えにくいという性質を持ちます。なお，同じ空気でも動く，すなわち対流する空気は熱を伝えやすくなります。

気泡が熱を伝えにくいことから，木材（細胞が気泡を持つ），絨毯（長い毛足が空気を包む）なども，断熱材ほどではありませんが熱を伝えにくい性質を持ちます。コンクリートの中でも，軽量コンクリートや気泡コンクリートは比較的熱を伝えにくい性質を持ちます。

（2）容積比熱

温まりやすい／冷めにくいという性質は比熱が大きく作用します。表Ⅱ-1-2の中では，容積比熱 $c_p[kJ/(m^3℃)]$ として表されています。建築は寸法で扱いますから，比熱も容積比熱を使うことが多いのです。因みに，容積比熱を密度（比重）$\gamma[kg/m^3]$ で割ると一般で使う比熱（質量比熱）$c_p\gamma[kJ/(kg℃)]$ になります。

容積比熱が大きいのは金属です。コンクリーやモルタル，石，土なども容積比熱が大きい材料です。一般に，質量が大きい材料は容積比熱も大きいといえます。ちなみに，容積比熱が最も大きい物質は水です。

<比熱と非定常>
比熱は定常熱伝導，つまり時間的に変化しない状態では関係しません。
時間的変化を扱う非定常の場合に比熱が重要な役割を担うことになります。

<容積比熱と質量比熱>
表Ⅱ-1-2の表の比熱は，容積当たりの比熱です。これに対して質量当たりの比熱を質量比熱といいます。
　質量比熱＝容積比熱／密度
　容積比熱＝質量比熱×密度
密度の大きい金属は容積比熱は大きいのですが，質量比熱は小さくなります。
<鉄>
　密度＝$7.874×10^3$ kg/m^3
　容積比熱＝3600 kJ/(m^3℃)
　質量比熱＝457 kJ/(kg℃)
<普通コンクリート>
　密度＝$2.3×10^3$ kg/m^3
　容積比熱＝1900 kJ/(m^3℃)
　質量比熱＝826 kJ/(kg℃)
<水>
　密度＝$1.0×10^3$ kg/m^3
　容積比熱＝4200 kJ/(m^3℃)
　質量比熱＝4200 kJ/(kg℃)

一方，容積比熱が小さい材料は断熱材です。断熱材は気泡を多く含みますから，軽くて，容積比熱も小さくなります。

　容積比熱が大きいのは金属やコンクリートですが，金属は熱伝導率も大きいので，熱が伝わるときの時間遅れは小さいといえます。一方，コンクリートは熱伝導率は金属ほど高くなく，また，建築で使うコンクリートは厚いので，総量としての熱容量［kJ/℃］が大きくなり，このため外壁や屋根の熱が伝わるときに大きな時間遅れが生じます。

<熱容量>
容積比熱［kJ/(m³℃)］に容積［m³］を掛けたものが熱容量［kJ/℃］になります。コンクリートの壁や床は容積比熱が大きく，かつ，容積も大きいので大きな熱容量になります。

【問 1-11】建築材料を熱伝導率が大きい順に並べたものです。①と②の □ に入る材料を下記の材料群から選びなさい。
　鉄＞普通コンクリート＞① □ ＞ガラス＞木材＞② □ ＞スチレン発泡板
　　材料群：イ）アルミニウム　ロ）土，ハ）タイル　ニ）カーペット

【解 1-11】①ハ）タイル，②ニ）カーペット

【図Ⅱ-1-8の建築材料の凡例】
○ I：鋼
○ C：銅
○ A：アルミニウム
□ m：土（粘土質）
□ s：土（ローム質）
□ g：砂利
□ C：普通コンクリート
□ M：モルタル
□ T：タイル
□ G：ガラス
◇ T：かわら
◇ B：レンガ壁
◇ M：土壁
◇ P：石こう板
◇ R：合成樹脂
△ W：木材（中量）
△ w：木毛セメント板
△ T：畳
△ C：カーペット類
△ R：岩綿吸音板
＊ G：グラス綿（32 K）
＊ S：スチレン発泡板
＊ U：硬質ウレタン発泡板

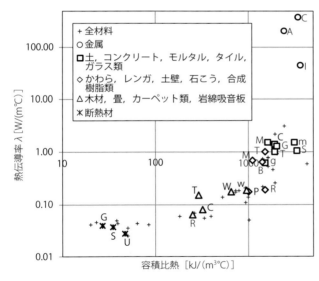

図Ⅱ-1-8　建築材料の熱伝導率と容積比熱の関係

表 II-1-2　建築材料の熱定数（松尾・石野）

材料名	熱伝導率 λ [W/(m°C)]	容積比熱 c_p [kJ/(m³°C)]	材料名	熱伝導率 λ [W/(m°C)]	容積比熱 c_p [kJ/(m³°C)]
空気（静止）	0.022	1.30	アスファルト類	0.11	920
水（静止）	0.60	4200	防湿紙類	0.21	910
氷	2.2	1900	畳	0.15	290
雪	0.06	180	合成畳	0.07	260
鋼	45	3600	カーペット類	0.08	320
アルミニウム	210	2400	木材（重量）	0.19	780
銅	386	3400	木材（中量）	0.17	650
岩石（重量）	3.1	2400	木材（軽量）	0.14	520
岩石（軽量）	1.4	1700	合板	0.19	720
土（粘土質）	1.5	3100	軟質繊維板	0.056	330
土（砂質）	0.9	2000	シージングボード	0.060	390
土（ローム質）	1.0	3300	半硬質繊維板	0.14	980
土（火山灰質）	0.5	1800	硬質繊維板	0.22	1400
砂利	0.62	1500	パーティクルボード	0.17	720
PCコンクリート	1.5	1900	木毛セメント板	0.19	950
普通コンクリート	1.4	1900	セルローズファイバ	0.044	39
軽量コンクリート	0.78	1600	ガラス綿（24K）	0.042	20
気泡コンクリート	0.17	650	ガラス綿（32K）	0.040	27
コンクリートブロック（重量）	1.1	1800	岩綿保温材	0.042	84
コンクリートブロック（軽量）	0.53	1600	吹付け岩綿	0.051	1000
モルタル	1.5	1600	岩綿吸音板	0.064	250
石綿スレート	1.2	1800	スチレン発泡板（ビーズ）	0.047	23
プラスタ	0.79	1600	スチレン発泡板（押出し）	0.037	35
石こう板，ラスボード	0.17	1000	スチレン発泡板（フロン発泡）	0.026	50
しっくい	0.74	1400	硬質ウレタン発泡板	0.028	47
土壁	0.69	1100	吹付け硬質ウレタン（フロン発泡）	0.029	47
ガラス	1.0	1900	軟質ウレタン発泡板	0.050	38
タイル	1.3	2000	ポリスチレン発泡板	0.044	63
れんが壁	0.64	1400	硬質塩化ビニル発泡板	0.036	50
かわら	1.0	1500	密閉中空層の熱抵抗	$R=0.15$	[m²·°C/W]
合成樹脂，リノリウム	0.19	1500	非密閉中空層の熱抵抗	$R=0.07$	[m²·°C/W]
FRP	0.26	1900			

〔注〕　表示した値の一部は，以下の文献の平均値より作成した松尾・石野の表を元に，SI単位に変換した。
- 日本建築学会編：建築学便覧I，丸善（昭55）
- 小原俊平：建築の熱設計，鹿島出版（昭49）
- 渡辺要：建築計画原論II，丸善（昭54）
- 日本建築学会編：建築設計資料集成2，丸善（昭35）
- 渡辺荘児・中島康孝ほか3名：蓄熱材料における土壌の熱的特性に関する研究(3)，日本建築学会昭和57年度大会学術講演梗概集

表Ⅱ-1-3 外気条件（東京・夏期・冷房）

時刻	1 13	2 14	3 15	4 16	5 17	6 18	7 19	8 20	9 21	10 22	11 23	12 24	平均
DB [℃]	27.6 33.4	27.4 33.4	27.2 33.1	26.9 32.4	26.8 31.6	27.0 30.7	28.1 30.0	29.4 29.3	30.7 28.8	31.7 28.4	32.5 28.1	33.1 27.9	29.8
XG [g/kg]	18.4 18.8	18.4 18.6	18.3 18.5	18.3 18.5	18.4 18.6	18.4 18.6	18.4 18.6	18.5 18.6	18.5 18.6	18.6 18.6	18.8 18.5	18.9 18.5	18.5

表Ⅱ-1-4 方位別日射量 [W/m²]（東京・夏期（7月23日）・冷房）

時刻	5	6	7	8	9	10	11	12	13	14	15	16	17	18
J_{DH}	37	471	620	689	726	747	758	760	754	740	713	665	572	341
J_{HS}	17	52	70	81	88	91	92	92	91	90	85	77	63	41
J_{TH}	18	167	343	507	647	750	810	823	790	710	591	439	267	95
J_{TN}	23	144	103	41	44	45	46	46	46	45	43	61	128	126
J_{TE}	42	468	588	581	498	361	191	46	46	45	43	38	32	21
J_{TS}	8	26	35	54	137	201	240	248	227	176	103	38	32	21
J_{TW}	8	26	35	41	44	45	46	86	267	425	542	595	557	340

表Ⅱ-1-5 実効温度差 ETD [℃]（東京・夏期・冷房・室温26℃）

type	時刻	5	6	7	8	9	10	11	12	13	14	15	16	17	18	19	20	21
type Ⅰ	日影	1	1	2	3	5	6	7	7	8	8	7	6	6	5	4	3	3
	H	1	7	14	21	27	32	35	36	35	32	28	22	15	8	4	3	3
	N	2	6	6	5	6	7	8	9	9	9	9	10	9	4	3	3
	E	2	17	23	24	22	18	13	9	9	9	9	8	7	5	4	3	3
	S	1	2	3	5	9	13	15	16	15	14	11	8	7	5	4	3	3
	W	1	2	3	5	6	7	8	10	17	22	26	27	25	17	4	3	3
type Ⅱ	日影	1	1	1	2	2	3	4	5	6	7	7	7	7	6	6	5	4
	H	1	2	4	9	14	19	25	29	32	33	32	30	26	21	16	11	8
	N	1	2	3	4	5	5	6	7	8	8	8	9	9	9	9	7	6
	E	1	3	9	14	18	19	19	16	14	12	11	10	9	8	7	6	5
	S	1	1	2	2	4	6	9	11	13	14	14	12	11	9	7	6	5
	W	1	1	2	2	3	5	6	7	9	12	15	23	23	23	23	14	10
type Ⅲ	日影	2	2	2	2	2	3	3	4	4	5	5	6	6	6	5	5
	H	5	4	5	6	8	10	13	17	20	22	24	25	25	24	22	20	17
	N	3	3	3	3	4	4	4	5	6	6	7	7	8	8	8	7
	E	3	3	4	7	9	11	13	13	13	12	12	11	10	10	8	9
	S	3	3	2	3	3	4	5	6	8	9	10	10	10	9	8	8
	W	4	4	3	3	3	4	4	5	6	7	9	12	14	16	16	16	14
type Ⅳ	日影	4	3	3	3	3	3	3	3	4	4	4	4	4	4	4	5
	H	11	11	10	10	10	11	12	13	15	16	17	18	18	18	18	17
	N	5	4	4	4	4	5	5	5	5	6	6	6	6	6
	E	6	6	6	6	7	8	8	9	10	10	10	10	10	9	9
	S	5	5	5	5	4	4	5	5	6	7	7	7	7	8	8	7
	W	8	7	7	7	6	6	6	6	6	7	8	9	10	10	11	11

注) 日影は垂直壁の場合．

2章　日射

日射については，第Ⅰ編で直達日射と天空日射の算定方法を学びました。ここでは一歩進めて理論的背景を学びます。また新たに長波放射も学びます。

2-1　直達日射量／ブーガの式の意味するところ

ブーガ（Bouguer）の法線面直達日射量（normal direct solar irradiance）は次式で定義されます。

　　　ブーガの式　　　$J_{d(n)} = J_0 \cdot P^{1/\sin H}$　　　（Ⅱ-2-1），再掲（Ⅰ-2-1）

　　　ここに，$J_{d(n)}$：法線面直達日射量　[W/m²]
　　　　　　　J_0：太陽定数　[W/m²]
　　　　　　　P：大気透過率　[－]
　　　　　　　H：太陽高度　[°] または [rad]

ここでは，太陽定数 J_0 と大気透過率 P と太陽高度 H と法線面直達日射量 $J_{d(n)}$ について，ブーガの式ではどのように考えているかを見ていきます。

（1）太陽定数

大気圏外での法線面の日射の強さが太陽定数（solar constant）J_0 です。定数といっても太陽の活動によりわずかに変化します。

なお，本書では $J_0 = 1370\ \text{W/m}^2$ とします。

（2）大気透過率

日射が大気を通過する間に，大気中の汚れや雲などによって拡散・吸収され，地上に届く日射は弱くなります。その程度は，大気透過率 P（permeability of atmosprere）と太陽高度 H によります。

図Ⅱ-2-1　大気透過率と日射の強さ（その1：太陽が真上にある場合）

<太陽定数>

太陽定数については，コラムⅡ-2を参照のこと。

<大気透過率>

表Ⅰ-2-1　晴れた日の大気透過率 P（再掲）

時刻 τ	大気透過率	
	7月	10月
5　19	0.87	
6　18	0.81	
7　17	0.77	0.85
8　16	0.73	0.81
9　15	0.71	0.78
10　14	0.69	0.76
11　13	0.67	0.74
12	0.67	0.74

木村・滝沢による東京・清瀬での観測値

<大気透過率>

図Ⅱ-2-1 は太陽が真上にある場合です。太陽高度は $H = 90°$，$\sin H = 1.0$ です。この時の地上での直達日射の観測値が $J_{d(n)} = 959\ \text{W/m}^2$ であれば，大気透過率は
　$P = J_{d(n)}/J_0 = 959/1370 = 0.7$
となります。

（3）太陽高度と直達日射量

ブーガの式は太陽高度（solar altitude）と大気透過率から法線面直達日射量を求めるのですが，その計算原理について見ていきましょう。

＜その1＞　太陽高度が90°の場合（真上にある場合）

図Ⅱ-2-1は太陽高度が$H=90°$，すなわち太陽が真上にある場合です。ブーガの式で　$\sin H = \sin 90° = 1.0$　故に，$P^{1/\sin H} = P$　となります。大気透過率Pは，太陽高度90°を基準にしていることが分かります。いま大気透過率を$P=0.7$とすれば，地表面での直達日射量は0.7だけ弱くなります。すなわち

$$J_{d(n)} = J_0 \times P = 1370 \times 0.7 ≒ 959 \quad [\text{W/m}^2]$$

となります。

＜その2＞　太陽高度が30°の場合

図Ⅱ-2-2は太陽高度が30°です。日射が大気を通過する距離は2倍になります。大気の中間点で通過する距離が"1"となり，図Ⅱ-2-1と同じ距離を透過したことになります。

ブーガの式では大気の密度が一様としています。大気透過率が$P=0.7$であれば，中間点での法線面直達日射量は，

$$J_{d(n:中間)} = J_0 \times P = 1370 \times 0.7 = 959 \quad [\text{W/m}^2]$$

となります。
残りの距離"1"を通過すると，日射の強さは0.7×0.7，都合0.49に減じます。地上での法線面直達日射量は

$$J_{d(n)} = J_0 \times P \times P = 1370 \times 0.7 \times 0.7 ≒ 671 \quad [\text{W/m}^2]$$

となります。

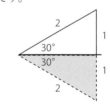

＜$1/\sin H$＞
太陽高度が30°ということは下図の正三角形の半分ですから，正三角形の上半分の
　高さ＝大気厚さ＝"1"
に対して
　斜辺＝通過距離＝"2"
です。

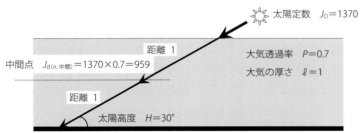

図Ⅱ-2-2　日射の強さ（その2：太陽高度が30°の場合）

<その3>　太陽高度が 19.471° の場合

図Ⅱ-2-3 は太陽高度が 19.4712····° の場合です。角度は半端ですが，日射が大気を通過する距離は3倍になっています。大気透過率は同じ $P=0.7$ とします。

大気を 1/3 通過した時点で法線面直達日射量は 0.7 に減じ，さらに 2/3 を通過した時点では $0.7×0.7$ で，都合 0.49 に減じ，さらに地上では $0.7×0.7×0.7$ で，都合 0.343 に減じます。

よって，地上での法線面直達日射量は，

$$J_{d(n)}=J_O×P×P×P=1370×0.7×0.7×0.7≒470 \quad [W/m^2]$$

となります。

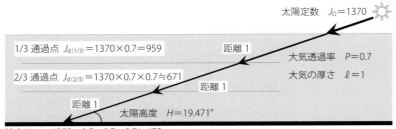

図Ⅱ-2-3　日射の強さ（その3：太陽高度が 19.471° の場合）

<その4>　任意の太陽高度の法線面の日射の強さ（ブーガの式）

図Ⅱ-2-1，図Ⅱ-2-2，図Ⅱ-2-3 より，大気透過率を $P=0.7$ とすると，大気と同じ距離を通過するたびに日射の強さは 0.7 ずつ弱くなっていきました。

距離が1倍だと，日射量は $J_{d(n)}=J_O×P=1370×0.7≒959$

距離が2倍だと，日射量は $J_{d(n)}=J_O×P×P=1370×0.7×0.7≒671$

距離が3倍だと，日射量は $J_{d(n)}=J_O×P×P×P=1370×0.7×0.7×0.7$
　　　　　　　　　　　　　　　≒470

通過距離が2倍なら P の2乗（P^2），通過距離が3倍なら P の3乗（P^3）となっています。通過距離が 1.5 倍なら P の 1.5 乗（$P^{1.5}$）です。
法線面直達日射量の減衰は通過距離のべき乗になっていることが分かります。

大気の厚さを "1" として，通過距離 ℓ と太陽高度 H との関係は，右欄に示すように三角関数を使って $\sin H=1/\ell$ と表せます。すなわち，通過距離は $\ell=1/\sin H$ となり，よって，地上における法線面直達日射量は次式のようになります。

　　　ブーガの式　　　$J_{d(n)}=J_O·P^{1/\sin H}$　　　　　　　　　再掲（Ⅱ-2-1）

<通過距離>

大気の厚さを "1" とし，太陽高度を H とすれば，
　　　$\sin H=1/\ell$
よって，日射の通過距離は
　　　$\ell=1/\sin H$
です。

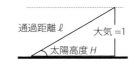

<ブーガの式の仮定>

ブーガの式は，地球が丸いことは考慮されていません。また，大気の密度は一様であるとし，大気中の屈折などは考慮されていません。

よって，太陽高度が低い場合に誤差がやや大きくなる傾向があります。

（4）任意の面における直達日射量

ブーガの式は法線面の直達日射量です。任意の方位と任意の傾斜角度を持つ面における直達日射量は次のようにして求めます。

$$J_d = J_{d(n)} \cdot \cos\theta \qquad (\text{II-2-2})$$

ここに，J_d：任意の面における直達日射量　[W/m²]
　　　　$J_{d(n)}$：法線面の直達日射量　[W/m²]
　　　　θ：任意の面における直達日射の入射角　[°]

なお，入射角（incidence angle）θ は，面の方位角 A_w と傾斜角 T_w，太陽高度（solar altitude）H と太陽方位角（solar azimuth）A から次式により求められます。すなわち，

$$\cos\theta = \sin H \cos T_w + \cos H \sin T_w \cos(A - A_w) \qquad (\text{II-2-3})$$

ここに，θ：任意の面における直達日射の入射角　[°]
　　　　H：太陽高度　[°]
　　　　A：太陽方位角　[°]
　　　　T_w：任意の面の傾斜角　[°]
　　　　A_w：任意の面の方位角　[°]

太陽高度 H は水平面を 0° とする水平面からの仰角です。太陽方位角 A は真南を基準の 0° として時計回りに角度を定義します。したがって，真西なら 90°，真北は 180°，真東は 270° ですが －90° としても同じです。

面の傾斜角が垂直 $T_w = 90°$ の場合で，壁面の方位角 A_w と太陽方位角 A と太陽高度 H と入射角 θ の関係を図にすると図 II-2-4 のようになります。

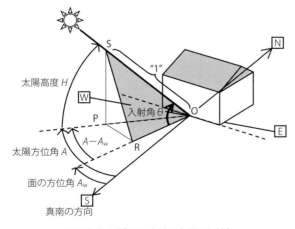

図 II-2-4　垂直面における太陽の入射角

＜水平面の太陽の入射角＞
水平面の傾斜角は $T_w = 0°$ です。よって，
　　$\cos T_w = 1$，$\sin T_w = 0$
よって，入射角は
　　$\cos\theta = \sin H$
となります。

＜垂直面の太陽の入射角＞
垂直面の傾斜角は $T_w = 90°$ です。よって
　　$\cos T_w = 0$，$\sin T_w = 1$
よって，入射角は
　　$\cos\theta = \cos H \cos(A - A_w)$
となります。

図 II-2-4 で，OS を基準の長さ "1" とします。
直角三角形 OSP において，太陽高度を H とすると，
　　$\cos H = \text{OP}/\text{OS}$
　∴ $\text{OP} = \text{OS} \times \cos H = \cos H$
直角三角形 OPR において，壁面から見る太陽の方位角は
　　$A - A_w$ です。
　∴ $\cos(A - A_w) = \text{OR}/\text{OP}$
　∴ $\text{OR} = \text{OP} \times \cos(A - A_w)$
　　$\text{OP} = \cos H$ ですから
　　$\text{OR} = \cos H \cos(A - A_w)$
直角三角形 OSR において入射角 θ は，
　　$\cos\theta = \text{OR}/\text{OS}$
　∴ $\cos\theta = \cos H \cos(A - A_w)$
を得ます。

2-2　天空日射量／ベルラーゲの式の意味するところ

水平面天空日射量（sky solar irradiance）はベルラーゲ（Berlage）の式では次のように定義されます。

ベルラーゲの式　$J_{s(H)} = \dfrac{1}{2} J_0 \cdot \sin H \dfrac{1 - P^{1/\sin H}}{1 - 1.4 \ln P}$　（Ⅱ-2-4），再掲（Ⅰ-1-2）

ここに，$J_{s(H)}$：水平面天空日射量　[W/m²]
　　　　J_0：太陽定数　[W/m²]
　　　　P：大気透過率　[－]
　　　　H：太陽高度　[°] または [rad]

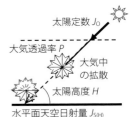

＜天空日射のモデル＞

このベルラーゲの式の成り立ちを見ていきます。右辺の中の $J_0 \cdot P^{1/\sin H}$ はブーガの式の法線面直達日射量そのものです。
$J_0(1 - P^{1/\sin H})$ は直達日射量以外の成分，つまり大気で拡散される成分です。$1/(1 - 1.4 \ln P)$ は，拡散成分が地上に届くまでに減衰する割合で，大気透過率 P によって変わります。頭に 1/2 が入っているのは，半分が地上に届き，半分が宇宙へ逃げていくことを意味します。

最後に，太陽高度 $\sin H$ を乗じて水平面の天空日射量になります。

＜自然対数＞
$\ln P$ は大気透過率 P の自然対数で $\log_e P$ と書いても構いません。
なお e はネイピア数といい，自然対数の底として用いられ
　$e = 2.71828\ 18284\ 59045\cdots$
です。

【問 2-1】ブーガの式とベルラーゲの式を使って水平面の直達日射量と天空日射量を求めなさい。なお，大気透過率は 0.0 から 1.0 まで 0.1 刻みとし，太陽高度は 45° とします。

【解 2-1】結果を図Ⅱ-2-5 に示します。大気透過率が下がると直達日射量は減ります。逆に，大気透過率が下がると天空日射量が大きくなることが分かります。なお，大気透過率が 0 では日射はゼロなので，下図では大気透過率が 0.01 の場合を示しています。

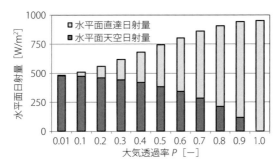

図Ⅱ-2-5　太陽透過率と水平面の直達日射量と天空日射量の関係（太陽高度 45°）

<コラム II-2>　太陽定数／太陽から地球に届く日射の強さ

本書は，地球の大気圏外の日射に強さ（太陽定数）を 1370 W/m² としました。これをステファン・ボルツマン定数（$\sigma=5.67$）と放射熱伝達の式を使って確認しましょう。

太陽の表面温度は，$T=5777$ K と非常に高い温度です。
太陽の大きさは，半径 $R_S=6.96\times10^8$ m（地球の約 109 倍）です。
地球から太陽までの平均距離は，$D_E=1.4956\times10^{11}$ m です。

いずれも理科年表・天文部 2014 年による値です。以上より太陽定数 J_O を求めます。

太陽放射密度　$q_S=\sigma\left(\dfrac{T}{100}\right)^4=5.67\times\left(\dfrac{5777}{100}\right)^4\fallingdotseq 6.32\times10^7$ W/m²
太陽の表面積　$A_S=4\pi R_S^2=4\times3.14\times(6.96\times10^8)^2\fallingdotseq 6.08\times10^{18}$ m²
総放射量　$Q_S=q_S\times A_S=6.32\times10^7\times6.08\times10^{18}\fallingdotseq 3.84\times10^{26}$ W

地球までの平均距離 D_E を半径とする仮想の球を想定すると，その表面積 A_E　$A_E=4\pi D_E^2=4\times3.14\times(1.4956\times10^{11})^2\fallingdotseq 2.81\times10^{23}$ m²

太陽放射 Q_S を仮想の球の表面積で割ると，太陽定数 J_O が得られます。

$J_O=Q_S\div A_E=3.84\times10^{26}\div(2.81\times10^{23})=1366.54\cdots\fallingdotseq 1370$ W/m²

元データが有効数値 3 桁ですから，太陽定数の有効数値も 3 桁としました。下図の模式図の各月の数値は，地球が楕円軌道であることによる太陽定数に対する補正係数（距離の二乗比）です。年間でも 0.9632〜1.034 の範囲で変化します。

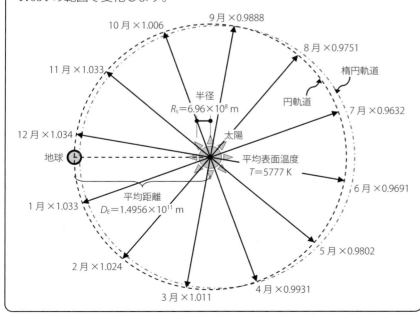

<太陽定数の値>

定数といっても実際は太陽の黒点の活動が概ね 11 年周期で変化し，これに伴い日射の強さも微妙に変化します。また地球の公転軌道が偏心率 0.0167 の楕円であることから 1 年の間でも ±3.3％の変動があります。

太陽定数は地球の大気圏外での日射の強さの平均値を取ったものです。この太陽定数については文献・書籍により様々な値が使われています。

1353 W/m² は 1957 年の世界気象機構（WMO）による値です。理科年表（1964 年）の天文部や建築計画原論（渡辺要編 1962 年）や空気調和ハンドブック（井上宇市著 1967 年版）などの昔の文献や書籍の多くがこの値を用いていました。

1360 W/m² は理科年表（1977 年）の値です。

1370 W/m² は理科年表（1985〜2014 年）の値です。この値を用いている文献や書籍も多くあります。本書もそうです。

1367 W/m² は世界気象機構の測器観測法委員会（CIMO）が 1981 年に提唱した値で，この値を用いている文献や書籍も多くあります。

1382 W/m² は空気調和衛生工学会の最大負荷計算法で用いられている値です。この元は理科年表（1964〜2001 年）の気象部で用いられている値です。空気調和衛生工学便覧第 14 版（2013 年）もこの値です。空気調和ハンドブックも第 4 版および第 5 版は熱負荷計算法を空気調和衛生工学会の方式に準拠していますので太陽定数もこの値を用いています。

2-3 長波放射

地上の建物や地面などと上空の大気との放射を長波放射（long wave radiation）といいます。高温の太陽光が波長の短い短波長の放射です。これに対して，地面や建物や大気の温度は低いので波長の長い長波放射になります。

（1）長波放射量／ブラントの式

長波放射量は，式（Ⅱ-2-5）のブラント（Brunt）の式が知られています。

$$J_{l(H)} = 5.67 \times \left(\frac{t_0 + 273.16}{100}\right)^4 \times (1 - 0.062 \times C) \times (0.49 - 2.1 \times \sqrt{x_0/(x_0 + 622)})$$

（Ⅱ-2-5）

ここに，$J_{l(H)}$：水平面における長波放射量　[W/m²]
5.67：ステファン・ボルツマン定数　[W/(10^8 m² K⁴)]
t_0：外気温度　[℃]
$T_0 = t_0 + 273.15$　で絶対温度　[K]（ケルビン）
x_0：外気絶対湿度　[g/kg]
C：雲量　[全天比 0～10]

（2）長波放射の値

ブラントの式は，外気温度 t_0 と絶対湿度 x_0 と雲量 C がパラメータです。表Ⅱ-2-1 に外気温度が 0℃と 30℃，相対湿度が 0% から 20% ごとに 100% までの長波放射の値を示します（絶対湿度 x_0 は外気温度と相対湿度から換算）。外気温度 30℃，相対湿度 0%（絶対湿度も 0 g/kg'），雲量 0 の時に，長波放射は 235 W/m² と大きな値になっています。湿度が下がるほど，また雲量が増えるほど，長波放射の値は小さくなります。

表Ⅱ-2-1　長波放射の値 [W/m²]

気温 [℃]	相対湿度 [%]	絶対湿度 [g/kg']	雲量										
			0	1	2	3	4	5	6	7	8	9	10
0.0	0	0.0	155	145	136	126	116	107	97	88	78	68	59
	20	0.8	132	123	115	107	99	91	83	75	66	58	50
	40	1.5	122	115	107	99	92	84	77	69	62	54	46
	60	2.3	115	108	101	93	86	79	72	65	58	51	44
	80	3.0	109	102	95	88	82	75	68	61	55	48	41
	100	3.8	103	97	90	84	78	71	65	58	52	46	39
30.0	0	0.0	235	220	206	191	176	162	147	133	118	104	89
	20	5.3	143	134	125	116	107	98	90	81	72	63	54
	40	10.6	104	98	92	85	79	72	66	59	53	46	40
	60	16.0	75	71	66	61	57	52	47	43	38	33	29
	80	21.6	51	47	44	41	38	35	32	29	25	22	19
	100	27.2	29	27	25	23	22	20	18	16	15	13	11

<長波放射>
冬の夜，気温は 0℃以上あるのに，外に置いたバケツの水が凍るのは長波放射によるものです。夜間に顕著になるので夜間放射ともいいますが，長波放射は昼間でも存在します。

<絶対湿度と相対湿度>
水分を含まない空気を乾き空気といい，水分を含む空気を湿り空気といいます。

絶対湿度は乾き空気 1 kg に含まれる水蒸気の割合をいいます。単位は [kg/kg'] または [g/kg'] で表します。分子の g または kg は水蒸気の質量を表し，分母の kg' が乾き空気の質量を表します。水蒸気と区別するため分母の乾き空気の質量の単位には「'」を付けます。

一方，一般に使われる相対湿度は，ある温度の空気に含み得る飽和水蒸気の圧力（分圧）に対する，その時の水蒸気の圧力（分圧）の比率です。湿り/乾きに対する人の感覚は相対湿度に強く関係しますが，熱負荷など物理的な計算には絶対湿度を用います。

<地球全体での日射量と
　　長波放射のバランス>
低緯度では日射が勝り，高緯度では長波放射が勝ります。差が大気循環などの駆動源になります。地球全体としてはバランスがとれており，収支はゼロです。

（3）長波放射量の温度換算

前章の 1-3 の相当外気温度（$SAT=t_O+(a/\alpha_O)J$）で，不透明な外壁や屋根の日射熱を計算するときに日射量を温度に換算しました。長波放射量も同様に温度に換算することができます。

長波放射量を温度に換算する時は次式（II-2-6）を使います。

$$\Delta t_{J_l(H)} = \frac{\varepsilon}{\alpha_O} J_{\ell(H)} \qquad (\text{II-2-6})$$

ここに，$\Delta t_{J_l(H)}$：長波放射量の温度換算値　［℃］
　　　　$J_{\ell(H)}$：水平面長波放射量　［W/m²］
　　　　ε：壁面表面の放射率　［－］
　　　　α_O：外表面熱伝達率　［W/(m²℃)］

長波放射量を $J_{\ell(H)}=100$ W/m²，放射率を $\varepsilon=0.9$，外表面熱伝達率を $\alpha_O=23$ W/(m²℃) として温度に換算すると $0.9/23 \times 100 ≒ 4$℃，つまり長波放射量の $J_{\ell(H)}=100$ W/m² は気温が 4℃ 下がることと同じです。

このように長波放射量を温度に換算して，外壁や屋根やガラス窓の貫流熱を計算します。

$$q = K\left(t_O - \frac{\varepsilon}{\alpha_O} J_{\ell(H)} \cdot \Psi_空 - t_R\right) \qquad (\text{II-2-7})$$

ここに，q：長波放射量を含めた貫流熱量　［W/m²］
　　　　K：壁体やガラス窓の熱通過率　［W/(m²℃)］
　　　　t_O, t_R：外気温および室温　［℃］
　　　　ε：壁体表面の放射率　［－］
　　　　α_O：外表面熱伝達率　［W/(m²℃)］
　　　　$J_{\ell(H)}$：水平面長波放射量　［W/m²］
　　　　$\Psi_空$：壁面から見る空の形態係数　［－］

ブラントの式は水平面の長波放射量であるため，任意の面の長波放射量は空への形態係数で補正します。
例えば，水平面の屋根の場合は $\Psi_空=1$ であり，垂直な壁なら $\Psi_空=0.5$ です。ピロティ床では $\Psi_空=0$ です。よって，垂直な外壁の長波放射量による影響は屋根の半分，ピロティ床ならば長波放射量の影響はゼロです。

＜形態係数＞
形態係数については，4 章あるいは第 I 編の 1-2-2 の（2）を参照して下さい。

＜任意の傾斜角での　空への形態係数＞
面の傾斜角を T_w とすると，空への形態係数 $\Psi_空$ は

$$\Psi_空 = \frac{1}{1+\cos T_w}$$ です。

<コラムⅡ-3> 太陽とつきあう／目に見える太陽光は半分だけ

人の目は太陽からの最も多い光の波長を捉えられるように発達しています。これがいわゆる「可視光（visible light）」です。波長は380〜780 nmの範囲です。380 nmより短い光は人の目には見えない「紫外線（ultraviolet rays）」です。780 nmより長い光は人の目には見えない「赤外線（infrared rays）」です。ちなみに、可視光は太陽の直射光のうちの約50%で、赤外線が約40%、紫外線その他が10%です。

「ガラスの性質」

ガラスは、赤外線（遠赤外線）を通過させにくい性質を持っています。これを利用したのがガラスの温室です。一度ガラスを通過した可視光や近赤外線は、温室の中の植物や土を暖めますが、温度が上がると遠赤外線を放射することになります。この遠赤外線はガラスの内側で反射され、外に逃げにくいので「温室」になるわけです。地球環境問題になっている二酸化炭素などの「温室効果ガス」も、遠赤外線を宇宙に逃がさないのは同じ原理です。

「Low E ガラス」

Low E とは"Low Emissivity"の略で「低放射」ガラスという意味です。板ガラスの表面に透明な金属膜をコーティングすることによって赤外線を反射させ、通過させないガラスの特質を強化したものです。下のグラフはLow E ガラスの波長別の透過率です。直射光の赤外線の部分を遮断し、可視光の部分を透過させていることが分かります。

Low E ガラスは、もう一枚普通の板ガラスを組み合わせて、"Low E 複層ガラス"として使うことが一般的です。これは赤外線の反射率の強化に加えて、断熱性を向上させるためです。

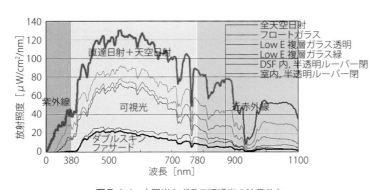

図Ⅱ-2-6　太陽光とガラス透過光の波長分布

<空が青く見えるのは>

波長の短い光（紫・青）は散乱しやすい性質があります。このため空が青く見えます。

紫外線は直射光だけでなく、天空全体から降り注いでいます。このため、機能的に設計されたサングラスは、側方からの紫外線が眼に入らないように、レンズの曲率を深くするなど、顔に沿うよう工夫されています。

逆に、波長の長い赤外線は直進性が高いため、テレビやエアコンなど屋内で使われるリモコンの赤外線通信に利用されています。（屋外だと太陽光の赤外線の影響を受けてしまいます）

<Low E ガラスの表と裏>

Low E 複層ガラスには、「おもて」と「うら」があります。Low E ガラスを室外側に使うと、太陽の赤外線を効率的に遮蔽し、冷房効果が向上します。

逆に、Low E ガラスが室内側にあると、遠赤外線を室外に逃がさないようになり、暖房効果を高めます。

いずれにせよ、単板ガラスに比べると格段に室内の環境性能を高めるので、省エネルギー・室内環境向上の両側面で、積極的に採用を検討すべきです。

【付】湿り空気線図

図Ⅱ-2-7は湿り空気線図（psychrometric chart）あるいは単に空気線図と呼ばれるものです。この図では，空気の温度 t（乾球温度）[℃] と湿球温度 t' [℃]，相対湿度 φ [%]，絶対湿度 x [kg/kg']，比エンタルピ h [kJ/kg']，水蒸気分圧 [kPa] の6つの要素が表されています。これら6つの要素のうちの2つの条件が分かれば空気の状態が決まり，他の要素の値を読み取ることができます。

<乾き空気と湿り空気>
水蒸気を全く含まない空気を乾き空気と言います。これに対して水蒸気を含む空気を"湿り空気"と言います。

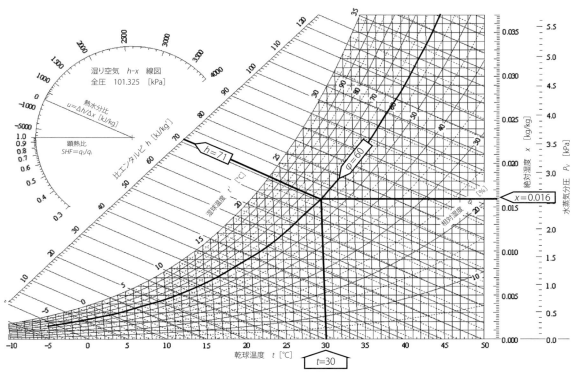

図Ⅱ-2-7 湿り空気線図（h-x 線図）

【問 2-2】乾球温度 $t=30$℃，相対湿度 $\varphi=60$%の時の絶対湿度 x [kg/kg'] および比エンタルピ h [kJ/kg'] を求めなさい。

【解 2-2】図Ⅱ-2-7より，絶対湿度 $=0.016$ kg/kg' $=1.6$ g/kg'，比エンタルピ $h=71$ kJ/kg' を得ます。

【問 2-3】湿り空気を冷却していくとやがて結露します。この結露が始まる点を"露点"といいます。図Ⅱ-2-7を使って，温度30℃，相対湿度60%の湿り空気の露点温度を求めなさい。

【解 2-3】図Ⅱ-2-7において，温度30℃，相対湿度60%の点から真横に左に移動します。相対湿度100%と交点の温度を読み取ると，露点温度 $t''=21.4$℃を得ます。

<湿り空気線図の基軸>
湿り空気線図の基軸は斜軸の比エンタルピと縦軸の絶対湿度です。この2つの目盛りが等間隔です。
乾球温度の線は平行ではなく扇形に広がっています。
比エンタルピと絶対湿度を基軸とする h-x 線図では，熱量のバランスと水分量（絶対湿度）のバランスをとることができます。

3章　太陽位置/日影曲線による日射遮蔽の検討

　日影曲線は本来は建物の影の位置を知るための線図ですが，日射が室内のどこまで入るのか，そして日射を遮蔽するための日除けの形や大きさを決める時にも使える設計に役立つツールです。本章では，日影曲線の使い方，太陽位置の詳しい計算の方法を学び，最後に実際に日影曲線を作ってみます。

3-1　日影曲線の使い方

(1) 日影曲線とは

　図Ⅱ-3-1の日影曲線（sun shadow curve）は，左右が東西軸，上下を北南軸とする平面上に，太陽の影の動く軌道が曲線で描かれています。この曲線を日影曲線といいます。日影曲線の図を真南に向けて置き，原点に高さ"1"の棒を立てて棒の頭の影の位置を読み取ると，いま，何月何日何時であるかが分かります。つまり日時計になっています。

　原点から拡がる放射状の実線は，影の方位を示します。影の反対側方位に太陽があるので，これから太陽の方位角が分かります。

　時間は扇状に拡がった破線で表されています。この破線群は，原点に立てた高さ"1"の棒の頭から真南へ，緯度（東京の場合，北緯35°41′）の角度に沿って斜めに下ろしたところで焦点（+印の点）を結ぶようになっています。

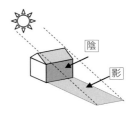

＜影と陰＞

日と影，陽と陰が対語です。日の当たらないところが"陰"，日が遮られてできるのが"影"です。
木の木陰で涼んで，日傘で影を作って日射しを避けます。

＜日影曲線＞

左図では，1年を概ね10ごとに，全部で36日19本の日影曲線を描いています。

　36日と19本の日影曲線は，**冬至(12/20)**，12/29と12/10，1/8と11/30，**1/18**と**11/20**，1/29と11/10，2/9と10/31，**2/19**と**10/21**，2/27と10/11，3/9と10/1，**春分(3/19)**と**秋分(9/21)**，3/29と9/11，4/9と8/31，**4/19**と**8/21**，4/29と8/11，5/9と8/1，**5/20**と**7/21**，5/30と7/11，6/10と6/30，**夏至(6/20)**です。
同じ日影曲線の左右に示される日は太陽赤緯（→本章3-4節を参照のこと）が同じになる日です。

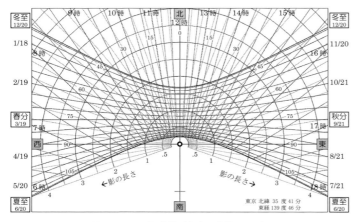

図Ⅱ-3-1　日影曲線（東京：北緯35°41′）

（2）日影曲線

　図Ⅱ-3-1は，東京（北緯35°41'）の日影曲線です。この日影曲線の図では冬至・春秋分・夏至を含む19本の日影曲線が描かれています。影は日影曲線の上を，左から右へ（つまり西から東へ）移動します。

　冬至　：冬至（winter solstice）は太陽高度が最も低く，影が長くなる日です。

　春秋分：春秋分（vernal and autumnal equinox）は，地球の軌道面と赤道面が一致する日です。日影曲線は一直線になります。

　夏至　：夏至（summer solstice）は，太陽高度が最も高く，影が短くなる日です。東京の夏至の日影曲線は，朝8：30頃までと午後15：30以降に原点よりも南側にあります。つまり太陽は北側にあり，北の窓から直射光が入ります。

（3）太陽方位角と太陽高度

　図Ⅱ-3-2の○印のA点は冬至の午前9時の影の位置です。影は北43°西です。太陽は反対側にあります。太陽方位角（solar azimuth）は真南を基準に時計回りの角度で表すので−43°（または317°）となります。

　影の長さは約3.3と読み取れます。これは図Ⅱ-3-2の直角三角形AOP（真横から太陽を見た図です）で，O点が原点，P点が棒の頭，A点が影の位置です。太陽高度（solar altitude）をHとすると$\tan H=1.0/3.3$となります。電卓を使って角度に直すと　$H=\tan^{-1}(1.0/3.3)≒17°$を得ます。

<東経>
日影曲線には東経は関係しません。なぜならば日影曲線は日本標準時ではなく，土地土地の真太陽時で描かれているからです。だから左右対称なのです。

<春秋分の日影曲線は直線>
春秋分は，真東から太陽が昇り真西に太陽が沈みます。太陽の傾きがあるので影は北側にできますが，その日影曲線は真西から真東に向かって一直線になります。

<三角関数>
下図の直角三角形ABCの各辺の長さをabcとします。

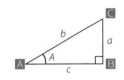

・三角関数
　正弦　$\sin A = a/b$
　余弦　$\cos A = c/b$
　正接　$\tan A = a/c$
・逆三角関数
　逆正弦　$\sin^{-1}(a/b)=A$
　逆余弦　$\cos^{-1}(c/b)=A$
　逆正接　$\tan^{-1}(a/c)=A$

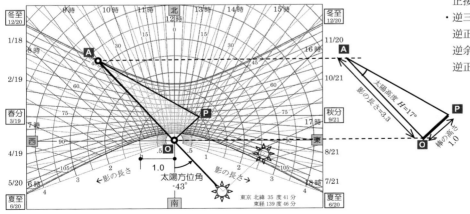

図Ⅱ-3-2　太陽方位角と太陽高度（東京：北緯35°41'）

3-2 日影曲線を用いて室内に入る日射の範囲を求める

本節では日影曲線(東京:北緯 35° 41′)を用いて室内に入る日射の範囲を求めます。モデルの室は南向で,横幅一杯に天井から床まで窓がある室です。
図面の置き方のポイントは次のとおりです。
① 天井高と影の長さ"1"が同じになるように図面を縮小します。
② 窓の方向を日影曲線の方位に合わせます。
③ 原点から窓の方位角の垂直方向,つまり東方向に線を引き,この線に室の窓が合うように平面図と展開図を配置します。

<日射>
本節 3-2 でいう"日射"とは,直達日射のことです。直達光としても同じです。
なお,天空日射(天空光)は拡散日射(拡散光)ですから,太陽位置ではなく,天空との関係,つまり形態係数や立体投射率で決まります。

(1) 夏至の朝 10 時の場合

図 II-3-3 の日影曲線の"A 点"は,夏至の朝 10 時の影の位置です。
① 日影曲線上の A 点から,窓の軸線(東西軸)と平行に目印となる破線 a を引きます。
② 日影曲線上の原点 O と A 点を結ぶ日射の線 s を,破線 a に沿って平行移動し,平面図の右端に O 点と A 点を移します。破線 a と西側の内壁との交点を B とします。
③ 西展開図では,破線 a と床面との交点が B 点になります。窓の下端が原点の O 点,窓の上端は棒の頭の P 点に対応します。
④ 日射が当たる範囲は,平面図の台形 OABO′ と西展開図の三角形 O′BP の範囲です。

<日射が入る範囲の見取り図>

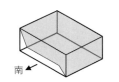

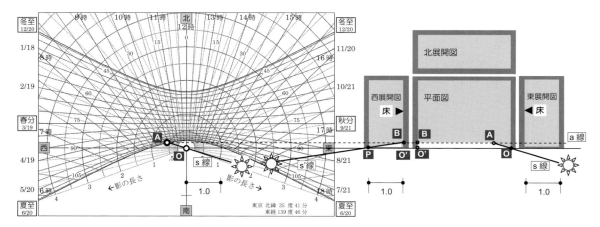

図 II-3-3 日影曲線を用いた室に入る日射の範囲の検討例(夏至の朝 10 時)

（2） 冬至の午後 15 時の場合

図Ⅱ-3-4 の日影曲線の A 点は冬至の 15 時の影の位置です。

① 日影曲線上の A 点から，窓の軸線（東西軸）と平行に目印となる破線 a を引きます。

② 日影曲線上の原点 O と A 点を結ぶ日射の線 s を，破線 a に沿って平面図の窓の左端まで平行移動します。A 点は室の外に出てしまいます。そこで，日射の線 s と奥の壁との交点を B とします。平面図では台形 OO'CB が日射の入る範囲です。

③ 東展開図では，破線 a と床面のレベルとの交点が A 点になります。A 点は室の外ですから日射は室奥の D 点で壁にぶつかります。D 点の真下が C 点，窓の下端が O' 点，上端が棒の頭の P 点になります。東展開図では台形 O'PDC が日射の入る範囲です。

④ 冬期の日射は，奥の壁まで達します。北展開図の C 点と D 点は，東と北の壁の境界点で，東展開図の C 点と D 点に対応します。また，北展開図の B 点と C 点も，平面図の床との境界の B 点と C 点に対応します。また，D 点の真横が B 点で，その真下が E 点です。北展開図では長方形 ECDB が日射の当たる範囲です。

⑤ 太陽の方位角は西側にありますから，西展開図には日射は当たりません。

＜日射が入る範囲の見取り図＞

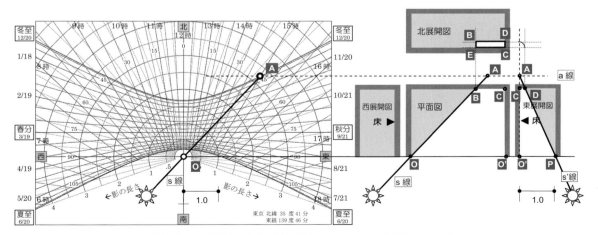

図Ⅱ-3-4　日影曲線を用いた室に入る日射の範囲の検討例（冬至の 15 時）

（3）いろいろな方位・いろいろな季節の場合

ここではいろいろな方位といろいろな季節を検討します。

室は図Ⅱ-3-3，図Ⅱ-3-4と同じで，1面が全面窓です。窓の向きが南・南西・西・北西の4方位について検討することにします。また，季節は夏至・春秋分・冬至の3季節，時間は午後15時とします。

各方位の各季節で，窓から室に入る日射の範囲を求めてみましょう。

図Ⅱ-3-5に検討結果を示します。日影曲線において，W点，M点，S点はそれぞれ冬至，秋春分，夏至の15時の影の位置です。

各室は窓の向きに合わせて，平面図と左右の展開図を配置します。展開図で▼印は床面を示しています。影の位置は，W点が冬至，M点が春秋分，S点が夏至です。いずれも15時に日射が入る位置です。

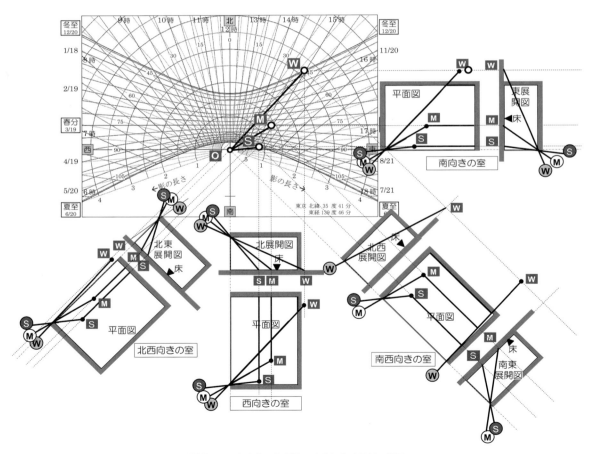

図Ⅱ-3-5　各方位・各季節の室内に入る日射の範囲

＜平面図での検討＞
①日影曲線の原点OとW，M，Sの各点を結ぶ日射の線を，窓面に並行に平面図まで移動し，各平面図にO点と日射が入る位置のW，M，S点を得ます。

なお，日射が室の外から見て，窓の右側から入る場合は，窓の右端をO点とし，日射が室の外から見て，窓の左側から入る場合は，窓の左端をO点とします。

②平面図上で，W，M，Sの各点まで日射が入ります。W，M，Sの点からは窓に平行に日が入ります。

③南・南西・西の各室では冬至のW点が室の外まで達し，奥の壁にも日射が入ります。

＜側面図での検討＞
④日影曲線のW，M，Sの各点から各方位の側面図の床面に垂線を下ろします。垂線の足の位置が日射の入る位置です。

⑤南向きの室では，冬至，秋春分，夏至の15時はいずれも東面の壁に日射が入ります。

⑥南西向きの室では，冬至の15時は北西面の壁に日射が入り，秋春分と夏至の15時は南東面の壁に日射が入ります。

⑦西向きの室では，冬至，秋春分，夏至の15時はいずれも北面の壁に日射が入ります。

⑧北西の室では，秋春分，夏至の15時はいずれも北面の壁に日射が入ります。冬至の15時は日射は入りません。

⑨各側面図に示した Ⓢ，Ⓜ，Ⓦ の線の傾きは室の側面方向から見た時の太陽高度です。この角度をプロファイル角といいます。

＜プロファイル角＞
プロファイル角については p.86 の右欄を参照して下さい。

（4）柱や梁や腰壁などがある複雑な形状の場合

図II-3-6に示すやや複雑な形状のファサードの室について，日影曲線（東京）を用いて，室内に入る日射の範囲を調べてみましょう。

腰壁が足下の日射を遮ります。梁が軒として張り出していますが，これが水平庇の役割を担っています。また，柱型が建物外に出ていますが，これが垂直庇の役割を担います。梁と柱の出の長さは等しいものとします。この柱はやや室内に食い込んでいますし，窓台も室内に入り込んでいます。

この室に入る日射の範囲を求めてみましょう。なお，時間は冬至の15時とします。

<建物モデル>
図II-3-6は実際の建物の一室です。
室の寸法
　間口内法　3,372 mm
　奥行内法　5,225 mm
　天井高　2,650 mm
　窓台の高さ　920 mm
　窓の高さ　1,730 mm
　柱と梁の出　570 mm

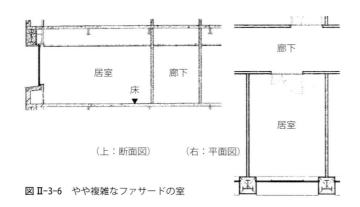

図II-3-6　やや複雑なファサードの室

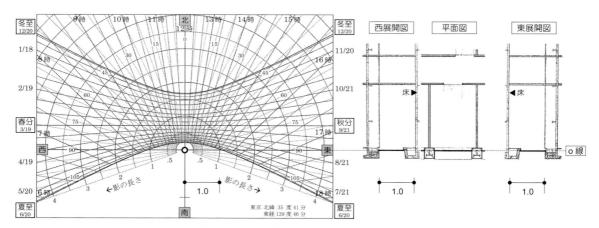

図II-3-7　日影曲線と対象室の平面図と展開図

<準備：図Ⅱ-3-7>
① 日影曲線の原点 O から窓の軸線（東西軸）に沿って破線 o を伸ばします。
② この破線 o に窓が乗るように西展開図・平面図・東展開図を配置します。なお，室の縮尺は，天井高が日影曲線の影の長さ"1"になるように合わせます。

<日除けのない場合の窓から入る日射の範囲：図Ⅱ-3-8>
③ 日影曲線で，冬至 15 時の影の A 点より，窓面の東西軸に平行に破線 a を引きます。なお，初めは柱型，梁，腰壁は無いものと考えます。
④ 平面図：日影曲線の原点 O と A 点を結ぶ日射の線を線 s とします。線 s を平行移動して，平面図の窓の左端を通るように落します。この線 s は太陽方位角を維持しています。線 s から平面図上の O 点と A 点が決まります。なお，A 点は室の外ですから，線 s と壁との交点 B で日射は東の壁にぶつかります。
⑤ 東展開図：線 a と床のレベルとの交点 A が床に落ちる日射の位置です。窓の上端の P 点は，原点に立てた棒の頭に対応しています。東展開図の線 s′ は日射の線 s を真横から見た場合で，プロファイル角の線になっています。

平面図の B 点は，東側面図の s′ 線上の B 点に対応します。B 点から垂直に下ろし床面との交点を C 点とします。
⑥ 白抜きの範囲に日射が当たります。

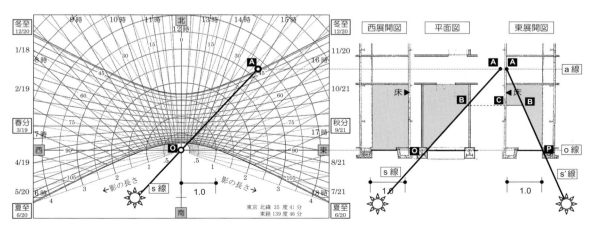

図Ⅱ-3-8　やや複雑な形状の室に入る日射の範囲の検討（その 1）

<柱形と梁がある場合：図Ⅱ-3-9>
⑦ 平面図の日射の線 s を左の柱の右下端まで平行移動します。A 点は A′ 点に，B 点が B′ 点に平行移動します。また，日射の線 s を右の柱の左上端まで平行移動します。この日射の線 s と壁との交点を D 点とします。
⑧ 東展開図で，日射の線 s′ を梁の出の位置まで平行移動します。A 点は A′ 点，B 点は B′ 点に移動します。また，C 点も C′ 点に移動します。平面図の D 点と東側面図の D 点が対応します。

<腰壁がある場合：図Ⅱ-3-9>
⑨ 東展開図で，日射の線 s′ を平行移動して腰壁の上端に合わせます。床との交点を F 点とします。この線分 DG との交点を E 点とします。
⑩ 平面図で，東展開図の F 点と平面図の F 点が対応します。腰壁は窓に平行ですから，平面図の F 点から窓に平行な線を引き H 点を求めます。

<最終的に日の当たる範囲>
⑪ 平面図では，三角形 HFB′ の狭い範囲に日射が当たります。東展開図では，多角形 EDB′C′F の範囲に日射が当たります。
図Ⅱ-3-8 に比べて，図Ⅱ-3-9 では，梁・柱・腰壁により日射が当たる範囲が狭められました。

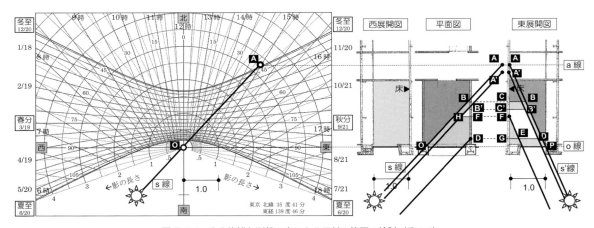

図Ⅱ-3-9　やや複雑な形状の室に入る日射の範囲の検討（その 2）

3-3　日射を遮る庇の形の検討

前節 3-2 の（1）（2）（3）と同じ室で，南向きの室の場合と，西向きの室の場合を取り上げて，直達日射を遮るための庇の検討をします。

（1）南向きの室の庇
＜夏至の日射対策＞

南向きの室では夏至の朝夕は日が入りません。最も室内に深くに日射が入るのは 12 時です。日影曲線から影の長さを読み取ると 0.22 です。南面ではこの影の長さが庇の必要な深さになります。窓の高さの 0.22 倍のわずかな水平庇があれば直達日射は室内に入りません。

＜秋の日射対策＞

お盆から秋にかけて太陽高度が下がり強い日射が入り，南向きの室では秋に冷房負荷が最大になるため，日射対策が重要になります。

8 月 21 日 12 時の影の長さは 0.28 ですが，秋分の 12 時では影の長さは 0.72 となり，10 月 21 日 12 時の影の長さは 1.05 と長くなります。10 月の直達日射を遮るためには窓の高さの 1.05 倍の深さの水平庇が必要になります。

＜中庇＞

深さが 1.05 の庇はかなり深いので，水平庇と中庇に分ければ庇の深さを半分にすることができます。これでも効果は同じです。なお，中庇は上面で反射して採光に利用することができます。これをライトシェルフといいます。

＜水平庇と垂直庇＞

夏至と秋春分の 15 時の日射対策を検討します。なお，時間は 15 時としたのは，上からの日射対策としての水平庇と，横からの日射対策としての垂直庇の両方について検討するためです。図 II-3-10 の南向きの室の平面図および断面図において S，M の点がそれぞれ夏至・秋春分の 15 時に日射が入る位置です。

影の座標を日影曲線から読み取ると，夏至の 15 時は（0.86, 0.07），秋分の 15 時は（1.23, 0.72）です。南向きの室では影の Y 座標の深さの庇があれば直達日射を遮ることができます。夏至の 15 時では 0.07 の深さの庇，秋分の 15 時では 0.72 の深さの庇が必要です。

庇には水平庇と垂直庇がありますが，どちらが有効であるかは，方位と季節と時間によって変わります。図 II-3-10 の南向きの室では，平面図で V_M の表示があるトーンの掛かった部分が秋分 15 時に垂直庇が日射を遮る範囲です。H_M の表示があるトーンの掛かった部分が秋分 15 時に水平庇が日射を遮る範囲です。

＜南面おける水平庇＞
夏至 12 時の水平庇

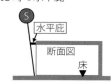

秋分 12 時の水平庇

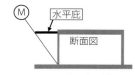

10 月 21 日 12 時の水平庇

中庇
大きな庇を水平庇と中庇に分割した場合

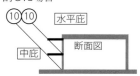

＜連続窓の庇＞

図 II-3-10 に示した通り，単独窓であれば斜めから入る日射を遮るために垂直庇が有効です。

連続窓ならば，その両端は垂直庇が必要ですが，中央は連続した水平庇で日射を遮ることができます。

（2）西向きの室の庇

　西面は午後に西からの強い日射が当たりますので西日対策が重要です。影の座標を日影曲線から読み取ります。夏至の 13 時（0.25, 0.20），14 時（0.52, 0.16），15 時（0.86, 0.07），16 時（1.31, −0.03）です。秋分の 15 時（1.52, 1.21）です。西向きの室では，上からの日射対策だけでなく横からの日射対策も重要になります。影の X 座標が横からの直達日射を遮るために必要な庇の深さになります。

　図 II-3-10 の図の西向きの室の平面図において，V の表示があるトーンの掛かった部分が垂直庇が日射を遮る領域で，H の表示があるトーンの掛かった部分が水平庇が日射を遮る領域です。真夏の午後は太陽がほぼ正面から当たるので水平庇が日射を遮蔽します。秋分の 15 時では斜めから日射が入るので，垂直庇が有効になります。

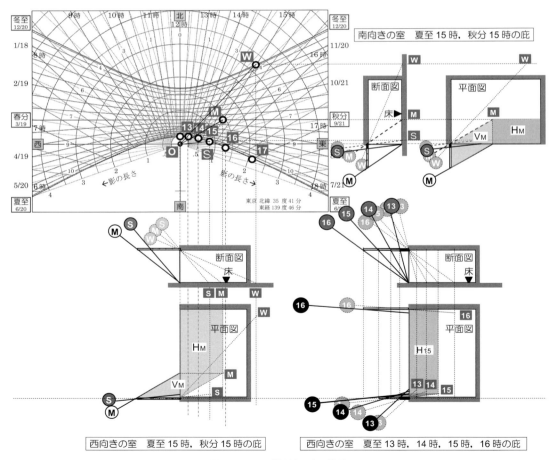

図 II-3-10　日射を遮る庇の検討

3-4 太陽位置の計算

日影曲線を使うことでいろいろな検討ができることが分かりました。しかし，日影曲線は一般に特定の都市しか用意されていません。任意の都市の日影曲線は自分で作るしかありません。そのためには太陽位置の計算方法を知る必要があります。

太陽位置の計算は，日影曲線だけでなく，建築環境工学・建築環境計画・建築設備の中でいろいろな目的・用途で使われる基本的な計算です。

（1）太陽赤緯・均時差・時角

ここでは太陽位置の計算として，① 太陽赤緯 δ，② 均時差 et，③ 時角 t の定義と計算方法を学びます。

太陽赤緯 δ：　赤道面における南中時の太陽高度の余角を太陽赤緯（solar declination）といいます。太陽高度を H とすると，太陽赤緯 δ は $\delta=90-H$ ［°］の関係にあります。太陽赤緯 δ は次のようにして求めます。

まず年通日を K とします。年通日 K の公転軌道上の地球の位置 ω ［rad］は，

$$\omega=0.0171672\times(K+3) \quad (\text{II-3-1})$$

です。ω が分かれば，太陽赤緯 δ ［°］は下式（近似式）で得られます。

$$\delta=0.362213-23.2476\cdot\cos(\omega+0.153231)-0.336891\cdot\cos(2\omega+0.207099)$$
$$-0.185265\cdot\cos(3\omega+0.620129) \quad (\text{II-3-2})$$

時角 t：　太陽は 1 時間に角度で 15° ずつ進みます。正午を基準にした角度を時角（hour angle）といいます。時刻を T とすると，時角 t ［°］は下式で得られます。

$$t=15\times(T-12+et) \quad (\text{II-3-3})$$

ここに，T：時刻（24 時間制）　［h］
et：均時差　［h］

なお，式（II-3-3）は，その土地の時角，つまり地方標準時の時角です。明石市（東経 135°）を基準とする日本標準時では，下式を使います。

$$t=15\times(T-12+et)+L_E-135 \quad (\text{II-3-4})$$

ここに，L_E：その土地の東経　［°］

均時差 et：　式（II-3-4）の均時差（equation of time）とは，太陽の位置と時計とのズレです。地球の公転軌道は楕円を描くので 1 日の長さは一定ではありません。地球の自転軸が約 23° 26′ 傾いていることも影響しています。このような時間を真太陽時（true solar time）といいます。

＜太陽位置＞
本節の太陽赤緯や均時差の式は，空気調和・衛生工学会の非定常熱負荷計算プログラム HASP で用いられている近似式です。
天文学の歳差運動，恒星時などを再現するものではありませんが，建築環境工学，建築環境計画，建築設備の分野で一般的に用いるのには十分な精度です。

＜余角＞
角度 A と角度 B の和が 90° になる場合，角度 A と B は余角，あるいは角度 A は角度 B の余角であるといいます。

＜補角＞
角度 A と角度 B の和が 180° になる場合，角度 A と B は補角であるといいます。

＜年通日＞
1 月 1 日を 1 日目とし，12 月 31 日を 365 日目とする日のことです。

＜均時差＞
均時差 et は 2 月と 11 月に大きくなります。
2 月で 14～15 分ほど時計より太陽位置が遅れ，11 月では 16～17 分ほど時計より太陽位置が進みます。

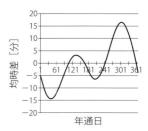

これでは日常生活には不便ですので，地球の公転軌道が円であるとして，1日の長さを一定にした時間を平均太陽時（mean solar time）といいます。真太陽時と平均太陽時との差が均時差です。均時差 et [h] は次式（近似式）で求めます。

$$et = -0.000279 + 0.122772\cos(\omega + 1.49831) - 0.165458\cos(2\omega - 1.26155)$$
$$- 0.005354\cos(3\omega - 1.1571) \qquad (\text{II-3-5})$$

ここに，ω：年通日 K の公転軌道上の位置 [rad]

（2）太陽高度と太陽方位角

太陽赤緯 δ，時角 t と緯度 ϕ・経度 L から，その土地における太陽高度（solar altitude）と太陽方位角（solar azimuth）を次式から得ます。

太陽高度 H：　　$\sin H = \sin\delta \cdot \sin L_N + \cos\delta \cdot \cos L_N \cdot \cos t$ （II-3-6）
　　　　　　　　$\cos H = (1 - \sin H \cdot \sin H)^{1/2}$ （II-3-7）
太陽方位角 A：　$\sin A = \cos\delta \cdot \sin t / \cos H$ （II-3-8）
　　　　　　　　$\cos A = (-\sin\delta \cdot \cos L_N + \cos\delta \cdot \sin L_N \cdot \cos t)/\cos H$
　　　　　　　　　　　　　　　　　　　　　　　　　　　　　　（II-3-9）

ここに，δ：太陽赤緯，t：時角，L_N：北緯

なお，太陽高度 H が　$\sin H > 0$　ならば昼，$\sin H < 0$　ならば夜です。

入射角 θ：窓面から見る太陽の角度が入射角（incedence angle）です。入射角 θ は次式で求めます。

$$\cos\theta = \sin H \cdot \cos T_w + \cos H \cdot \sin T_w \cdot \cos(A - A_w)$$
$$= \sin H \cdot \cos T_w + \cos H \cdot \sin T_w \cdot (\cos A \cdot \cos A_w + \sin A \cdot \sin A_w)$$
$$(\text{II-3-10}) \quad (\text{式(II-2-3) の再掲})$$

ここに，H：太陽高度　[°]
　　　　A_w：壁面方位角　[°]
　　　　T_w：壁面傾角　[°]

プロファイル角 ϕ：太陽高度を壁面の真横から見た角度がプロファイル角（profile angle）です。プロファイル角 ϕ は次式で求めます。

$$\tan\phi = \sin H / \{\cos H \cdot \cos(A - A_w)\} \qquad (\text{II-3-11})$$

なお，プロファイル角 ϕ が $\cos\theta > 0$ ならば，その面に直達日射が当たり，
　　　プロファイル角 ϕ が $\cos\theta < 0$ ならば，直達日射は当たりません。

<太陽位置と三角関数>
太陽高度，太陽方位角，入射角，プロファイル角などの式（II-3-6）〜（II-3-11）は角度に置き換えずに正弦（sin）や余弦（cos），正接（tan）の三角関数のまま用います。この方が便利だからです。角度を知る必要がある時に，逆三角関数である $\sin^{-1}$ や $\cos^{-1}$ を使って角度を求めます。

<入射角>

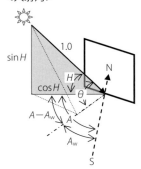

<プロファイル角>

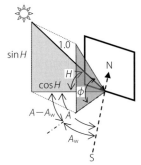

3-5　日影曲線を作る

　ここまでの太陽位置の計算の勉強で日影曲線を作る準備ができました。それでは実際に日影曲線を作ってみましょう。なお，計算量は膨大になりますから手計算では無理がありますし，電卓で計算するにしても大変です。ここでは，表計算ソフトを使うことを前提として説明します。

次の条件で日影曲線を作成します。
　場　所：札幌（北緯 43° 03′）と那覇（北緯 26° 12′）の 2 都市とします。
　代表日：1 月 18 日，2 月 19 日，3 月 19 日（春分），4 月 19 日，5 月 20 日，6 月 20 日（夏至），7 月 21 日，8 月 21 日，9 月 21 日（秋分），10 月 21 日，11 月 20 日，12 月 20 日（冬至）とします。

＜作図の準備＞
　基本の形は，図 II-3-1 の東京の日影曲線と同じとします。
　1）作図の範囲を決める
　　東西（X 軸）を $-4.25 \sim +4.25$，南北（Y 軸）は札幌を $-2.0 \sim +4.0$ としますが，那覇の南北軸の範囲は $-2.5 \sim +3.5$ とします。
　　両軸の交点が原点 O です。
　2）影の長さの同心円
　　原点を中心として，半径を 0.25，0.5，1.0，1.5，以下 5.0 まで 0.5 きざみとします。なお，描く円弧の角度は，太陽方位角で 70° から 290° の範囲とします。綺麗な円弧とするために，座標の計算は角度 5° きざみとします。
　　同心円の作図：
　　影の長さを半径 R とします。（$R=0.25, 0.5, 1.0, 1.5, \cdots\cdots$）
　　影の方角は，太陽方位角 A と逆さまになりますから，方位角 A で 70°～290° の範囲とします。表計算の角度 θ に換算すると，$\theta=160°$～380° の範囲です。この範囲で 5° ピッチで計算します。
　　座標は　　　$X=R\times\cos\theta$
　　　　　　　　$Y=R\times\sin\theta$
　　角度 θ を 160°～380° で計算し，散布図でつなげれば円弧になります。

＜代表日＞
1 月 18 日と 11 月 20 日，2 月 19 日と 10 月 21 日，春分と秋分，4 月 19 日と 8 月 21 日，5 月 20 日と 7 月 21 日のそれぞれの組み合わせは太陽赤緯が同じになる日を選んであります。

＜作図の範囲＞
作図の範囲は，表計算で作図するときに座標軸の最大値と最小値で指定します。
一方，計算する範囲はこれよりも大きめにします。
作図範囲からはみ出すと，表計算ソフトが自動的にカットします。

注意：数学と表計算と太陽方位角，日影曲線の座標および角度の定義の違い

| 数学 | 表計算作図オブジェクト | 太陽方位角 | 日影曲線 |

- 数学の XY 座標では，角度 θ は X 軸を基準に反時計回りです。
- 表計算では，計算上の角度 θ は Y 軸を基準に時計回りです。
  また，作図オブジェクトの角度 θ は X 軸が基準で時計回りです。
- 太陽方位角 A は，南を基準に時計回りです。よって Y 軸は下向きが＋，X 軸は左向きが＋になります。
- 日影曲線は，影が太陽の位置と点対称になります。よって，太陽方位角（$\sin A$, $\cos A$）を計算した後で，座標を入れ替える必要があります。

3）方位角の線

影の方位角が分かるように放射状の線を作ります。角度の範囲は同心円と同じとします。なお，方位の線を原点から描くと原点に線が集中しますから，同心円の半径が $R=0.25$ と $R=10$ の円弧上の点を結ぶようにします。$R=10$ とは作図範囲を超えるくらいに十分に大きい値という意味です。

基点と終点の座標は，

基点　　$X_{(0.25)}=0.25\times\cos\theta$,　$Y_{(0.25)}=0.25\times\sin\theta$

終点　　$X_{(10)}=10\times\cos\theta$,　　$Y_{(10)}=10\times\sin\theta$

この基点（$X_{(0.25)}$, $Y_{(0.25)}$）と終点（$X_{(10)}$, $Y_{(10)}$）を線で結びます。これを各角度 θ について計算し，作図します。

<方位角の線>

<各月の代表日>
（　）に年通日を示します。
1/18（18），2/19（50）
3/19（78），4/19（109）
5/20（140），6/20（171）
7/21（202），8/21（233）
9/21（264），10/21（294）
11/20（324），12/20（354）

<日影曲線の計算と作図>

4）太陽位置の計算

式（Ⅱ-3-1）〜（Ⅱ-3-9）を使って，水平面における太陽高度の正弦（$\sin A$）と太陽方位角の正弦（$\sin A$）と余弦（$\cos A$）を求めます。

日影曲線を綺麗にするために，時間は 5：00〜19：00 まで 10 分きざみで計算します。なお日影曲線では，均時差 et や経度は無視します。

<影の長さ>

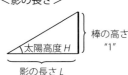

5）影の位置の座標変換

先に求めた太陽高度 H から影の長さ L（原点からの距離 L）を求めます。

　　影の長さ　　　　$L=1/\tan H=\sin H/\cos H$

なお，太陽高度 H が負の値の場合は除外します。

太陽方位角 A は南が基準です。一方，影の方向は点対称で逆さまです。よって，方位角 A で計算して，次のように影の位置を XY 座標に変換します。

　　影の X 座標　　　$X=-L\times\sin A$
　　影の Y 座標　　　$Y=L\times\cos A$

この座標を時刻 5：00〜19：00 まで計算してつなげます。

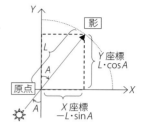

＜影の長さと影の座標＞

6）時間軸の作図

時間軸およびその焦点は緯度 L_N によって決まります。原点から焦点までの距離 d は右欄の図に示すように

　　焦点までの距離　　$d=1/\tan L_N$
　　ここに，　　　　L_N：緯度　［°］

この焦点を中心に，各季節の日影曲線の各時間を結ぶと直線になります。また，6 時と 18 時を結ぶ時刻線は焦点を通る一直線になります。

＜時間軸の焦点＞

時間軸の焦点は，原点から $1/\tan L_N$（ただし，L_N：緯度）離れた位置になります。

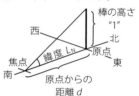

焦点を中心に時間軸を描くと線が密集します。図Ⅱ-3-1，図Ⅱ-3-9，図Ⅱ-3-10 の日影曲線では，夏至の日影曲線を起点にして，時間軸の焦点からの角度で線分を延長するように描いています。

【問 3-1】なぜ，日影曲線では均時差 et や経度を無視したのでしょうか。

【解 3-1】日影曲線は標準時ではなく，その土地の真太陽時で描かれています。標準時を知る場合は，日影曲線で読み取った時刻 T に均時差 et と明石との経度を補正（L_E-135）する，すなわち $t'=T+et+(L_E-135)/15$ です。それならば，初めから均時差 et や経度を入れた日影曲線を作成すればよいことになりますが，均時差があると季節の対称性（例えば，1月19日と11月19日は同じ）が崩れてしまいます。時間軸も直線であったものが曲がってしまいます。簡便であった日影曲線が簡便でなくなってしまうため，日影曲線は真太陽時で作成するのです。

【問 3-2】冬至・春秋分・夏至の太陽位置はどのように計算すればよいでしょうか。

【解 3-2】太陽赤緯 δ の式（Ⅱ-3-2）は近似式です。よって 12月20.025日，3月18.866日，6月19.689日，9月21.443日として計算したとしても誤差があります。

春秋分の太陽赤緯 δ は計算によらなくても，公転軌道の面と赤道面が一致するので，太陽赤緯 δ は $\delta=0°$ となります。

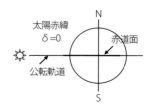

＜春秋分の太陽赤緯 δ＞

これで日影曲線を描くと，春秋分の日影曲線は一直線になります。

冬至や夏至の太陽赤緯δは，右欄の図のように，地球の自転軸が 23°26′ 傾いていることから，

  冬至の太陽赤緯δは $\delta = -23°26′$

  夏至の太陽赤緯δは $\delta = +23°26′$ となります。

<夏至・冬至の太陽赤緯δ>

地球の赤道面の公転軌道との傾きは 23°26′ です。

よってその角度が冬至や夏至の太陽赤緯δになります。

・冬至

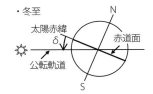

・夏至

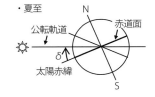

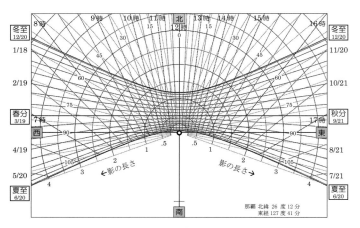

図Ⅱ-3-11　日影曲線（札幌：北緯 43°03′）

図Ⅱ-3-12　日影曲線（那覇：北緯 26°12′）

<真西で太陽高度 45°>

第Ⅰ編のガラスの家では，東京の真西で太陽高度 45°の条件で計算しました。

ところが，図Ⅱ-3-1 の東京の日影曲線より，ほんのわずかなことで，東京では真西で太陽高度が 45°になることは無いことが分かります。

なお，東京より緯度が低い那覇では，図Ⅱ-3-12 より真西で太陽高度が 45°になることがあることが分かります。

4章　形態係数

　形態係数は既に第Ⅰ編のガラスの家で，屋根で遮られた天空日射を求める時に用いました。形態係数は一様拡散と見なせる熱放射や光の計算に用いられます。自然採光の天空率や昼光率，熱や光の相互反射の計算に形態係数は欠かせません。

4-1　立体投射率および形態係数とは

（1）立体投射率および形態係数の概念

　立体投射率および形態係数とは，視点から見たとき，視野全体を"1"としたときの，視野の中で対象物が占める割合です。なお，視野は図Ⅱ-4-1の破線で示す球面状の広がりです。

　例えば，図Ⅱ-4-1の左側は地面に寝ころんで空を見上げた場合です。見えるのは一面の空です。この時の視点から見る空の立体投射率は $\phi_空=1.0$ です。右側は野原に立って水平線方向を見る場合です。見えるのは半分が空で半分が地面です。この時の視点から見る空の立体投射率は $\phi_空=0.5$ であり，地面の立体投射率も $\phi_地=0.5$ です。

＜立体投射率と形態係数＞
形態係数には，点対面の形態係数と面対面の形態係数があります。

　点（微小な面）から見る場合を立体投射率あるいは点対面の形態係数といいます。本書では記号に ϕ（ギリシャ文字プサイの小文字）を使うことにします。

　一方，面対面の形態係数は，立体投射率を面で積分したもので，面での平均値になります。単に形態係数という場合は，面対面の形態係数を指します。本書では記号に Ψ（ギリシャ文字プサイの大文字）を使うことにします。

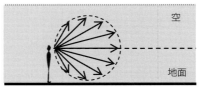

図Ⅱ-4-1　形態係数・立体投射率の概念

　立体投射率あるいは形態係数とは視野全体に対する対象物の比率ですが，視点が点の場合を立体投射率（あるいは点対面の形態係数，configuration factor）といい，視点が面の場合を面対面の形態係数（あるいは単に形態係数，view factor, radiation shape factor）といいます。

　立体投射率および形態係数は，熱放射や光の計算に使います。例えば，照明の光の計算に使います。また，庇やブラインドで遮られた日射や光が反射の末，どの程度室内に入ってくるかの計算にも使います。

　このような立体投射率や形態係数が使えるのは，一様拡散，つまり無指向性と見なせる場合です。指向性のある直達日射（直達光）や鏡面反射や光沢が強く指向性がある反射には使うことはできません。

＜一様拡散の反射＞
形態係数が使えます。

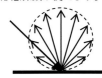

＜鏡面反射＞
形態係数は使えません。

（2）立体投射率（点対面の形態係数）の定義

図Ⅱ-4-2の左側は，よく見かける立体投射率の図です。空に浮かぶ雲をF_0とし，これを視点Pを中心とする半径rの仮想天球に投射したものをF_1とし，更に地面に垂直に投影したものがF_2です。地面上の半径rの円の面積に対する投影したF_2の雲の面積の比率が立体投射率ϕです。すなわち，立体投射率は　　$\phi = F_2/(\pi r^2)$　　です。立体投射率は，雲が正面にある時に値が大きくなり，入射角が大きく斜めに傾いた時に小さくなります。

図Ⅱ-4-2の右側は雲F_0を，視点P上の半径$r/2$の球面に投射した場合です。半径$r/2$の球の表面積に対する投射した雲F_3の面積の割合も同じ立体投射率です。

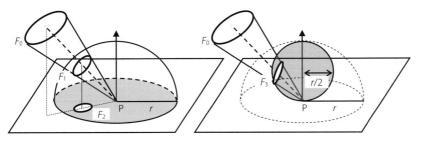

図Ⅱ-4-2　立体投射率の定義

（3）形態係数（面対面の形態係数）の定義

立体投射率（点対面の形態係数）ϕを，領域を持つ視点の面積Sで積分すると，面対面の形態係数Ψが得られます。すなわち，

$$\Psi = \int_S \phi \cdot dS \tag{Ⅱ-4-1}$$

立体投射率の平均値が形態係数になると理解しても間違いではありません。

右図は，第Ⅰ編のガラスの家です。①と②は床から見る天井，③と④は床から見る窓です。①と③は床の中心点からの立体投射率，②と④は床の全体からの形態係数という違いがあります。この違いが数値としてどの程度かを比較してみます。求め方は（4）項で学ぶことにして，まずは結果を示します。

　　①：床の中心点から見る天井の立体投射率は　　$\phi_{床,天井} = 0.06 \times 4 = 0.24$
　　②：床面全体から見る天井の形態係数は　　　　$\Psi_{床,天井} = 0.20$
　　③：床の中心点から見る窓の立体投射率は　　　$\phi_{床,窓} = 0.095 \times 2 = 0.19$
　　④：床面全体から見る窓の形態係数は　　　　　$\Psi_{床,窓} = 0.20$

立体投射率と形態係数の対象範囲を合わせるため，①では4倍，③では2倍にしてあります。①と②では$\phi_{床,天井} > \Psi_{床,天井}$，③と④では$\phi_{床,窓} < \Psi_{床,窓}$です。

<平面の角θと立体角ω>
立体角（solid angle）：下図のように，頂点の角度がθ[rad]の三角形を中心軸で回転させてできる円錐形の頂点の角度が立体角ω[sr]（ステラジアン）です。

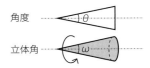

<立体角ωと立体投射率ϕ>
この2つは別物です。
図Ⅱ-4-2左で，半球面に投影した雲F_1の領域が立体角に相当します。
　更にこれを地平面に投影したF_2の領域の半径rの円の面積に対する比率が立体投射率です。

<図Ⅱ-4-2の左と右>
左図の半径rの面積Aは$A = \pi r^2$です。
右図の半径$r/2$の球の表面積Aも$A = 4\pi(r/2)^2 = \pi r^2$で同じです。

<立体投射率と形態係数>

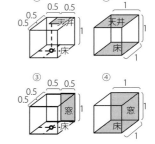

（4）立体投射率の求め方

立体投射率は計算でも求めることもできますが（→ 4-3 節），図Ⅱ-4-3 や図Ⅱ-4-4 の線図を使うと簡単に答えが得られます。

＜平行の立体投射率＞

図Ⅱ-4-3 は視点と対象面が平行な場合の立体投射率の図です。

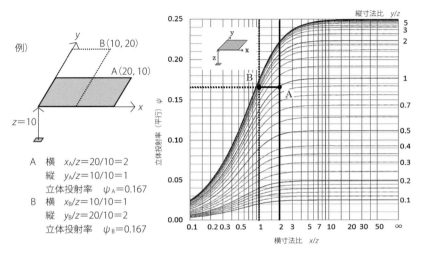

図Ⅱ-4-3　立体投射率（平行）ψ

＜垂直の立体投射率＞

図Ⅱ-4-4 は視点と対象面が垂直な場合の立体投射率の図です。

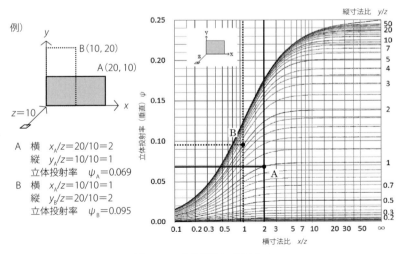

図Ⅱ-4-4　立体投射率（垂直）ψ

＜立体投射率＞

視点：図Ⅱ-4-3 および図Ⅱ-4-4 の立体投射率での視点は上方に向いた微少な面積の領域と定義されます。

対象領域：図Ⅱ-4-3 および図Ⅱ-4-4 の立体投射率の対象物は x の＋方向および y の＋方向の領域です。視野全体の 1/4 が対象ですから，図の平行の立体投射率 ψ の最大値は 0.25 です。

平行の図Ⅱ-4-3 の場合，左右（x の－方向と＋方向）と前後（y の－方向と＋方向）に拡げると視野全体になります。

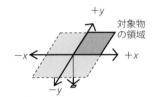

垂直の図Ⅱ-4-4 の場合は，左右（x の－方向と＋方向）の前方と背面（z の－方向）に拡げると視野全体になります。y の－方向は視野よりも下ですから対象外です。

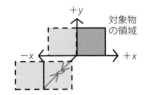

対称性と非対称性：平行の図Ⅱ-4-3 の場合，x と y を入れ替えても対称性があり，立体投射率の値は同じです。

垂直の図Ⅱ-4-4 の場合は，x と y を入れ替えると立体投射率の値が変わります。

（5）形態係数の求め方

＜平行の形態係数＞

図Ⅱ-4-5 は視点の面と対象面が平行な場合の形態係数の図です。

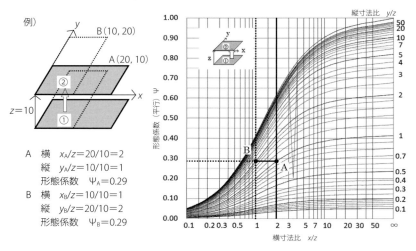

図Ⅱ-4-5　形態係数（平行）Ψ

＜垂直の形態係数＞

図Ⅱ-4-6 は視点の面と対象面が垂直な場合の形態係数の図です。

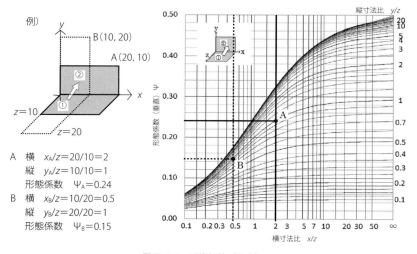

図Ⅱ-4-6　形態係数（垂直）Ψ

＜形態係数＞

視点：図Ⅱ-4-5 および図Ⅱ-4-6 の形態係数での視点は上方に向いた面積を持つ領域と定義されます。

平行の場合：平行の図Ⅱ-4-5 の形態係数の対象物の領域を x の＋方向および y の＋方向に拡げると視野全体に拡がります。よって，図の平行の形態係数 Ψ の最大値は 1.00 です。

垂直の場合：図Ⅱ-4-6 の場合，左右（x の－方向と＋方向）と上方（y の＋方向）に拡げると視野全体の 1/2 になります。よって，図の垂直の形態係数 Ψ の最大値は 0.5 です。

背面（z の－方向）に拡げると視野全体になります。

下方（y の－方向）は視点より下ですから対象外です。

対称性と非対称性：図Ⅱ-4-5 の平行の場合，x と y を入れ替えても対称性があり，形態係数の値は同じです。

図Ⅱ-4-6 の垂直の場合は，x と y を入れ替えると，形態係数の値が変わります。

4-2 様々なケースの立体投射率と形態係数の求め方

（1）立体投射率の場合

図Ⅱ-4-7に示す様々なケースの立体投射率を求めてみましょう。

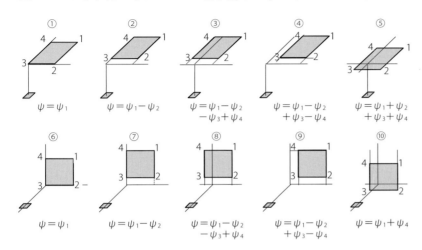

図Ⅱ-4-7　様々なケースの立体投射率

図Ⅱ-4-7で，①〜⑤は平行，⑥〜⑩は垂直の違いがありますが，同じ考え方で求めることができます。

なお，座標 (x_1, y_1) と原点を対角線とする四角形の立体投射率を ψ_1 と表し，座標 (x_2, y_2) は ψ_2，座標 (x_3, y_3) は ψ_3，座標 (x_4, y_4) は ψ_4 と表すことにします。

- ①と⑥：基本となるケースであり，立体投射率は $\psi = \psi_1$ です。
- ②と⑦：上方にずれた場合です。点1の立体投射率 ψ_1 から点2の立体投射率 ψ_2 を差し引きます。すなわち，$\psi = \psi_1 - \psi_2$ です。
- ③と⑧：上方かつ左にずれた場合です。この場合は，左右別々に求めて合計します。すなわち，$\psi = \psi_1 - \psi_2 - \psi_3 + \psi_4$ です。
- ④と⑨：上方かつ右へずれた場合です。点1の立体投射率から，点2と点4の立体投射率を差し引き，二重に差し引いた点3の立体投射率を戻します。すなわち，$\psi = \psi_1 - \psi_2 + \psi_3 - \psi_4$ です。
- ⑤平行：左右と上下のすべてが視野に入るので点1，2，3，4の立体投射率を合算します。すなわち，$\psi = \psi_1 + \psi_2 + \psi_4 + \psi_3$ です。
- ⑩垂直：左右は視野に入りますが，視点より下方は視野外となり，立体投射率はゼロです。
  よって，$\psi = \psi_1 + \psi_4$ です。

（2）形態係数の場合

図Ⅱ-4-8に示す様々なケースの形態係数を求めてみましょう。

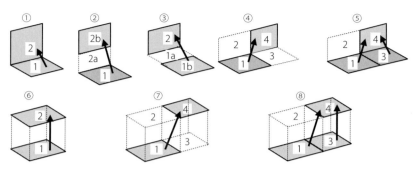

図Ⅱ-4-8　様々なケースの形態係数

形態係数の場合は、視点となる面が面積を持つので、立体投射率のように単なる加算と減算にはなりません。下記の3つの原則と、等価原理・分配の法則・相互定理によって、図Ⅱ-4-8の様々なケースを解くことになります。

原則1：形態係数では、どちらが視点側で、どちらが対象物であるかを明確に区別しなければなりません。形態係数 $\Psi_{1,2}$ は視点側が "1" で、対象物が "2" です。面積 A_1 は視点側の面積です。

原則2：形態係数では "形態係数×面積" で考える、これが大原則です。①の例では、$U_{1,2} = \Psi_{1,2} \times A_1$ のようになります。ここでも、視点側が "1" で、対象物が "2" です。

原則3：形態係数では、直接的に形態係数の値が求められる場合と、そうでない場合があります。直接的に値が求められるのは、
　垂直の場合：面と面が接し、かつ接する辺を共有する場合です。
　平行な場合：面と面が平面的に同じ位置にあって、大きさも同じ場合です。

なお、以下に示す式の中の記号で、図から直接的に形態係数の値が求められる場合は $\boxed{\Psi_{1,2}}$ のように表します。直接的に形態係数の値が求めれない場合は $\Psi_{1,4}$ のように表します。面積はすべて既知ですから $\boxed{A_1}$、$\boxed{A_4}$ のように表します。形態係数が直接的に求められる場合の面積との積も $\boxed{U_{1,2}}$ のように表すことにします。そうでない場合は $U_{1,4}$ と表します。

＜面対面の形態係数＞

立体投射率の場合は、例えば、

$$\phi = \phi_1 - \phi_2$$

のように、立体投射率そのものの加算・減算が成り立ちます。これは視点が微小な領域であるから、面積を気にしなくてよいためです。

面対面の形態係数では視点が面積を持ちます。ゆえに形態係数の単純な加算・減算はできません。

面対面の形態係数の場合は原則2に示した

"$U = \Psi \times A$"

のように形態係数と面積を単位として考えます。こうすれば、等価・分配・加算・減算の計算が成り立ちます。

＜形態係数の番号の表記＞

本書では $\Psi_{1,2}$ のように、視点の面の "1" を先に、対象面の "2" を後に表記します。こうすると、5-4節の光の相互反射を解く方程式の係数行列の記述と一致するので理解が容易になります。

図Ⅱ-4-8の各ケースで形態係数の値を直接的に求めることができるのは①と⑥だけです。これ以外のケースは，以下の等価原理・分配の法則・たすき掛けの相互定理を使って求めます。

<等価原理>　視点面と対象面の"形態係数×面積"は互いに等しい。これが等価原理です。図Ⅱ-4-8の①の例で示すと，次のようになります。
$$\boxed{U_{1,2}} = \boxed{U_{2,1}}$$
$$\boxed{\Psi_{1,2}} \times \boxed{A_1} = \boxed{\Psi_{2,1}} \times \boxed{A_2}$$
①で，面積が小さい1から見る形態係数 $\Psi_{1,2}$ は大きく，面積が大きい②から見る形態係数 $\Psi_{2,1}$ は小さくなります。ただし，形態係数と面積の積である $\boxed{U_{1,2}}$ と $\boxed{U_{2,1}}$ は互いに等しいということです。

<分配の法則>　例えば④において，視点側を面1と3，対象側を面2と4とするとき，全体を要素ごとに分解することができるという法則です。分配の方法は，数学の分配の法則と形式的に同じです。
全体の形態係数と面積の積は $\boxed{U_{(1+3),(2+4)}}$ です。
これを分解すると，$\boxed{U_{(1+3),(2+4)}} = \boxed{U_{1,2}} + U_{1,4} + U_{3,2} + \boxed{U_{3,4}}$
となります。
積 U の単位で分配したあとに，個々の項を形態係数と面積に分解すると，
$$\boxed{U_{(1+3),(2+4)}} = \boxed{\Psi_{1,2}} \times \boxed{A_1} + \Psi_{1,4} \times \boxed{A_1} + \Psi_{3,2} \times \boxed{A_3} + \boxed{\Psi_{3,4}} \times \boxed{A_3}$$
となります。

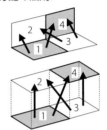

<たすき掛けの相互定理>　先の分配の法則の中で，$\Psi_{1,4}$ と $\Psi_{3,2}$ は直接的には値が求められません。ただし，たすき掛け同士は互いに等しいという定理です。
すなわち，$U_{1,4} = U_{3,2}$
よって，$\Psi_{1,4} \times \boxed{A_1} = \Psi_{3,2} \times \boxed{A_3}$
たすき掛けの相互定理は，図Ⅱ-4-8の④，⑤，⑦，⑧を解くために必要です。

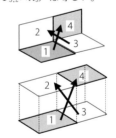

<複雑なケースの形態係数>
それでは，図Ⅱ-4-8の様々なケースの形態係数を求めてみましょう。
①と⑥：垂直が①，平行が⑥であり，これらは直接的に求めることができます。すなわち，①，⑥とも $\boxed{\Psi_{1,2}}$ です。
なお，視点面と対象面を逆にした場合は，$\boxed{\Psi_{2,1}}$ を直接的に求めてもよいし，等価原理を使って $\Psi_{2,1} = \boxed{\Psi_{1,2}} \times \boxed{A_1} \div \boxed{A_2}$ として求めることもできます。

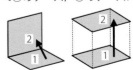

②：面 2 が面 2a と面 2b に分かれ，対象面の面 2b が軸から離れた場合です。面 1 から見る面 2b の形態係数は直接的に求められません。よって，面 1 →面 2 の全体を求め，面 1 →面 2a を差し引くようにします。すなわち，

分配の法則　　　$U_{1,2}=U_{1,(2a+2b)}=U_{1,2a}+U_{1,2b}$

移項して　　　　$U_{1,2b}=U_{1,2}-U_{1,2a}$

∴　　　　　　　$\Psi_{1,2b}\times A_1=\Psi_{1,2}\times A_1-\Psi_{1,2a}\times A_1$

面積 A_1 が共通ですから　$\Psi_{1,2b}=\Psi_{1,2}-\Psi_{1,2a}$　を得ます。

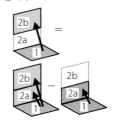
<②のケース>

③：②とは逆に視点面が面 1a と面 1b に分かれたケースです。面 1b から見る面 2 の形態係数は直接的に求められません。よって，面 1 →面 2 の全体で考え，面 1a →面 2 を差し引くのですが，②と違って，視点面の面積が A_1, A_{1a}, A_{1b} と異なることに注意します。

分配の法則　　　$U_{1,2}=U_{(1a+1b),2}=U_{1a,2}-U_{1b,2}$

移項して　　　　$U_{1b,2}=U_{(1a+1b),2}-U_{1a,2}=U_{1,2}-U_{1a,2}$

∴　　　　　　　$\Psi_{1b,2}=(\Psi_{1,2}\times A_1-\Psi_{1a,2}\times A_{1a})/A_{1b}$

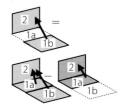
<③のケース>

②を応用して，
$\Psi_{2,1b}=\Psi_{2,1}-\Psi_{2,1a}$
等価原理を使って，
$\Psi_{1b,2}=\Psi_{2,1b}\times A_2\div A_1$
としても求まります。

④と⑦：たすき掛けです。分配の法則で分解します。

分配の法則　　　$U_{(1+3),(2+4)}=U_{1,2}+U_{1,4}+U_{3,2}+U_{3,4}$

相互定理より　　$U_{1,4}=U_{3,2}$　です。

∴　　　　　　　$U_{(1+3),(2+4)}=U_{1,2}+2\times U_{1,4}+U_{3,4}$

∴　　　　　　　$U_{1,4}=(U_{(1+3),(2+4)}-U_{1,2}-U_{3,4})/2$

∴　$\Psi_{1,4}=(\Psi_{(1+3),(2+4)}\times A_{(1+3)}-\Psi_{1,2}\times A_1-\Psi_{3,4}\times A_3)/(2\times A_1)$

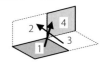
<④のケース>

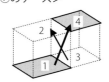
<⑦のケース>

⑤と⑧：④で求めた $U_{1,4}$ に $U_{3,4}$ を加えれば得られます。

すなわち，　　　$U_{(1+3),4}=U_{1,4}+U_{3,4}$

$U_{1,4}$ を代入　$U_{(1+3),4}=\{U_{(1+3),(2+4)}-U_{1,2}-U_{3,4}\}/2+U_{3,4}$

∴　　　　　　　$U_{(1+3),4}=\{U_{(1+3),(2+4)}-U_{1,2}+U_{3,4}\}/2$

∴　$\Psi_{(1+3),4}=(U_{(1+3),(2+4)}\times A_{(1+3)}-\Psi_{1,2}\times A_1+\Psi_{3,4}\times A_3)/(2\times A_{(1+3)})$

<⑤のケース>

【問 4-1】更に複雑な⑨,⑩,⑪の形態係数を求めてみましょう。

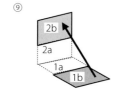
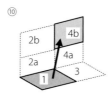
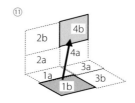

<⑧のケース>

【解 4-1】

⑨：視点面の面 1 と対象面 2 が，面 1a と面 1b，面 2a と面 2b に分かれたケースです。分配の法則で分解しますが，コツは，完全に分解しないで，直接的に形態係数が求まる単位で分解することと，差し引きを利用することです。

$$U_{1b,2b} = \boxed{U_{1,2}} - \boxed{U_{1,2a}} - \boxed{U_{1a,2}} + \boxed{U_{1a,2a}}$$

$$\Psi_{1b,2b} = (\boxed{\Psi_{1,2}} \times \boxed{A_1} - \boxed{\Psi_{1,2a}} \times \boxed{A_1} - \boxed{\Psi_{1a,2}} \times \boxed{A_{1a}} + \boxed{\Psi_{1a,2a}} \times \boxed{A_{1a}}) / \boxed{A_{1b}}$$

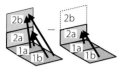

⑩：⑨のケースが左右に分かれたケースです。右図より $U_{1,4b} = U_{1,4} - U_{1,4a}$ です。分配の法則と相互定理で $U_{1,4}$ と $U_{1,4a}$ を求めればよいことが分かります。
面$_{(1+3)}$ → 面$_{(2+4)}$ で分配の法則と相互定理を使います。

　　　分配の法則　　$\boxed{U_{(1+3),(2+4)}} = \boxed{U_{1,2}} + U_{3,4} + U_{1,4} + \boxed{U_{3,2}}$

　　　相互定理より　$U_{1,4} = U_{3,2}$　ですから，

　　　　　∴ $U_{1,4} = \{\boxed{U_{(1+3),(2+4)}} - \boxed{U_{1,2}} - \boxed{U_{3,4}}\}/2$

同様に，面$_{(1+3)}$ → 面$_{(2a+4a)}$ で分配の法則と相互定理を使います。

　　　　　∴ $U_{1,4a} = \{\boxed{U_{(1+3),(2a+4a)}} - \boxed{U_{1,2a}} - \boxed{U_{3,4a}}\}/2$

$U_{1,4b} = U_{1,4} - U_{1,4a}$ ですから，

∴ $U_{1,4b} = (\boxed{U_{(1+3),(2+4)}} - \boxed{U_{1,2}} - \boxed{U_{3,4}}$
　　　　　　$- \boxed{U_{(1+3),(2a+4a)}} + \boxed{U_{1,2a}} + \boxed{U_{3,4a}})/2$

∴ $\Psi_{1,4b} = (\boxed{\Psi_{(1+3),(2+4)}} \times \boxed{A_{(1+3)}} - \boxed{\Psi_{1,2}} \times \boxed{A_1} - \boxed{\Psi_{3,4}} \times \boxed{A_3}$
　　　　　　$- \boxed{\Psi_{(1+3),(2a+4a)}} \times \boxed{A_{(1+3)}} + \boxed{\Psi_{1,2a}} \times \boxed{A_1} + \boxed{\Psi_{3,4a}} \times \boxed{A_3}) / (2 \times \boxed{A_1})$

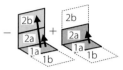
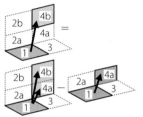

⑪：⑩の面 1 と面 3 が前後に分かれた場合です。⑩の $U_{1,4b}$ から $U_{1a,4b}$ を差し引けば $U_{1b,4b}$ になります。

∴ $U_{1b,4b} = (\boxed{U_{(1+3),(2+4)}} - \boxed{U_{1,2}} - \boxed{U_{3,4}} - \boxed{U_{(1+3),(2a+4a)}} + \boxed{U_{1,2a}} + \boxed{U_{3,4a}}$
　　　　　　$- \boxed{U_{(1a+3a),(2+4)}} - \boxed{U_{1a,2}} - \boxed{U_{3a,4}} - \boxed{U_{(1a+3a),(2a+4a)}}$
　　　　　　$+ \boxed{U_{1a,2a}} + \boxed{U_{3a,4a}})/2$

∴ $\Psi_{1b,4b} = (\boxed{\Psi_{(1+3),(2+4)}} \times \boxed{A_{(1+3)}} - \boxed{\Psi_{1,2}} \times \boxed{A_1} - \boxed{\Psi_{3,4}} \times \boxed{A_3}$
　　　　　　$- \boxed{\Psi_{(1+3),(2a+4a)}} \times \boxed{A_{(1+3)}} + \boxed{\Psi_{1,2a}} \times \boxed{A_1} + \boxed{\Psi_{3,4a}} \times \boxed{A_3}$
　　　　　　$- \boxed{\Psi_{(1a+3a),(2+4)}} \times \boxed{A_{(1a+3a)}} + \boxed{\Psi_{1a,2}} \times \boxed{A_{1a}} + \boxed{\Psi_{3a,4}} \times \boxed{A_{3a}}$
　　　　　　$+ \boxed{\Psi_{(1a+3a),(2a+4a)}} \times \boxed{A_{(1a+3a)}} - \boxed{\Psi_{1a,2a}} \times \boxed{A_{1a}}$
　　　　　　$- \boxed{\Psi_{3a,4a}} \times \boxed{A_{3a}}) / (2 \times \boxed{A_{1b}})$

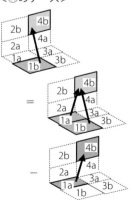

【問 4-2】 最後に，更に複雑な平行の場合の⑫と⑬を考えてみましょう。

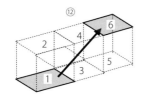
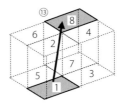

【解 4-2】

⑫：まず，面1→面(4+6)で分配の法則と相互定理を利用します。
　　もう何度も出てきたので，途中を省略して結果を示せば，
$$U_{1,(4+6)} = (\boxed{U_{(1+3+5),(2+4+6)}} - \boxed{U_{1,2}} - \boxed{U_{(3+5),(4+6)}})/2$$
です。求めるのは $U_{1,6}$ であり，$U_{1,(4+6)}$ から $U_{1,4}$ を差し引きます。
$U_{1,4}$ は⑦で求めました。

すなわち， $U_{1,4} = (\boxed{U_{(1+3),(2+4)}} - \boxed{U_{1,2}} - \boxed{U_{3,4}})/2$

∴ $U_{1,6} = U_{1,(4+6)} - U_{1,4}$

∴ $U_{1,6} = (\boxed{U_{(1+3+5),(2+4+6)}} - \boxed{U_{1,2}} - \boxed{U_{(3+5),(4+6)}}$
$\qquad - \boxed{U_{(1+3),(2+4)}} + \boxed{U_{1,2}} + \boxed{U_{3,4}})/2$

整理して $U_{1,6} = (\boxed{U_{(1+3+5),(2+4+6)}} - \boxed{U_{(3+5),(4+6)}}$
$\qquad - \boxed{U_{(1+3),(2+4)}} + \boxed{U_{3,4}})/2$

∴ $\Psi_{1,6} = U_{1,6}/A_1$

⑬：やや複雑です。基本に返り，全体を分配の法則で分解します。

　　分配の法則
$\boxed{U_{(1+3+5+7),(2+4+6+8)}} = \boxed{U_{(1+3),(2+4)}} + \boxed{U_{(5+7),(6+8)}} + \boxed{U_{(1+5),(2+6)}} + \boxed{U_{(3+7),(4+8)}}$
$\qquad - \boxed{U_{1,2}} - \boxed{U_{3,4}} - \boxed{U_{5,6}} - \boxed{U_{7,8}} + U_{1,8} + U_{3,6} + U_{5,4} + U_{7,2}$

この中で，対角関係の $U_{1,8}$, $U_{3,6}$, $U_{5,4}$, $U_{7,2}$ が直接求められないものとして残ります。ここで最後の定理です。

相互定理2　　$U_{1,8} = U_{3,6} = U_{5,4} = U_{7,2}$

∴ $U_{1,8} = (\boxed{U_{(1+3+5+7),(2+4+6+8)}}$
$\qquad - \boxed{U_{(1+3),(2+4)}} - \boxed{U_{(5+7),(6+8)}} - \boxed{U_{(1+5),(2+6)}} - \boxed{U_{(3+7),(4+8)}}$
$\qquad + \boxed{U_{1,2}} + \boxed{U_{3,4}} + \boxed{U_{5,6}} + U_{7,8})/4$

∴ $\Psi_{1,8} = U_{1,8}/A_1$

<⑫のケース>

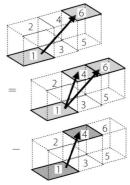

<⑬のケース>

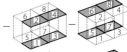
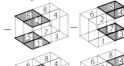

4-3　立体投射率と形態係数を計算によって求める

ここまでは線図を利用して立体投射率や形態係数を求めてきました。線図は直感的に理解ができ、即座に答が得られるのが長所です。より高い精度が必要な場合とか、多くのケースを解く場合には、いちいち線図から値を読み取るのは面倒です。このような場合は本節で示す計算式を使います。

<立体投射率 ϕ の計算式の寸法定義>

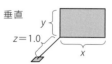

（1）立体投射率の計算式

<平行の場合>　ただし、x, y は右図で $z=1.0$ とする寸法比です。

$$\phi = \frac{1}{2\pi}\left\{\frac{x}{\sqrt{1+x^2}}\tan^{-1}\frac{y}{\sqrt{1+x^2}} + \frac{y}{\sqrt{1+y^2}}\tan^{-1}\frac{x}{\sqrt{1+y^2}}\right\} \quad (\text{II-4-2})$$

<垂直の場合>　ただし、x, y は右図で $z=1.0$ とする寸法比です。

$$\phi = \frac{1}{2\pi}\left(\tan^{-1}x - \frac{1}{\sqrt{1+y^2}}\tan^{-1}\frac{x}{\sqrt{1+y^2}}\right) \quad (\text{II-4-3})$$

（2）面対面の形態係数の計算式

<形態係数 Ψ の計算式の寸法定義>

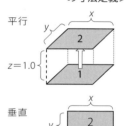

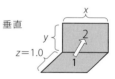

<平行の場合>　ただし、x, y は右図で $z=1.0$ とする寸法比です。

$$\Psi_{1,2} = \frac{2}{\pi xy}\left\{\frac{1}{2}\ln\left[\frac{(1+x^2)(1+y^2)}{1+x^2+y^2}\right] + y\sqrt{1+x^2}\tan^{-1}\left(\frac{y}{\sqrt{1+x^2}}\right)\right.$$
$$\left. + x\sqrt{1+y^2}\tan^{-1}\left(\frac{x}{\sqrt{1+y^2}}\right) - y\tan^{-1}y - x\tan^{-1}x\right\} \quad (\text{II-4-4})$$

<垂直の場合>　ただし、x, y は右図で $z=1.0$ とする寸法比です。

$$\Psi_{1,2} = \frac{x}{\pi}\left\{\frac{1}{x}\tan^{-1}(x) + \frac{y}{x}\tan^{-1}\left(\frac{x}{y}\right) - \frac{\sqrt{1+y^2}}{x}\tan^{-1}\left(\frac{x}{\sqrt{1+y^2}}\right)\right.$$
$$\left. + \frac{1}{4}\ln\left[\frac{(1+x^2)(x^2+y^2)}{x^2(1+x^2+y^2)}\left(\frac{1+x^2+y^2}{(1+x^2)(1+y^2)}\right)^{\frac{1}{x^2}}\left(\frac{y^2(1+x^2+y^2)}{(1+y^2)(x^2+y^2)}\right)^{\frac{y^2}{x^2}}\right]\right\} \quad (\text{II-4-5})$$

【問 4-3】　先の図 II-4-3 と図 II-4-4 の立体投射率を計算で求めなさい。

【解 4-3】　図 II-4-3　　$\phi_A = 0.16738$, $\phi_B = 0.16738$
　　　　　　図 II-4-4　　$\phi_A = 0.06870$, $\phi_B = 0.09507$

【問 4-4】　先の図 II-4-5 と図 II-4-6 の形態係数を計算で求めなさい。

【解 4-4】　図 II-4-5　　$\Psi_A = 0.28588$, $\Psi_B = 0.28588$
　　　　　　図 II-4-6　　$\Psi_A = 0.24064$, $\Psi_B = 0.14930$

<寸法定義について>

寸法比の基本は対象面までの距離 "z" を基準として、対象面の横寸法比を "x/z"、縦寸法比を "y/z" とします。

垂直の形態係数については、多くの専門書では対象面の幅 "x" を基準にしていますが、本書では垂直の形態係数についても対象までの距離 "z" を基準にしています。こうすることで、すべての立体投射率および形態係数について寸法比の統一を図っています。また、立体投射率および形態係数の図についても同様です。

4-4　3次元から2次元へ

　実際の形状は3次元ですが，3次元で解くのは大変です。厳密に解く一方で，より素早く解を得ることが求められることがあります。例えば，基本設計段階では可能性の有無の判断が重要です。このような場合は2次元で素早く解きます。可能性があると判断すれば，次の段階でより厳密に解けばよいのです。

　2次元で解く場合，奥行き方向は無限の空間として扱います。結果も3次元とは異なります。その点をわきまえておけば問題ありません。ここでは，2次元と3次元の違いを理解した上で，2次元の求め方を示します。

（1）3次元と2次元の違い

＜3次元と2次元の立体投射率＞

・断面図

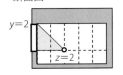

・平面図/窓幅と立体投射率

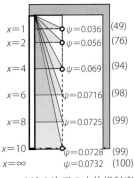

ψは3次元の立体投射率
（　）は2次元との比率

・奥行きと立体投射率
　ψは3次元の立体投射率
　（　）は2次元との比率

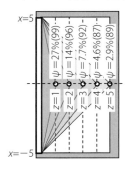

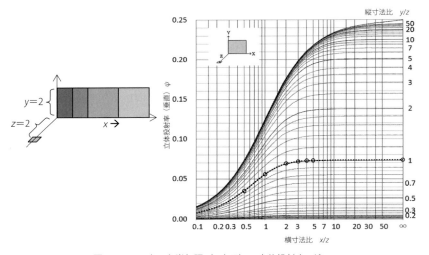

図Ⅱ-4-9　3次元と半無限（2次元）の立体投射率の違い

　右欄の中図は，窓高さを$y=2$ m，奥行きを$z=2$ mに固定して，窓幅を$x=1$〜10 mに変化させた場合の3次元の立体投射率（垂直）をψで示しています。（　）の数値は2次元（窓幅が∞）の立体投射率との比率です。横寸法比が小さいと誤差が大きくなります。小さい室を2次元で評価する時は注意が要ります。横寸法比（x/z）が4では誤差は6％，横寸法比が6になると誤差は2％，横寸法比が8になると誤差はわずか1％です。

　右欄の下図は，窓高さを$y=2$ m，窓幅を$x=10$ mに固定して，視点の奥行きを$z=1$〜5 mに変化させた場合の3次元の立体投射率（垂直）をψで示しています。（　）の数値は2次元（窓幅が∞）の立体投射率との比率です。

視点の奥行きが小さい場合は誤差は小さいのですが，視点の奥行きが大きくなる（視野が狭くなる）と誤差が大きくなります。

（2）2次元の立体投射率 ψ の計算式

<平行の場合> 3次元の式は下式でした。

$$\psi = \frac{1}{2\pi}\left\{\frac{x}{\sqrt{1+x^2}}\tan^{-1}\frac{y}{\sqrt{1+x^2}} + \frac{y}{\sqrt{1+y^2}}\tan^{-1}\frac{x}{\sqrt{1+y^2}}\right\} \quad \text{(II-4-2 再掲)}$$

2次元では横方向が無限大になります。ここで $x \to \infty$ とすると，

$$\frac{x}{\sqrt{1+x^2}} \Rightarrow \frac{\infty}{\sqrt{1+\infty^2}} = 1,\quad \frac{y}{\sqrt{1+x^2}} \Rightarrow \frac{y}{\sqrt{1+\infty^2}} = 0,\quad \frac{x}{\sqrt{1+y^2}} \Rightarrow \frac{\infty}{\sqrt{1+y^2}} = \infty$$

また $\tan^{-1}(0) = 0$, $\tan^{-1}(\infty) = \frac{\pi}{2}$ です。

$$\therefore \quad \psi = \frac{1}{2\pi}\left\{1 \times 0 + \frac{y}{\sqrt{1+y^2}} \times \frac{\pi}{2}\right\} = \frac{y}{4\sqrt{1+y^2}}$$

となりますが，立体投射率の図や式(II-4-2)はいずれも x は＋方向だけで定義されています。これを2次元とする場合は x の−方向を加えなければなりません。すなわち上式を2倍して下式の2次元平行の立体投射率を得ます。

$$\psi = \frac{y}{2\sqrt{1+y^2}} \quad \text{(II-4-6)}$$

<垂直の場合> 垂直の場合も同様です。3次元の式は下式でした。

$$\psi = \frac{1}{2\pi}\left(\tan^{-1}x - \frac{1}{\sqrt{1+y^2}}\tan^{-1}\frac{x}{\sqrt{1+y^2}}\right) \quad \text{(II-4-3 再掲)}$$

ここで，$x \to \infty$ とすると，

$$\tan^{-1}x \Rightarrow \tan^{-1}\infty = \frac{\pi}{2},\quad \frac{x}{\sqrt{1+y^2}} \Rightarrow \frac{\infty}{\sqrt{1+y^2}} = \infty$$

また $\tan^{-1}(\infty) = \frac{\pi}{2}$ です。

$$\therefore \quad \psi = \frac{1}{2\pi}\left(\frac{\pi}{2} - \frac{1}{\sqrt{1+y^2}} \times \frac{\pi}{2}\right) = \frac{1}{4}\left(1 - \frac{1}{\sqrt{1+y^2}}\right)$$

となりますが，平行の場合と同様に，x の−方向を加えて，すなわち上式を2倍して下式の2次元垂直の立体投射率を得ます。

$$\psi = \frac{1}{2}\left(1 - \frac{1}{\sqrt{1+y^2}}\right) \quad \text{(II-4-7)}$$

<2次元の立体投射率（平行の場合）>
式(II-4-6)は下図で x を左右方向に無限にして，⇨方向から見た場合です。

式(II-4-6)の $\frac{y}{\sqrt{1+y^2}}$ は上図の角度 θ の正弦(sin)そのものです。

式(II-4-6)の $\frac{1}{2}$ は y 方向が＋の奥方向のみという意味です。よって式(II-4-6)の最大値は0.5です。

<2次元の立体投射率（垂直の場合）>
式(II-4-6)は下図で x を左右方向に無限にして，⇨方向から見た場合です。

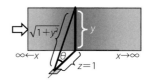

式(II-4-7)の $\frac{1}{\sqrt{1+y^2}}$ は上図の角度 θ の余弦(cos)そのものです。

式(II-4-7)の $\frac{1}{2}$ は z 方向が＋の前面のみという意味です。よって式(II-4-7)の最大値は0.5です。

(3) 2次元の形態係数 Ψ の計算式

面対面の形態係数の場合，3次元の式は非常に煩雑ですが，これを2次元とした場合は式（II-4-8）のような極めて簡素な式になります。3次元の面対面の形態係数は，2次元では線対線の形態係数となります。図II-4-10の台形において，底辺ABが視点側の線，上辺CDが対象物の線です。式（II-4-8）の分子の$\overline{AC}$と$\overline{BD}$は対角線の長さ，$\overline{AD}$と$\overline{BC}$は斜辺の長さです。

$$\Psi_{AB,CD}=\frac{\overline{AC}+\overline{BD}-\overline{AD}-\overline{BC}}{2\times\overline{AB}} \qquad (\text{II-4-8})$$

<2次元の形態係数の式>
分子は
　（対角線）＋（対角線）
　　－（斜辺）－（斜辺）
と覚えるとよいでしょう。

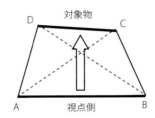

図 II-4-10　2次元の形態係数（線対線）

【問 4-5】　右欄の図 II-4-11 に示す室断面で，床から 1 m の作業面上の点 A から窓を通して見る空の立体投射率を求めなさい。
　また，線図で求めた値と比較し確認しなさい。

【解 4-5】　式（II-4-7）の垂直の立体投射率の式を使います。なお，寸法の比率は $y=\overline{BC}/\overline{AC}=2/2=1$ です。よって，

$$\phi_{A,BC}=\frac{1}{2}\left(1-\frac{1}{\sqrt{1+y^2}}\right)=\frac{1}{2}\left(1-\frac{1}{\sqrt{1+1^2}}\right)=\frac{1}{2}\left(1-\frac{1}{\sqrt{2}}\right)\fallingdotseq 0.1464$$

一方，図 II-4-4（垂直の立体投射率）において，$x=\infty$，$y=2/2=1$ として，値を読み取ると約 0.073 を得ます。これを2倍して約 0.146 を得ます。これより，線図は高々3桁の精度であることが分かります。

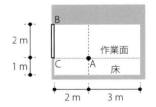

図 II-4-11　点 A から窓を介して見る空の立体投射率

【問 4-6】　右欄の図 II-4-12 に示す室の机上面の点 A から見る中庇 DE の立体投射率を求めなさい。また，中庇によって制限された空の立体投射率を求めなさい。

【解 4-6】　点 A から見る中庇 DE は平行の関係です。ただし，中庇 DE の立体投射率は直接的に値を求めることはできませんから，まず，DF の立体投射率を求めて，それから EF の立体投射率を引きます。

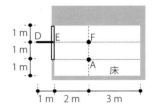

図 II-4-12　点 A から見る中庇の立体投射率と中庇によって制限された空の立体投射率

点 A から見る DF の寸法比は，$y=\overline{DF}/\overline{AF}=3/1=3$，平行の立体投射率は

$$\phi_{A,DF}=\frac{y}{2\sqrt{1+y^2}}=\frac{3}{2\sqrt{1+3^2}}\fallingdotseq 0.4743 \quad \text{です。}$$

同様に，点 A から見る EF の寸法比率は，$y=\overline{EF}/\overline{AF}=2/1=2$，平行の立体投射率は

$$\phi_{A,EF}=\frac{y}{2\sqrt{1+y^2}}=\frac{2}{2\sqrt{1+2^2}}\fallingdotseq 0.4472 \quad \text{です。}$$

よって，点 A から見る中庇 DE の立体投射率 $\phi_{A,ED}$ は，$\phi_{A,DF}$ から $\phi_{A,EF}$ を差し引いて

$$\phi_{A,ED}=\phi_{A,DF}-\phi_{A,EF}=0.4743-0.4472\fallingdotseq 0.0271 \quad \text{です。}$$

また，前問で点 A から見る空の立体投射率は $\phi_{A,BC}=0.1464$ でしたから，中庇で遮られた空の立体投射率は，

$$\phi_{A,空}=\phi_{A,BC}-\phi_{A,DE}=0.1464-0.0271\fallingdotseq 0.1193 \quad \text{となります。}$$

【問 4-7】 右欄の図 II-4-13 に示す室断面で，床および壁イ，壁ロから窓を通して見る空の形態係数を求めなさい。

【解 4-7】 本題は面対面ですが，2 次元なので線対線の形態係数を使います。

1） 床から見る空の形態係数：台形 ABEF において，視点が $\overline{AB}$ で，対象物の窓は $\overline{EF}$ です。窓を介して空が見えます。形態係数は

$$\Psi_{床,空}=\frac{\overline{AE}+\overline{BF}-\overline{AF}-\overline{BE}}{2\times\overline{AB}}=\frac{3+\sqrt{1^2+5^2}-1-\sqrt{3^2+5^2}}{2\times 5}\fallingdotseq 0.1268$$

2） 壁イから見る空の形態係数：台形 BCEF において，視点が $\overline{BC}$ で，対象物の窓は $\overline{EF}$ です。窓を介して空が見えます。形態係数は

$$\Psi_{壁イ,空}=\frac{\overline{BE}+\overline{CF}-\overline{BF}-\overline{CE}}{2\times\overline{AB}}=\frac{\sqrt{3^2+5^2}+5-\sqrt{1^2+5^2}-\sqrt{2^2+5^2}}{2\times 1}$$
$$\fallingdotseq 0.1734$$

3） 壁ロから見る窓の形態係数：台形 CDEF において，視点が $\overline{CD}$ で，対象物の窓は $\overline{EF}$ です。形態係数は

$$\Psi_{壁ロ,窓}=\frac{\overline{CE}+\overline{DF}-\overline{CF}-\overline{DE}}{2\times\overline{AB}}=\frac{\sqrt{2^2+5^2}+\sqrt{2^2+5^2}-5-5}{2\times 2}\fallingdotseq 0.1926$$

なお，壁ロからは，窓を介して空が半分，地面が半分見えます。よって，壁ロから空への形態係数は，窓の形態係数を 1/2 にします。すなわち，

$$\Psi_{壁ロ,空}=\Psi_{壁ロ,窓}\div 2=0.1926\div 2=0.0963$$

となります。

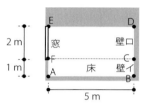

図 II-4-13 床 5 m から見る空の形態係数

＜形態係数の台形＞

1） 床から見る窓

AFE が一直線で分かりくいので，下図のように少しずらしてみると対角線と斜辺が明確になります。

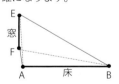

2） 壁イから見る窓

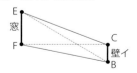

3） 壁ロから見る窓

【問 4-8】 図Ⅱ-4-14 に示されるステップ状の床を持つ空間の面相互の形態係数を求めなさい。

<図Ⅱ-4-14 の各点の記号>
各点に反時計回りに A, B, C, …と記号を付けておきます。

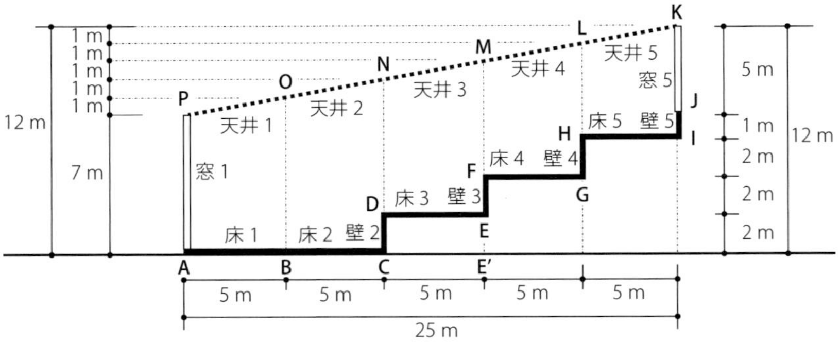

図Ⅱ-4-14 ステップ状の室

【解 4-8】 床 1 から見る床 2, 壁 2, 床 3, 壁 3…の形態係数

1) 床 1 (AB) から見る床 2 (BC) の形態係数
   床 1 からは床 2 は見えませんので形態係数は $\Psi_{床1,床2}=0$ です。
   同様に, 床 3, 床 4, 床 5 の形態係数の値も 0 です。

1) のケース

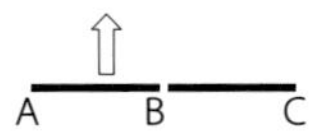

2) 床 1 (AB) から見る壁 2 (CD) の形態係数
   視点が AB, 対象面が $\overline{CD}$ とする台形 ABCD で考えます。対角線が $\overline{AC}$ と $\overline{BD}$, 斜辺が $\overline{AD}$ と $\overline{BC}$ です。形態係数は

   $$\Psi_{床1,壁2}=\frac{\overline{AC}+\overline{BD}-\overline{AD}-\overline{BC}}{2\times\overline{AB}}=\frac{10+\sqrt{5^2+2^2}-\sqrt{10^2+2^2}-5}{2\times 5}\fallingdotseq 0.0187$$

2) のケース

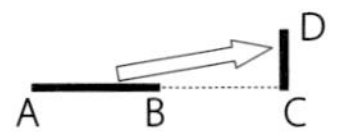

3) 床 1 (AB) から見る床 3 (DE) の形態係数

   $$\Psi_{AB,DE}=\frac{\overline{AD}+\overline{BE}-\overline{AE}-\overline{BD}}{2\times\overline{AB}}$$

   $$=\frac{\sqrt{10^2+2^2}+\sqrt{10^2+2^2}-\sqrt{15^2+2^2}-\sqrt{5^2+2^2}}{2\times 5}\fallingdotseq -0.0122$$

3) のケース

   形態係数が負の値になったのは床 3 の裏面が見えるためです。よって形態係数は $\Psi_{床1,床3}=0$ です。

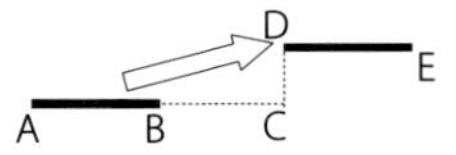

4) 床 1 (AB) から見る壁 3 (EF) の形態係数
   視点の床 1 から見る壁 3 には床 3 (DE) が邪魔をしています。よって, 形態係数 $\Psi_{AB,EF}$ から, 形態係数 $\Psi_{AB,DE}$ を差し引きます。

   $$\Psi_{AB,EF}=\frac{\overline{AE}+\overline{BF}-\overline{AF}-\overline{BE}}{2\times\overline{AB}}$$

   $$=\frac{\sqrt{15^2+2^2}+\sqrt{10^2+4^2}-\sqrt{15^2+4^2}-\sqrt{10^2+2^2}}{2\times 5}\fallingdotseq 0.0181$$

4) のケース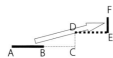

よって $\Psi_{床1,壁3}=\Psi_{AB,EF}-\Psi_{AB,DE}=0.0181-0.0122=0.0059$ となります。
以下，壁4，壁5，窓6，天井5····も同様の方法で解けます。

【別解4-8】 前の解き方は，個々の条件に合わせて解く方法です。図Ⅱ-4-14はそれほど複雑な形状ではないのですが，解くとなると非常に面倒です。
もっと簡単にというか，システマティックに解く方法があります。
図Ⅱ-4-15では新たにQ，R，S点を加えましたが，これは面と面の処理を簡素化するためです。

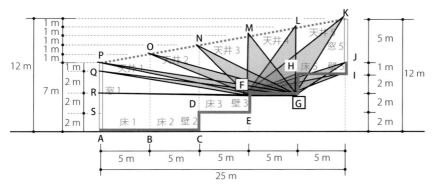

図Ⅱ-4-15　ステップ状の室の形態係数の解き方（別解）

視点を床4（FG）の場合を例に解きます。別解の解き方のポイントは，図Ⅱ-4-15に示すように対象面のG点を固定し，もう一つの端点を
　H→I→J→K→L→M→N→O→P→Q→R→S→A→B→C→D→E→F
と移動させつつ，すべてのケースの形態係数を同じやり方で解きます。

1）対象面GH：台形FGGHで視点が $\overline{FG}$，対象が $\overline{GH}$ です。

$$\Psi_{床4,壁4}=\Psi_{FG,GH}=\frac{\overline{FG}+\overline{GH}-\overline{FH}-\overline{GG}}{2\times\overline{FG}}=\frac{5+2-\sqrt{5^2+2^2}-0}{2\times5}\fallingdotseq 0.1615$$

これが壁4（GH）への形態係数です。

2）対象面GI：台形FGGIで視点が $\overline{FG}$，対象が $\overline{GI}$ です。

$$\Psi_{FG,GI}=\frac{\overline{FG}+\overline{GI}-\overline{FI}-\overline{GG}}{2\times\overline{FG}}=\frac{5+\sqrt{5^2+2^2}-\sqrt{10^2+2^2}-0}{2\times5}\fallingdotseq 0.0187$$

原則1：端点を移動後した時の変化量が＋であれば見え，
原則2：変化量が－であれば見えない。
　変化量は $\Delta\Psi=\Psi_{FG,GI}-\Psi_{FG,GH}=0.0187-0.1615=-0.1428<0$
　よって，対象面である床5（HI）に対する形態係数は
　　$\Psi_{床4,床5}=0$　となります。

3）対象面 GJ：台形 FGGJ で視点が $\overline{FG}$，対象は $\overline{GJ}$ です。

$$\Psi_{FG,GJ}=\frac{\overline{FG}+\overline{GJ}-\overline{FJ}-\overline{GG}}{2\times\overline{FG}}=\frac{5+\sqrt{5^2+3^2}-\sqrt{10^2+3^2}-0}{2\times 5}≒0.0633$$

変化量は，$\Delta\Psi=\Psi_{FG,GI}-\Psi_{FG,GI}=0.0391-0.0187=0.0204$　ですが，

原則3：変化量は，それまでの最大値からの変化量を取ります。

　　それまでの最大値は端点 H の $\max(\Psi)=\Psi_{FG,GH}=0.1615$ です。

　　変化量は　$\Delta\Psi=\Psi_{FG,GJ}-\max(\Psi)=0.0391-0.1615=-0.1224<0$

　　変化量が負ですから，対象面である壁5（HJ）に対する形態係数は

　　$\Psi_{床4,壁5}=0$　となります。

4）対象面 GK：台形 FGGK で，視点面が $\overline{FG}$，対象が $\overline{GK}$ です。

$$\Psi_{FG,GK}=\frac{\overline{FG}+\overline{GK}-\overline{FK}-\overline{GG}}{2\times\overline{FG}}=\frac{5+\sqrt{5^2+8^2}-\sqrt{10^2+8^2}-0}{2\times 5}≒0.1628$$

　　変化量は　$\Delta\Psi_{FG,GK}=\Psi_{FG,GK}-\max(\Psi)=0.1628-0.1615=0.0013>0$

　　変化量が正ですから，対象面である窓5（JK）に対する形態係数は

　　$\Psi_{床4,窓5}=0.0013$　となります。部分的に見えます。

同様にして，天井5（端点 L），天井4（端点 M）…小窓（端点 R）までの形態係数が求まります。なお，端点 R の時に視点面のレベルと一致した時に形態係数が最大値の1.0に達します。

　原則4：視点面の裏側にある対象面の形態係数は0です。端点が S, A, B, C, D, E, F は視点 FG より低いので形態係数は $\Psi=0$ です。

以上の4原則により，図Ⅱ-4-14 のすべての面の相互の形態係数が求まります。結果を表Ⅱ-4-1 に示します。

表Ⅱ-4-1　ステップ状の室の形態係数（小数以下3桁で四捨五入）

形態係数		対象面														
		床1	床2	壁2	床3	壁3	床4	壁4	床5	壁5	窓5	天井5	天井4	天井3	天井2	天井1	窓1
視点面	床1		0.000	0.019	0.000	0.006	0.000	0.003	0.000	0.002	0.030	0.018	0.034	0.073	0.172	0.304	0.340
	床2	0.000			0.161	0.000	0.000	0.000	0.000	0.000	0.000	0.000	0.042	0.167	0.273	0.217	0.140
	壁2	0.047	0.404		0.000	0.000	0.000	0.000	0.000	0.000	0.000	0.000	0.000	0.094	0.149	0.306
	床3	0.000	0.000	0.000			0.161	0.000	0.000	0.000	0.000	0.023	0.172	0.304	0.225	0.078	0.037
	壁3	0.045	0.111	0.000	0.246		0.000	0.000	0.000	0.000	0.000	0.000	0.117	0.160	0.094	0.226
	床4	0.000	0.000	0.000	0.000	0.000			0.161	0.000	0.000	0.001	0.177	0.341	0.230	0.064	0.017	0.007
	壁4	0.037	0.065	0.000	0.032	0.000	0.246		0.000	0.000	0.000	0.000	0.148	0.167	0.087	0.048	0.171
	床5	0.000	0.000	0.000	0.000	0.000	0.000	0.000			0.161	0.157	0.388	0.230	0.049	0.011	0.003	0.000
	壁5	0.030	0.046	0.000	0.012	0.000	0.032	0.000	0.246		0.000	0.190	0.167	0.077	0.041	0.025	0.135
	窓5	0.038	0.053	0.000	0.034	0.000	0.069	0.000	0.121	0.000		0.409	0.091	0.033	0.017	0.010	0.126
	天井5	0.018	0.037	0.000	0.049	0.000	0.139	0.000	0.344	0.075	0.320		0.000	0.000	0.000	0.000	0.019
	天井4	0.033	0.076	0.000	0.136	0.000	0.305	0.058	0.225	0.065	0.072	0.000		0.000	0.000	0.000	0.030
	天井3	0.071	0.163	0.000	0.273	0.046	0.225	0.065	0.048	0.030	0.026	0.000	0.000		0.000	0.000	0.051
	天井2	0.169	0.268	0.037	0.221	0.063	0.063	0.034	0.011	0.016	0.013	0.000	0.000	0.000		0.000	0.106
	天井1	0.298	0.213	0.059	0.076	0.037	0.017	0.019	0.003	0.010	0.008	0.000	0.000	0.000	0.000		0.261
	窓1	0.243	0.100	0.087	0.026	0.060	0.005	0.040	0.000	0.026	0.072	0.014	0.022	0.037	0.077	0.190	

【問 4-9】 別解のように，端点 G を固定して，もう一つの端点を H → I → J → … と移動させると，形態係数が求まるのは何故でしょうか．

【解 4-9】 これは形態係数の基本原理の一つです．図 II-4-16 に示すように，G 点を起点に端点を動かすと，

- 多角形の場合，端点の形態係数は単調増加です．この基本原理を利用して，形態係数の差分を対象面の形態係数とするのです．
- H 点が食い込んでいる部分は凹となっていますが，H 点の後で形態係数の変化量が負となることから，I 点，J 点が H 点に隠れていることが分かります．
- 視点面の背面側にある端点の形態係数は負の値になります．
- 端点が始点の F 点に戻ったときに形態係数は $\Psi=-1$ となります．自分自身の裏を見ることになるからです．

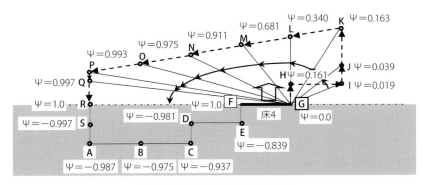

図 II-4-16 形態係数の基本原理（1）

【補足】 形態係数の基本原理

図 II-4-17（左）の視点から見る直線 a と曲線 b は端点が同じです．この 2 つの形態係数は同じになります．

また，（右）のように対象物の洞穴の内面 b の形態係数は，その入口の直線 a の形態係数と同じになります．

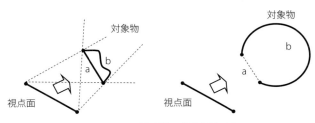

図 II-4-17 形態係数の基本原理（2）

4 章 形態係数　109

<コラム II-4> ガラスの家で日射を窓面ではなく床面で算定したのは何故でしょうか。

熱負荷計算では，日射や日射熱取得は窓のガラス面で考えるのが普通です。しかし第 I 編のモデル建物では窓面ではなく床面で算定しました。これは次の理由からです。

1）直達日射：小さな室で4周に窓があると，窓から入った日射が他の窓から出ていくことを考えなくてはいけません。これを床面での日射で算定するようにすれば，問題が単純化されます。なお，第 I 編のモデル建物は立方体で真西から太陽高度 45°で日射が入るので，床にピッタリ収まりましたが，少しでもずれると，窓から外へ出ていく日射のチェックをしなければなりません。

2）天空日射の二重カウント：垂直窓から見る空の形態係数は $\Psi=0.5$ です。4面の窓で天空日射を算定すると，空の形態係数は $0.5\times4=2.0$ つまり，窓から入ってから外へ出ていくことを考慮しないと天空日射を2倍に見込んでしまうことになります。

3）窓から入った天空日射の行方：窓で天空日射を算定する場合，窓から入って他の窓から出ていく日射を算定しなければなりません。

例えば，南の窓から入った天空日射は他の3つの窓（西・東・北）から出て行きます。これらの形態係数はすべて 0.2 で合計すると 0.6 ですが，元々窓から見る空の形態係数は全視野の半分の 0.5 なので（残り 0.5 は地面），他の窓から出て行く日射も 0.6 の半分の 0.3 です。残りの 0.2 が床に当たります（上方からの日射なので天井には直接当たらない）。他の西・東・北の窓も同様です。結局，各窓からは 0.5 ずつ入り，0.3 が出て行き，0.2 が床に当たります。合計で $0.2\times4=0.8$ の天空日射が床に当たります。

第 I 編の 1-2-2 の (2) で，屋根で制限された床から見る天空の形態係数を求めましたが，その時の形態係数 0.8 とピッタと一致します。

【補足1】形態係数については，本章および第 I 編の 1-2-2 の (2) を参照下さい。

【補足2】実際はガラス表面や床等での相互反射がありますが，ここでは無視しています。

<直達日射>

下図で，[a] の部分は窓から入って外に出ていく成分であり，[b] の部分だけが床に当たることになります。

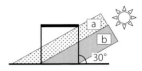

<天空日射の二重カウント>

下図で，窓から見る空の形態係数は 0.5 であり，4面を合計すると 2.0 となります。

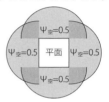

<南の窓から見る室内の形態係数>

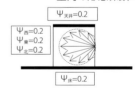

<窓から入った天空日射の行方>

天空日射は下向き，よって天井へはゼロ，他の窓へは半分になります。

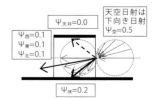

5章　採光と明るさ

建物の省エネルギーの基本は「断熱」と「日射遮蔽」であり，それと自然利用としての「採光」と「通風」です。これまで第Ⅰ編と第Ⅱ編の前半では"熱"を取り上げてきましたが，本章では自然利用の中の"光"を取り上げます。まず，明るさの基本事項を学び，次に設計で自然の光を利用する方法を学びます。

5-1　明るさに関する基本事項

（1）日射と光

図Ⅱ-5-1に太陽放射の分光分布を示します。目に見える光（可視光：visible light）も日射も太陽放射の一部です。波長にして380～780 nm（ナノメートル）が人が光として感じる範囲です。これよりも波長の短い領域が紫外線（ultraviolet rays）であり，波長の長い領域が赤外線（infrared rays）です。

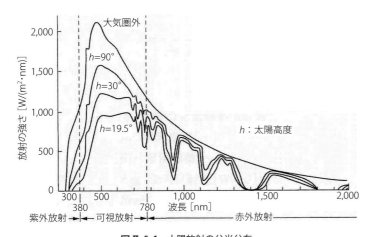

図Ⅱ-5-1　太陽放射の分光分布
（出典：日本建築学会編：建築設計資料集成 環境，2007，丸善）

波長が380 nm以下が紫外線ですが，300 nm以下はオゾンなどで吸収され，地上にはほとんど到達しません。一方，波長が780 nm以上が赤外線ですが，赤外線は特定の波長が大気透過中に吸収されます。また，概略770～400 nmを熱効果を持つ熱線といいます。

赤外線域は直進性が高く，可視光域は大気中で拡散されやすい性質があり

<nm（ナノメートル）>
10億分の1 mのこと。
髪の毛の1万分の一の太さに相当します。
　因みに，大きい方は3桁ごとに
　k（キロ＝1000）
　M（メガ＝10^6），
　G（ギガ＝10^9），
　T（テラ＝10^{12}）
　P（ペタ＝10^{15}）
　E（エクサ＝10^{18}）
小さい方は
　m（ミリ＝10^{-3}）
　μ（マイクロ＝10^{-6}）
　n（ナノ＝10^{-9}）
　p（ピコ＝10^{-12}）
　f（フェムト＝10^{-15}）
　a（アト＝10^{-18}）

江戸時代の数学書「塵劫記」によると，
一，十，百，千，万
その次は，4桁ごとに
億，兆，京（10^{12}），垓（ガイ），秭（ジョ），穣（ジョウ），溝（カン），正（セイ），載（サイ），極（ゴク），恒河沙（コウガシャ），阿僧祇（アソウギ），那由他（ナユタ），不可思議（フカシギ），無量大数（ムリョウタイスウ＝10^{68}）
　小さい方は1桁ごとに，
分，厘，毛，糸，惣（コツ），微，繊，沙，塵，埃，渺（ビョウ），漠（バク＝10^{-12}）

ます。ゆえに直達日射（光）は赤外線の比率が高く，一方，天空日射（光）は可視光の比率が高く，太陽高度が低いほどこの傾向が強まります。

（2）光の単位／光束

太陽の恵みである日射も光も同じ放射ですが，単位が異なります。日射の強さの単位は W（ワット）ですが，一方，光の場合は光束（luminous flux）といい，その単位は lm（ルーメン）です。

同じ太陽からの恵みである日射と光ですが，熱の単位 W（ワット）と光単位は lm（ルーメン）で物理量が違うのは何故でしょうか。

これは光の波長によって人の感じる明るさが異なるためです。図Ⅱ-5-2は CIE（国際照明委員会）が定めた比視感度曲線（relative luminosity）です。この明るさに対する感度には明所視と暗所視があります。人が感じる明るさの感度は明るい所で見る場合と暗い所で見る場合でも違いがあります。

明所視の場合，波長が 555 nm の緑色の時に明るさに対する感度が最も高くなります。暗所視の場合，波長が 507 nm の青緑色の時に感度が最も高くなります。これより波長が長くても（黄色や赤色），短くても（青色や紫色），人の明るさに対する感度が下がります。この波長による人の明るさに対する感度を補正した単位が lm（ルーメン）です。

日射［W］と光束［lm］の関係は，明所視で最も感度が高い 555 nm（緑色）を基準として，日射の強さ 1 W＝光としての明るさ 683 lm と定義されます。

<ルーメン［lm］>
明るさの単位は，純粋な物理量ではなく，人の感度が考慮されています。
このような人の感度を考慮したものに音があります。音の物理量には音の強さ［W］と音圧（単位は Pa）がありますが，一般にはこれを対数変換したデシベル［dB］が使われます。また，音も波長により人の感度が違うので，波長別に重み付けをしたものが phone 尺度です。

<明所視と暗所視>
明る所で見る場合を明所視といい，暗い所で見る場合を暗所視といい，中間の明るさでは薄明視といいます。
視細胞には錐体と桿体があります。錐体は網膜の中心近くに多くあり，色や形の識別力に優れます。一方，桿体は網膜の周辺に多く，明るさは分かっても色の識別力は低くなります。暗いところで色の識別ができなかったり，文字が読みづらいのは視細胞の働きの違いです。暗いところでは少し目をそらした方が明るさを感じやすくなります。

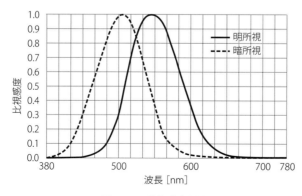

図Ⅱ-5-2　比視感度曲線

（3）明るさの物理量と単位／光度・照度・光束発散度・輝度

＜点光源と面光源＞

　丸いランプの中心点を代表点として幾何学的に点光源と見なすことはありますが，真に点光源といえるのは遥か遠方の星くらいのものです。太陽といえども，その直径の視野角は 0.53° あります。日出や日没の時に周囲の建物と比べるとその大きさを実感できます。なお以下では，擬似的に照明のランプを点光源として扱います。

＜光度＞
光学でいう光度（liminious intensity，単位は［cd］）と天文学の光度（luminousity，単位は［W］）とは違うものです。
ここでは勿論，光学でいう光度を扱います。

＜光度 I＞　光源の明るさを表す物理量が光度（liminious intensity）です。

$$I = F/\omega \qquad (Ⅱ\text{-}5\text{-}1)$$

　ここに，I：光源の光度　［lm/sr］＝［cd］
　　　　　F：光源が放射する光束　［lm］
　　　　　ω：光源が放射する立体角　［sr］

　右図に示すように，光源からの光束が $F=1\,\text{lm}$ で，放射の立体角が $\omega=1\,\text{sr}$ の時の光束の密度が光度で，$I=1\,\text{cd}$（カンデラ）になります。

＜光度＞
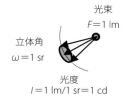
光束 $F=1\,\text{lm}$
立体角 $\omega=1\,\text{sr}$
光度 $I=1\,\text{lm}/1\,\text{sr}=1\,\text{cd}$

＜照度 E＞　面に入射する単位面積当たりの光束が照度（illuminance）です。

$$E = F/S \qquad (Ⅱ\text{-}5\text{-}2)$$

　ここに，E：受照面の照度　［lm/m²］＝［lx］
　　　　　F：受照面が受ける光束　［lm］
　　　　　S：受照面の面積　［m²］

基本単位は［lm/m²］ですが，これを［lx］（ルクス）といいます。光源からの光束が $F=1\,\text{lm}$ で，立体角が $\omega=1\,\text{sr}$ で 1 m の距離の面積が $S=1\,\text{m}^2$ となりますが，この面での照度が $E=1\,\text{lx}$ です。
　なお，照度は光源がランプによるものばかりでなく，天井・壁・床などの面で反射された光による照度についても同じ照度が定義できます。

＜照度＞
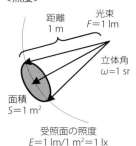
距離 1 m
光束 $F=1\,\text{lm}$
立体角 $\omega=1\,\text{sr}$
面積 $S=1\,\text{m}^2$
受照面の照度 $E=1\,\text{lm}/1\,\text{m}^2=1\,\text{lx}$

＜光束発散度 M＞　受照面から反射される明るさが光束発散度（luminous exitance）です。面の反射率を r とすれば，光束発散度は，

$$M = r \cdot E \qquad (Ⅱ\text{-}5\text{-}3)$$

　ここに，M：受照面の光束発散度　［lm/m²］＝［rlx］
　　　　　E：受照面の照度　［lm/m²］＝［lx］
　　　　　r：受照面の反射率　［－］

基本単位は［lm/m²］で照度と同じですが，照度の［lx］と区別するために光束発散度の単位には［rlx］（ラドルクス）が使われます。

＜光束発散度＞
面で反射される単位面積当たりの光束が光束発散度です。

照度×反射率＝光束発散度

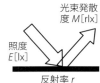
光束発散度 M［rlx］
照度 E［lx］
反射率 r

<輝度 L> 視点から見る光源の明るさが輝度（brightness）です。定義は，

$$L = F/(\omega \times S) \qquad (\text{II-5-4})$$

ここに，L：光源の輝度　$[\mathrm{lm/(sr \cdot m^2)}] = [\mathrm{cd/m^2}]$
　　　　F：光源からの光束　$[\mathrm{lm}]$
　　　　ω：光源の立体角　$[\mathrm{sr}]$
　　　　S：光源の面積　$[\mathrm{m^2}]$

単位は $[\mathrm{lm/(sr \cdot m^2)}]$ であり $[\mathrm{cd/m^2}]$ です。なお，ランプのような光源だけでなく，天井・壁・床などの面で反射される光に対しても同じ意味の輝度が定義できます。

指向性がない（無指向性）の光や，光沢のない壁などからの反射（一様拡散）の場合の反射光の輝度は式（II-5-4）がそのまま当てはまります。
指向性のある光の場合，例えば，太陽の直射光の場合は，太陽光線と向きと人が見る向きとの角度を θ とすると，人が見る輝度 L' は

$$L' = L \times \cos\theta \qquad (\text{II-5-5})$$

になります。

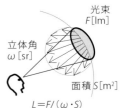

<輝度>
指向性がない場合

指向性がある光の場合

【問5-1】 照度は距離によってどう変わるのでしょうか。

【解5-1】 同じ光源で，光源からの距離を2倍に遠ざけると照らされる面積は4倍に拡がります。したがって，光束の密度は1/4に薄くなります。よって，照度は1/4になります。

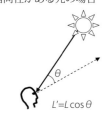

<距離と照度の関係>

【問5-2】 一様拡散の場合，輝度は距離によってどう変わるのでしょうか。

【解5-2】 輝度は距離に関係なく一定です。
輝度は $L =$ 光束 $F/$（立体角 $\omega \times$ 面積 S）でした。光源の面積 S と立体角 ω と距離 R との関係は $S = \omega R^2$ です。同じ面積で距離が2倍になると光源の立体角 ω' は1/4になります。一方，光源から届く光束 F' も1/4になります。したがって，光束の密度は変わらない，つまり輝度は距離に関係なく一定となります。

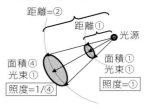

<輝度と距離の関係>

【問5-3】 紙などの一様拡散の反射光の場合，見る角度によって輝度はどのように変わるでしょうか。

【解5-3】 一様拡散の場合，見る角度が変わっても輝度は変わりません。
また，蛍光灯のランプは見る角度によらず輝度はほとんど変わりません。このことから蛍光灯のランプはほぼ一様な拡散光と言えます。

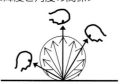

<輝度と角度の関係>

紙などはどの角度から見ても輝度は変わらない。

（4）鏡面反射と一様拡散

鏡に光を当てると，その入射角と同じ角度で反射されます。このような反射を鏡面反射といいます（図Ⅱ-5-3 左）。一方，光沢のない白い紙はどの方向から見ても同じ明るさ（輝度）に見えます。このような反射を一様拡散といいます（図Ⅱ-5-3 右）。多くの建築材料はこの中間にありますが，この反射の違いが見た目の質感の違いに関係します。

なお，厳密な意味では，先の白い紙の反射も後述の天空も一様拡散ではありませんが，実用的に一様拡散と見なしても問題ありません。また，一様拡散であれば立体投射率や形態係数が使え，輝度と照度の関係も単純で明快になります。よって，本章では，床，壁，天井などに使う一般的な建築材料は一様拡散であるとして扱います。

図Ⅱ-5-3　鏡面反射と一様拡散反射

（5）一様拡散における輝度と照度と反射率の関係

一様拡散の輝度 L_S と照度 E_S，反射率 r_S には次の関係があります。

$$E_S = \frac{\pi}{r_S} L_S \qquad (\text{Ⅱ-5-6})$$

$$L_S = \frac{r_S}{\pi} E_S \qquad (\text{Ⅱ-5-7})$$

ここに，E_S：面の照度　[lm/m²]＝[lx]
　　　　L_S：面の輝度　[lm/(sr·m²)]
　　　　r_S：面の反射率　[－]
　　　　π：円周率　[sr]

＜一様拡散面の反射率の求め方＞

面の照度 E_S は照度計で計測できます。また，面の輝度 L_S も輝度計で計測できます。よって，面の反射率 r_S は次の式で求めることができます。

$$r_S = \pi \frac{L_S}{E_S} \qquad (\text{Ⅱ-5-8})$$

＜一様拡散の輝度と照度と反射率＞

【補足】
輝度と照度の関係に円周率 π がかかる理由は次の（6）「天空輝度と天空照度」を参照して下さい。

（6）天空輝度と天空照度

　天空は，太陽付近を別にすれば，どの方向を見ても同じ明るさに見えます。つまり天空輝度はほぼ一様であるということです。一様であるので，例えば，本章の（9）項以降で使う"昼光率"が建物や室に固有な値として定義できます。昼光率が固有であるので採光について様々な検討が簡単にできるようになります。本項では，採光で基本となる天空輝度 L_S と天空照度 E_S の関係について学びます。

【補足】厳密に言えば，天空輝度は一様ではありません。晴天時には太陽の周囲の輝度が高く，曇天時には天頂の輝度が高く，周辺ほど輝度が低くなります。

　しかし，輝度分布があるものとして扱うと非常に煩雑になります。一様でないといっても小さな分布ですから，ここでは天空輝度は一様として扱います。こうすることで，本 5-1(9)項や 5-2 節以降で使う昼光率が天気によらず，太陽の位置によらず，その室のその場所の固有の値となります。

＜天空輝度 L_S と天空照度 E_S の関係＞

　図Ⅱ-5-4 は天空輝度（sky luminance）と天空照度（sky illuminance）の関係を示したものです。空一面が同じ明るさで，その天空輝度を L_S とします。この時の地上の点 P における天空照度を E_S とします。この天空輝度 L_S と天空照度 E_S との関係は次式で表されます。

$$E_S = \pi \cdot L_S \tag{Ⅱ-5-9}$$

　ここに，E_S：点 P で測る天空照度　[lx]＝[lm/m^2]

　　　　　π：円周率　[sr]

　　　　　L_S：天空輝度　[lm/(sr・m^2)]

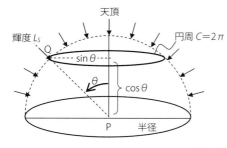
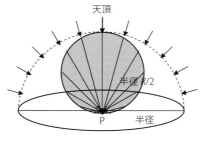

図Ⅱ-5-4　天空輝度と天空照度の関係

天空輝度の分布は，図Ⅱ-5-4 右のように，半径が $R/2$ の内包する球体のようになります。これは 4 章の立体投射率の図Ⅱ-4-2 とまったく同じ関係です。

＜式（Ⅱ-5-9）を求める＞

1) 図Ⅱ-5-4 で点 Q の輝度は L_S ですが，水平面上の点 P に入射する垂直成分 f は

$$f = L_S \cdot \cos\theta \quad \cdots (1)$$

2) 円周 C 上のすべての点から点 P に入射する光束は

$$F = f \cdot 2\pi \sin\theta \quad \cdots (2)$$

式(2)に式(1)を代入すると

$$F = 2\pi L_S \cos\theta \sin\theta \quad \cdots (3)$$

3) 点 Q は入射角が θ の場合ですが，入射角が $\theta = 0 \sim 90°$（$\theta = 0 \sim \pi/2$）のすべての入射角について積分すると天球全体から点 P に入射する全天空照度 E_S になります。

$$E_S = 2\pi \cdot L_S \int_0^{\pi/2} \sin\theta \cos\theta \cdot d\theta \quad \cdots (4)$$

この式(4)は次のようにして解きます。

まず $t = \sin\theta$ と置きます。
t を θ で微分すると，

$$\frac{dt}{d\theta} = \cos\theta \quad \cdots (5)$$

これらを式(4)に代入すると，

$$E_S = 2\pi \cdot L_S \times \int_0^{\pi/2} t \cdot \frac{dt}{d\theta} \cdot d\theta$$

となります。整理すると

$$E_S = 2\pi \cdot L_S \int_0^{\pi/2} t \cdot dt$$

t を dt で定積分すると，

$$E_S = 2\pi \cdot L_S \left[\frac{1}{2}t^2\right]_0^{\pi/2}$$

$t = \sin\theta$ で元に戻すと

$$E_S = 2\pi \cdot L_S \left[\frac{1}{2}\sin^2\theta\right]_0^{\pi/2}$$

数値を代入すると，

$$E_S = 2\pi \cdot L_S \left[\frac{1}{2} \times 1 - \frac{1}{2} \times 0\right]$$

よって，

$$E_S = \pi \cdot L_S \tag{Ⅱ-5-9}$$

を得ます。

（7）室内の照度基準

　一般の照明設計では作業面照度を基準にします。表Ⅱ-5-1 に 2010 年に改められた JIS の照度基準を示します。事務所の事務室は旧 JIS 基準（1979年）では 750〜300 lx でしたが，2010 年の改定で 750 lx の固定値になり，更に事務所については，2011 年に上限 1000〜推奨値 500〜下限値 300 lx に再度改定されています。学校の教室は旧 JIS 基準（1979 年）では 750〜150 lx でしたが，2010 年に 300 lx に改定されました。なお，文科省による指導では 500 lx です。

＜労働安全衛生法の照度基準＞
労働安全衛生法の規定に基づく事務所衛生基準規則（2004年）によると，精密な作業で 300 lx 以上，普通の作業で 150 lx 以上，粗な作業で 70 lx 以上を確保しなければなりません。

表Ⅱ-5-1　照度基準（JIS Z 9110：2010）〈抜粋〉

照度 [lx]	事務所	工場	学校	店舗	住宅
2000-1500		精密・電子部品の組立・検査・選別		ショーウインドウの最重要部	
1000			精密工作・実験室	一般陳列	手芸・裁縫
750	**事務室**・設計室 役員室・玄関ホール	設計室・製図室	製図室	特売場 サンプルケース	子供室
500	会議室・応接室 集中制御室	一般製造工場の組立・検査・選別	図書室・実験室 会議室・保健室	店内全般	工作・寝室
300	エレベータホール・ 受付・食堂・宿直室		**教室**・職員室 体育館	接客コーナー・ レジ	洗面化粧 台所・食卓
200	湯沸室・ラウンジ・更衣室・電気室・機械室・書庫				居間・応接室
150-100	廊下・階段・倉庫・昇降口				浴室・廊下・階段

＜参考：海外の照度基準＞
海外の照度基準は一般に日本の照度基準に比べて低いと言えます。

	事務室	商店
アメリカ カナダ	200〜500	200〜500
フランス	425	100〜1000
ドイツ	500	300

単位：lx

（8）設計屋外照度

　直達光は短時間でも大きく変化しますが，一方の天空照度は比較的安定しています。表Ⅱ-5-2 に設計屋外照度（天空照度）を示します。天空照度も天気により変化しますが，普通の日で 15,000 lx あります。このわずか 5% を採光できれば室内照度 750 lx，3% を採光できれば室内で照度 500 lx を得ることができることになります。

＜作業面とは＞
一般には床から 80 cm の高さ，和室などの座作業では床から 40 cm の高さの水平面をいいます。

＜天空照度＞
空に遮るものが無い場合の天空照度を特に全天空照度（illuminance from unobstructed sky）といいます。

表Ⅱ-5-2　設計屋外照度（天空照度）

特に明るい日 （薄雲，雲の多い晴天）	50,000 lx
明るい日*	30,000 lx
普通の日*	15,000 lx
暗い日	5,000 lx
非常に暗い日* （雷雲，降雪中）	2,000 lx
快晴の晴天*	10,000 lx
晴天時の日向 （直達を含む）	100,000 lx
晴天時の日影	10,000 lx
満月の夜	0.24 lx
月のない夜	0.0003 lx

*　小曽根による

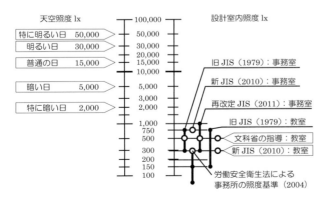

図Ⅱ-5-5　天空照度と設計照度

（9）昼光率と昼光照度

＜昼光率＞

昼光率（daylight factor）とは，図Ⅱ-5-6に示すように屋外の天空照度 E_S に対する室内照度 E_R の比率です。昼光率は天気によらず，その室その場所における固有の値です。なお，天空光のみが対象であり，直達光は含みません。

$$D = \frac{E_R}{E_S} \tag{Ⅱ-5-10}$$

ここに，D：昼光率　［－］
　　　　E_R：室内の昼光照度　［lx］
　　　　E_S：屋外の天空照度　［lx］

＜注：天空輝度の分布＞
5-1(6)で述べたように，天空輝度は一様であると仮定しています。
この仮定であると，昼光率がその室その場所における固有の値として定義できます。基礎的な理解をする場合とか実務で概略設計する場合はこれで十分です。

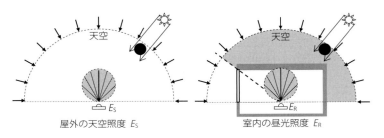

図Ⅱ-5-6　昼光率の概念

＜直接昼光率と間接昼光率＞

昼光率には天空光からの直接昼光率と，室内での反射による間接昼光率があります。その合計が全昼光率（または単に昼光率）です。

$$D = D_d + D_r \tag{Ⅱ-5-11}$$

ここに，D　：全昼光率　［－］
　　　　D_d：直接昼光率　［－］
　　　　D_r：間接昼光率　［－］

＜直接昼光率と間接昼光率＞
照度計では直接と反射の区別ができません。よって，照度計の照度から得られる昼光率は，直接と間接の両方の成分が含まれた昼光率になります。
直接昼光率については5-2，5-3節で，間接昼光率については5-4節で取り上げます。

＜昼光率と室内の昼光照度との関係＞

昼光率は室の形状や仕様から求めることができます。昼光率が決まれば，これと屋外の天空照度を掛け合わせることで室内の昼光照度を求めることができます。

$$E_R = D \cdot E_S \tag{Ⅱ-5-12}$$

$$E_{R(d)} = D_d \cdot E_S \tag{Ⅱ-5-13}$$

ここに，$E_R, E_{R(d)}$：室内の全昼光照度，直接昼光照度　［lx］
　　　　D, D_d：全昼光率，直接昼光率　［－］
　　　　E_S：屋外の天空照度　［lx］

＜直接昼光率と立体投射率の関係＞
窓にガラスがなければ，室内から窓を介して見る空の立体投射率 ψ_S と，直接昼光率 D_d は同じ値になります。
実際はガラスがあるので，空の立体投射率にガラスの透過率 τ を乗じた値が直接昼光率になります。

<コラム II-5> 太陽を利用する（自然採光）

地表に届く直達日射（直達光）には，目に見える可視光が約 37%，目に見えない赤外線が約 51%，紫外線が約 12% 含まれています[*1]。この赤外線は熱線ともいわれ，暖房にはよいのですが，冷房の時には熱負荷になってしまいます。

太陽の光を取り入れる場合，オフィスや学校などのように席が固定された建物では，直射光をそのまま入れると窓際の席の人には眩しく暑いことになります。さらに，太陽の位置が時間で変わるために，また，雲に隠れたりするので，極端に明るくなったり暗くなったりして不安定です。よって直射光を採光に利用する場合は，直射光の適度な抑制と人工照明の調光機能を組み合わせることが肝要です。

一方，空全体に拡散した天空光は時間的変化が少なく安定しています。これが昔から，画家のアトリエや製図室に北側のハイサイドライトが採用されてきた理由です。トップライトも直射光が入らないように工夫すると照明電力削減と冷房負荷削減の両立が可能なため，アトリウムや窓からの奥行きの深い建物の最上階に採用を検討するとよいでしょう。

また，波長の長い赤外線成分は直進性が強く，波長の短い可視光は散乱しやすい性質を持っています。よって，天空光には赤外線成分が減り，可視光の比率が高くなります。天空光は昼光照明として利用しやすい光といえます。天空光を上手に利用するのがスマートな建築への第一歩です。

ガラスは元々赤外線を通しにくい性質があり，Low-E ガラスは更にその性質を強化したものです。自然採光の点から見て，天空光＋Low-E ガラスの組合せが良いといえます。

*1：World Radiation Center（スイス山岳部の気象台）における測定値

写真 II-5-1 大井市場のハイサイドライトによる自然採光（提供：日建設計）

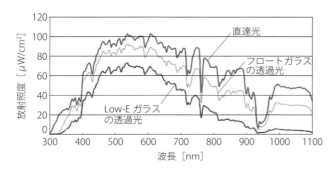

図 II-5-7 直達光とガラス透過光の放射照度

5章 採光と明るさ

5-2 直接昼光率と直接昼光照度

本節では直接昼光率と直接昼光照度について問題を解きながら学んでいきます。なお，本節では問題を簡単にするため2次元で扱うことにします。

（1）室内の直接昼光率と直接昼光照度

図Ⅱ-5-8に示すモデル室で，床から1mの高さの作業面の上の点Aにおける直接昼光率と直接昼光照度を求めてみましょう。ガラスは6mmの透明ガラスとしますが，壁や窓の厚みやサッシの枠などは無視することとします。

表Ⅱ-5-3 可視光に対するガラスの透過率

	可視光透過率	
	法線入射	拡散入射
＜単板ガラス＞		
透明6mm	0.91	0.83
透明8mm	0.89	0.81
熱線吸収6mm	0.44	0.83
＜複層ガラス＞		
透明6mm+空気層6mm+透明6mm	0.81	0.73
LowE 6mm+空気層6mm+透明6mm	0.70	0.64

熱線吸収はグレー
LowEはシルバーとします。

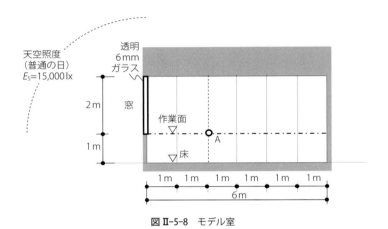

図Ⅱ-5-8 モデル室

＜作業面＞
JISの基本的な作業面は床から80cmの高さです。なお，本章では計算を繁雑にしないために作業面を床から1mの高さとしています。

① 点Aから見る空の立体投射率：窓を介して空を見るので，点Aから見る窓の立体投射率 ψ_S を求めます。2次元の立体投射率の計算式を右欄に示します。点Aと窓とは垂直の関係で，窓の高さが $y_A=2$，窓からの水平距離が $z_A=2$ です。すなわち

$$y = \frac{y_A}{z_A} = \frac{2}{2} = 1, \quad \text{よって立体投射率 } \psi_S = \frac{1}{2}\left(1 - \frac{1}{\sqrt{1+1^2}}\right) \fallingdotseq 0.146 \text{ を得ます。}$$

＜2次元の立体投射率の式＞

平行　$\phi = \dfrac{y}{2\sqrt{1+y^2}}$

垂直　$\phi = \dfrac{1}{2}\left(1 - \dfrac{1}{\sqrt{1+y^2}}\right)$

➡第Ⅱ編4-4節

② ガラスの透過率：透明6mmガラスの可視光の透過率は右表Ⅱ-5-3より法線入射の場合で0.91，拡散入射で0.83ですが，ここでは天空日射なので後者の拡散入射の $\tau_G=0.83$ をとります。

③ 直接昼光率：以上より点Aの直接昼光率 D_d は次式となります。
$$D_d = \tau_G \times \psi_S = 0.83 \times 0.146 \fallingdotseq 0.121$$

④ 直接昼光照度：表Ⅱ-5-2より，天空照度を普通の日の $E_S=15,000$ lx とすれば，点Aにおける直接昼光照度 $E_{R(d)}$ は次のようになります。
$$E_{R(d)} = E_S \times D_d = 15,000 \times 0.121 = 1,815 \text{ [lx]}$$

（2）室の奥行きと直接昼光率・直接昼光照度の関係

前項(1)は窓からの奥行きが 2 m の場合でしたが，窓からの奥行きによって直接昼光率や直接昼光照度がどのように変化するかを調べてみましょう。

【問 5-4】前図と同じモデル室で，窓からの距離が 0〜6 m の A0, A1, …, A6 の各点における直接昼光率と直接昼光照度を求めなさい。

【解 5-4】図Ⅱ-5-9 および表Ⅱ-5-4 に結果を示します。

天空照度が普通の日の $E_S=15,000$ lx の場合，直接昼光率が 3.3% あれば室内の直接昼光照度 500 lx を得ることができます。

<窓までの距離が 0 の
　　場合の立体投射率の値>
窓の位置では $z=0$ です。
よって，$y=2/0=\infty$ となり，電卓やコンピュータで計算するとゼロ割のエラーとなります。このような場合は，基本原理に立ち返って考えます。すなわち，

$$\phi_S = \frac{1}{2}\left(1-\frac{1}{\sqrt{1+\infty^2}}\right)$$
$$= \frac{1}{2}(1-0) = 0.5$$

あるいは，計算するまでもなく，窓際では空が半分見えますから，$\phi_S=0.5$ です。

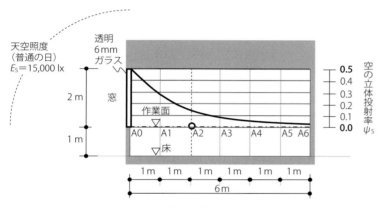

図Ⅱ-5-9　奥行きと空の立体投射率

表Ⅱ-5-4　奥行きと直接昼光率・直接昼光照度

作業面位置 奥行 [m]		A0 0	A1 1	A2 2	A3 3	A4 4	A5 5	A6 6	平均		
									単純平均	加重平均	形態係数
空の立体投射率	ψ_S [−]	0.500	0.276	0.146	0.084	0.053	0.036	0.026	0.160	0.143	0.140
ガラスの透過率	τ_G [−]	\multicolumn{7}{	c	}{0.83}		0.83		
直接昼光率	D_d [−]	0.415	0.229	0.122	0.070	0.044	0.030	0.021	0.133	0.119	0.116
全天空照度	E_S [lx]	\multicolumn{7}{	c	}{15,000}		15,000		
直接昼光照度	$E_{R(d)}$ [lx]	6,225	3,441	1,823	1,045	657	445	319	1,994	1,781	1,738

【問 5-5】表Ⅱ-5-4 の立体投射率・直接昼光率・直接昼光照度それぞれについて，床からの高さ 1 m の作業面全体の平均値を求めなさい。

【解 5-5】表Ⅱ-5-4 の右欄に平均値を示しています。

精解は形態係数を使った場合です。(→右欄)

単純平均は A0〜A6 の各点を単純平均した場合ですが，端点で誤差が出ます。加重平均は両端の A0 と A6 の受け持ち範囲が半分ですから，この点の重みを半分として加重平均した場合です。誤差は小さくなります。

<平均値を求める形態係数>
図Ⅱ-5-9 で床（A0〜A6）から見る窓（A0〜C0）の形態係数は，

$$\Psi_S = \frac{\overline{A0C0}+\overline{A6A0}-\overline{A0A0}-\overline{A6C0}}{2\times\overline{A0A6}}$$
$$= \frac{2+6-0-\sqrt{2^2+6^2}}{2\times 6}$$
$$\fallingdotseq 0.140$$

5 章　採光と明るさ

（3）窓の位置と直接昼光率・直接昼光照度

前項の問題で窓と受照面との位置関係で昼光率が変わることが分かりました。本項では，窓の位置を変えると室の明るさがどうなるかを調べます。

【問 5-6】右図の2つの窓はともに高さが1mですが，窓の位置が低窓と高窓（ハイサイドライト）と異なります。この2つの窓それぞれの直接昼光率・直接昼光照度を求めなさい。なお，作業面（A0〜A6）は床から1mの高さとします。
ガラスの種類（6 mm 透明）や屋外の天空照度（普通の日で 15,000 lx）はこれまでの条件と同じです。

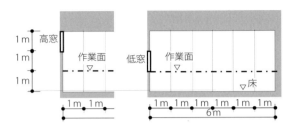

【解 5-6】図 II-5-10 および表 II-5-5 に結果を示します。

＜窓の位置と直接昼光照度＞
低窓：窓際の照度は高いのですが，窓から離れると急激に直接昼光照度が落ちます。
高窓：窓の位置が高いほど昼光がより遠くまで届きます。

＜高窓と低窓の和＞
高窓と低窓を合わせた立体投射率や直接昼光照度は，問5-4 の図 II-5-9 や表 II-5-4 と同じです。

図 II-5-10 窓の位置による空の立体投射率の比較

表 II-5-5 窓の位置による直接昼光率・直接昼光照度の比較

作業面位置 奥行 [m]		A0 0	A1 1	A2 2	A3 3	A4 4	A5 5	A6 6	平均 単純平均	加重平均	形態係数
空の立体投射率 ψ_S [−]	高窓	0.000	0.130	0.094	0.058	0.038	0.026	0.019	0.052	0.059	0.063
	低窓	0.500	0.146	0.053	0.026	0.015	0.010	0.007	0.108	0.084	0.076
ガラスの透過率 τ_G [−]		0.83							0.83		
直接昼光率 D_d [−]	高窓	0.000	0.108	0.078	0.048	0.031	0.022	0.016	0.043	0.049	0.052
	低窓	0.415	0.122	0.044	0.021	0.012	0.008	0.006	0.090	0.070	0.063
全天空照度 E_S [lx]		15,000							15,000		
直接昼光照度 $E_{R(d)}$ [lx]	高窓	0	1,618	1,166	726	471	324	235	649	737	787
	低窓	6,225	1,823	657	319	186	121	85	1345	1044	952

（4）天窓による直接昼光率と直接昼光照度

本項では，天窓を取り上げます。

【問 5-7】 図Ⅱ-5-11 に示すように，天井の中央に位置する幅 1 m の天窓による，床からの高さが 1 m の作業面の A0，A1，A2，A3，A4，A5，A6 の各点における直接昼光率，直接昼光照度を求めなさい。ガラスの種類は 6 mm 透明ガラス，全天空照度は普通の日の 15,000 lx はこれまでの条件と同じです。なお，本問では立体投射率を求める際の，天井や天窓の厚さは無視するものとします。

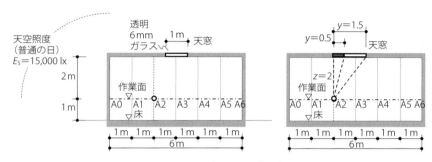

図Ⅱ-5-11　天窓による昼光照度

【解 5-7】 点 A2 を例に説明します。

- 空の立体投射率：点 A2 から見る天窓の立体投射率 ϕ_S を 2 次元平行の式を使って求めます。なお，視点 A2 と天窓の位置がずれているので，$y=1.5$ の天窓から $y=0.5$ の天窓を差し引いて求めます。すなわち，

$$\phi_S = \frac{1.5/2}{2\sqrt{1+(1.5/2)^2}} - \frac{0.5/2}{2\sqrt{1+(0.5/2)^2}} \fallingdotseq 0.3 - 0.1212678 = 0.178732$$

- 直接昼光率：空の立体投射率 ϕ_S にガラスの透過率（$\tau_G = 0.83$）を乗じると直接昼光率 D_d になります。

$$D_d = \tau \times \phi_S = 0.83 \times 0.179 \fallingdotseq 0.1483$$

- 直接昼光照度：天空照度を普通の日の $E_S = 15,000$ lx とすれば，点 A2 における直接昼光照度 $E_{R(d)}$ は次のようになります。

$$E_{R(d)} = E_S \times D_d = 15,000 \times 0.1483 = 2,225 \ [\text{lx}]$$

点 A0～A6 について同様にして求めた結果を図Ⅱ-5-12 および表Ⅱ-5-6 に示します。

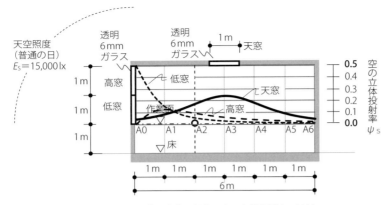

図Ⅱ-5-12　天窓・高窓・低窓の空の立体投射率の比較

表Ⅱ-5-6　天窓による直接昼光率・直接昼光照度

	作業面位置 奥行[m]		A0 0	A1 1	A2 2	A3 3	A4 4	A5 5	A6 6	平均		
										単純平均	加重平均	形態係数
空の立体投射率	ψ_S [−]		0.044	0.090	0.179	0.243	0.179	0.090	0.044	0.124	0.137	0.138
ガラスの透過率	τ_G [−]		0.83							0.83		
直接昼光率	D_d [−]		0.036	0.075	0.148	0.201	0.148	0.075	0.036	0.103	0.114	0.115
全天空照度	E_S [lx]		15,000							15,000		
直接昼光照度	$E_{R(d)}$ [lx]		544	1,126	2,225	3,020	2,225	1,126	544	1,544	1,711	1,721

　図Ⅱ-5-12は，同じ1mの大きさの天窓と高窓と低窓の空の立体投射率の比較を示しています。これによると，
- 低窓：窓際は非常に明るいが，室奥になると急激に暗くなります。
- 高窓：窓直下は暗い代わりに室奥がやや明るくなります。
- 天窓：全体的に明るく，均斉度が高く，明るさを確保できる範囲が広いことが分かります。

均斉度（きんせいど）（＝最小照度／平均照度）を，壁から1m以内は除外しA1～A5の範囲を対象として求めると，本項の建物の結果は
　低窓：最小照度＝　 121 lx，平均照度＝　 621 lx，均斉度＝0.195
　高窓：最小照度＝　 324 lx，平均照度＝　 861 lx，均斉度＝0.300
　天窓：最小照度＝1,126 lx，平均照度＝1,944 lx，均斉度＝0.579
直接昼光照度のみの評価なのでやや特徴が強く出る傾向にありますが，天窓は全体的に照度が高く，かつ均斉度が高いことが分かります。

<均斉度>

照明の均斉度は，一般に
均斉度＝最小照度÷平均照度
と定義されます。
なお，壁から1m以内の部分は除外されるので，本章のモデルの場合は，A1～A5の範囲が対象になります。

（5） 深さのある天窓の場合

前問 5-7 では，天井の厚さを無視して，天井に直接天窓が付いていました。実際は，天井ふところがあったり，雨仕舞いのための立ち上がりが必要です。天窓が深くなることにより，室に届く光は当然減ります。このことを考慮した天窓について検討してみましょう。

【問 5-8】 図 II-5-13 の天窓は天井面までの深さが 1 m あり，2 次元的に連続した天窓とします。天窓内部の反射を考慮した天窓による作業面での直接昼光率と直接昼光照度を求めなさい。

なお，上面のガラスは 6 mm の透明ガラスで底面はガラス無しとします。側面の反射率は $r_2=0.8$，ガラスの内面の反射率は $r_1=0.1$ とし，反射はすべて一様拡散とします。

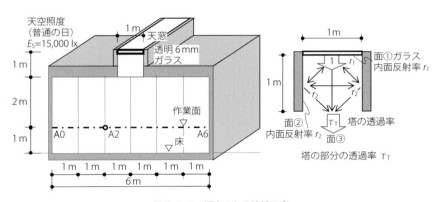

図 II-5-13　深さのある連続天窓

【解 5-8】 立ち上がり部分を "塔" と考えます。まず，塔の上面①のガラスを透過した光の照度を仮に "1" とします。塔内部の多重反射を経て，下面③に届く照度の比率を求めれば，それが "塔の透過率 τ_T" になります。これが分かれば，塔の透過率 τ_T×ガラスの透過率 τ_G として合成することにより，天窓全体の透過率 τ_{T+G} が得られます。

ここで，塔の多重反射をどのように求めるかがポイントです。面①→面③もあれば，面①→面②→面③もあれば，面①→面②→面①→面③もあれば，面①→面②→面②→面③，面①→面②→面②→面②→面③，面①→面②→面②→面①→面②→面③，面①→面②→面②→面②→面②→面③など組み合わせは無限にあり，非常に複雑になります。

＜塔内部の形態係数＞

正方形の断面の各面相互の形態係数は次の通りです。

＜平行＞

面①⇔面③，面②⇔面②

$$\Psi_{1,3}=\Psi_{3,1}=\Psi_{2,2}$$

$$=\frac{\sqrt{2}-1}{1}≒0.414$$

＜垂直＞

面①⇔面②，面②⇔面③

$$\Psi_{1,2}=\Psi_{2,1}=\Psi_{2,3}=\Psi_{3,2}$$

$$=\frac{1+1-\sqrt{2}}{2\times1}≒0.293$$

5 章　採光と明るさ

ここでは無限回数の多重反射を考慮した塔の透過率を連立方程式で解いてみます。

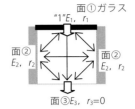
＜塔内部での反射＞

1）直接成分：面①を通過した照度を仮に"1"として，ここから面②，面③の各面に直接配分される成分を E_2^* と E_3^* とします。なお，この配分は形態係数そのものです。すなわち，$E_2^*=\Psi_{2,1}=0.293$，$E_3^*=\Psi_{3,1}=0.414$ です。ちなみに面①のガラス下面への配分は $E_1^*=0$ です。

2）多重反射：直接成分を既知とし，ガラス下面①，左右の側面②，底面③の多重反射を含めた照度 E_1, E_2, E_3 を未知数として連立方程式を立てます。

   ガラス下面①　　$E_1=2\times\Psi_{1,2}r_2E_2+\Psi_{1,3}r_3E_3+E_1^*$　　　　　　…(1)
   側面②　　　　　$E_2=\Psi_{2,1}r_1E_1+\Psi_{2,2}r_2E_2+\Psi_{2,3}r_3E_3+E_2^*$　…(2)
   底面③　　　　　$E_3=\Psi_{3,1}r_1E_1+2\times\Psi_{3,2}r_2E_2+E_3^*$　　　　　　…(3)

以上の中で，面③の反射率は $r_3=0$，また面①の直接成分も $E_1^*=0$ です。ここで既知の数値を代入すると次のようになります。

   ガラスの下面①　$E_1=2\times0.293\times0.8\times E_2$　　　　　　　　　　　　…(1′)
   側面②　　　　　$E_2=0.293\times0.1\times E_1+0.414\times0.8\times E_2+0.293$　…(2′)
   底面③　　　　　$E_3=0.414\times0.1\times E_1+2\times0.293\times0.8\times E_2+0.414$　…(3′)

＜多重反射を考慮した連立方程式＞
式(1)～(3)の連立方程式は多重反射を解くときの常套手段です。受照面の照度を未知数として，相互の反射の式とすることで無限回数の多重反射を考慮したことになります。

3）連立方程式を解く

   3元連立方程式ですから，手計算でも解くことができます。
   解いた結果は　$E_1\fallingdotseq0.210$，$E_2\fallingdotseq0.447$，$E_3\fallingdotseq0.632$　となります。

4）塔の透過率：E_3 は面①を透過した光を"1"とした時の比率ですから，E_3 の値が天窓の塔の透過率となり $\tau_T=0.632$ となります。

5）塔とガラスの総合透過率：天窓の塔の透過率 $\tau_T=0.632$ に面①のガラスの透過率 $\tau_G=0.83$ を乗じれば天窓とガラスの総合透過率になります。
   すなわち，　$\tau_{T+G}=\tau_T\times\tau_G=0.632\times0.83\fallingdotseq0.525$　です。

6）塔のある天窓による室内照度：この透過率 $\tau_{T+G}=0.525$ の天窓が天井面に直接付いているものとみなせば問 5-7 と同様の問題になります。
   室内の直接昼光照度は，直付けの場合の問 5-7 の結果に対して，塔の透過率 $\tau_T=0.632$ に比例して，低くなります。

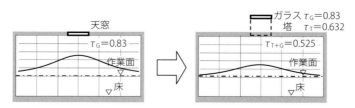

図Ⅱ-5-14　直接天井に付いている天窓と塔がある天窓

5-3 中庇の反射を考えた昼光照度を求める

図Ⅱ-5-15 は，問 5-4 の窓の中央の高さに中庇を設けたものです。中庇は，下面に対しては日射遮蔽となり，上面では反射による採光が期待できます。本節では，中庇で制限された直接昼光照度の減少分と，中庇→天井→作業面の反射による昼光照度の増加分を比べ，中庇の効果を確かめてみます。なお，反射で見込むのは，建物（窓＋外壁）から中庇への 1 次反射，中庇から天井への 1 次反射，天井から作業面への 1 次反射とします。相互反射は次節 5-4 で詳しく取り上げますので，ここでは考えないことにします。

なお，中庇の出の長さは 1 m とし，反射率を 0.8，ガラスの種類（透明 6 mm）や天空照度（普通の日で 15,000 lx）等の条件はこれまでと同じとします。

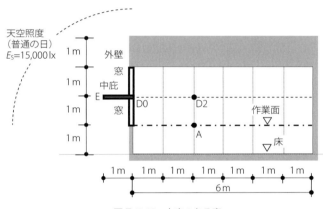

図Ⅱ-5-15 中庇のある窓

（1）中庇により制限された直接昼光率・直接昼光照度

【問 5-9】中庇で制限された点 A の直接昼光率・直接昼光照度を求めなさい。

【解 5-9】点 A から見る中庇の立体投射率 $\psi_{A_2,L}$ は，E～D2 の立体投射率から D0～D2 の立体投射率を差し引いて得られます。

すなわち $\psi_{A_2,L} = \dfrac{3/1}{2\sqrt{1+(3/1)^2}} - \dfrac{2/1}{2\sqrt{1+(2/1)^2}} \fallingdotseq 0.027$ です。

中庇がない場合の空の立体投射率（$\psi_S = 0.146$）から，中庇の立体投射率を引くと中庇で制限された空の立体投射率 ψ_S' になります。すなわち

$\psi_S' = 0.146 - 0.027 = 0.119$ になります。

これにガラスの透過率 $\tau = 0.83$ を乗じれば，点 A の直接昼光率が得られます。すなわち $D_d = 0.83 \times 0.119 \fallingdotseq 0.099$ です。

普通の日の屋外の天空照度は 15,000 lx ですから，点 A の直接昼光照度は

$E_d = E_S \times D_d = 15,000 \times 0.099 = 1,485$ lx になります。

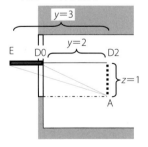

＜中庇の立体投射率＞

＜中庇の有無による直接昼光照度＞
中庇がない時の直接昼光照度 1,815 lx から，中庇を設けると 330 lx 減りました。

（2）中庇の反射による昼光照度

【問 5-10】中庇上面の直接昼光照度を求めなさい。本来は中庇の先と根元では昼光照度が異なりますが，これを考慮すると煩雑となるので，ここでは平均昼光照度を求めることとします。

【解 5-10】建物で空の一部が隠れています。右欄の図で中庇は線分 EF を介して空を見るので，中庇（ED0）から見る EF の形態係数を求めればよいことが分かります。すなわち，中庇の空の形態係数 $\Psi_{L,S}$ は

$$\Psi_{L,S} = \frac{EF+ED_0-EE-FD_0}{2 \times ED0} = \frac{\sqrt{5}+1-0-2}{2 \times 1} \fallingdotseq 0.618$$

天空照度 15,000 lx に形態係数 $\Psi_{L,S}$ を乗じれば中庇の平均昼光照度 $E_{L,S}$ になります。すなわち $E_{L,S} = 15,000 \times 0.618 = 9,270$ lx を得ます。

【問 5-11】外壁と窓の反射率を 0.1 として，これらによる 1 次反射成分を含む中庇上面の照度を求めなさい。（相互反射は無視します）

【解 5-11】垂直面の外壁と窓の天空照度は天空照度の半分の 7,500 lx です。中庇から見る外壁と窓の形態係数は天空の形態係数からの差し引きで $\Psi_{L,外壁+窓} = 1 - 0.618 = 0.382$ です。よって外壁と窓からの 1 次反射による照度は $E_{L,外壁+窓} = 7,500 \times 0.382 \times 0.1 = 287$ となります。

1 次反射を含む中庇上面の天空照度は $E_L = 9,270 + 287 = 9,557$ lx です。

【問 5-12】中庇上面からの反射による天井面の照度を求めなさい。天井面の照度も窓側が明るく，室奥は暗くなりますが，これを考慮すると煩雑になるので，ここでは簡略に平均照度を求めることとします。

【解 5-12】まず，天井面全体から見る中庇の形態係数を求めます。

$$\Psi_{C,L} = \frac{C0D0+C6E-C0E-C6D0}{2 \times C0C6} = \frac{1+\sqrt{1^2+7^2}-\sqrt{2}-\sqrt{1^2+6^2}}{2 \times 6} \fallingdotseq 0.048$$

中庇の反射による天井面全体の平均昼光照度 E_C は

$$E_C = E_L \times r_L \times \Psi_{C,L} \times \tau_G = 9,557 \times 0.8 \times 0.048 \times 0.83 \fallingdotseq 305 \text{ lx}$$ です。

【問 5-13】天井面全体からの反射による作業面の点 A での照度を求めなさい。なお，天井面の反射率は 0.80 とします。

【解 5-13】点 A から見る天井面全体の立体投射率を求めます。立体投射率は 2 次元平行の式を用いますが，左（C0～C2）と右（C2～C6）に分けて求め合計します。すなわち，

$$\phi_{A2,C} = \frac{2/2}{2\sqrt{1+(2/2)^2}} + \frac{4/2}{2\sqrt{1+(4/2)^2}} = 0.3535 + 0.4472 \fallingdotseq 0.801$$

天井面全体からの反射による点 A の昼光照度 $E_{A,C}$ は

$$E_{A,C} = E_C \times r_C \times \phi_{A,C} = 305 \times 0.80 \times 0.801 \fallingdotseq 195 \text{ lx}$$ を得ます。

結局，中庇で直接昼光照度は 330 lx 下がり，中庇の反射で 195 lx 増えました。

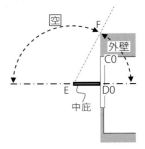

＜中庇から見る空の形態係数＞
この場合の形態係数は天空率と同じです。

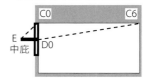

＜天井から中庇の形態係数＞

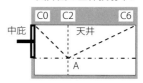

＜点 A から見る天井面の立体投射率＞

【補足】
A 点はもともと 1,823 lx と過剰に明るいのですが庇によって 135 lx 下がりました。ところが暗くなりがちな室奥は中庇により明るくなります。確かめてください。

5-4　多重反射を考えた間接昼光照度を連立方程式で解く

　本節では室内の多重反射による間接昼光照度を含めた照度の求め方を勉強します。

　窓から入った光はまず直接照度として床や壁を照らします。その光が他の壁・床・天井に反射されます。これが無限に繰り返されます。これが多重反射です。多重反射による照度が間接照度です。なお，反射を考える場合は，"点"ではなく"面"で考えなくてはなりません。また，計算が煩雑ですので，ここからは表計算ソフトを利用して解くことにします。

　図Ⅱ-5-16は，本章最初の問題の高さ2 mの垂直窓の室です。窓から入った光は床あるいは奥の壁の当たります。これが直接昼光照度です。その光が室内の床・壁・窓・天井の各面で反射した照度が間接昼光照度です。この間接昼光照度は各面の照度を未知数とした連立方程式を解かねばなりません。

　計算手順としては，
① 床・壁・窓・天井の各面の相互の形態係数を求めます。
② 床・壁・窓・天井の各面の直接昼光照度を求めます。
③ 各面相互の多重反射の式を立て，連立方程式を解きます。
④ 最後に，各面の照度を求めた後に，各面の照度を既知として，作業面の各点A0〜A6の照度を求めます。

　天空照度は普通の日（$E_S=15{,}000$ lx），窓ガラスは6 mmの透明ガラス（入射角特性を考えた透過率 $\tau_G=0.83$）はこれまでの問題と同じです。室内各面の反射率は，床は0.2，壁は0.5，天井は0.7，窓ガラスは0.1とします。

＜面の分割＞
最も単純に窓・壁・床・内壁・天井に分ける場合でも5面ありますから，5元連立方程式になります。
本当は，もう少し細かく面を分割したいのですが，ここでは紙面の都合で図Ⅱ-5-16のように全部で18面に分割することにします。

＜表計算ソフトで解く＞
本節5-4では，18元の連立方程式を解くのですが，18元の連立方程式を手計算で解くのは至難です。
ところが，表計算ソフトを使えば，いとも簡単に解くことができます。

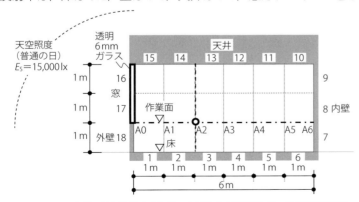

図Ⅱ-5-16　多重反射を計算するためのモデル室の面分割（1〜18は面の番号）

(1) 多重反射を解く連立方程式

<面の分割>

細かく分割するほど分布をきれいに再現することができます。ここでは図Ⅱ-5-16のように全部で18面に分割します。反時計回りで各面に1〜18の番号を付けておきます。

<解き方>

① 各面に当たる直接昼光照度，これは反射に関係なく求めることができます。この直接昼光照度を初めに求めておき，連立方程式の与条件とします。
② 各面の相互の多重反射を含む照度を未知数とする連立方程式を作ります。
③ 連立方程式を解き，各面の照度を得ます。
　最後に，
④ 各面の照度を既知として仮想の面である作業面における照度を求めます。
なお，③では18元の連立方程式となりますが，これを合理的に解くために，ここでは"行列"を使います。また，この行列を実際に解くときに"表計算ソフト"を利用します。

<照度の式>

直接照度を既知として，各面の照度を未知数として，反射を含めた照度の連立方程式を作ります。面の数が多いですが，考え方は問5-8の天窓の塔での相互反射と基本的に同じです。

面1　$E_1 = \Psi_{1,2} r_2 E_2 + \Psi_{1,3} r_3 E_3 + \Psi_{1,4} r_4 E_4 + \cdots + \Psi_{1,17} r_{17} E_{17} + \Psi_{1,18} r_{18} E_{18} + E_1^*$

面2　$E_2 = \Psi_{2,1} r_1 E_1 + \Psi_{2,3} r_3 E_3 + \Psi_{2,4} r_4 E_4 + \cdots + \Psi_{2,17} r_{17} E_{17} + \Psi_{2,18} r_{18} E_{18} + E_2^*$

面3　$E_3 = \Psi_{3,1} r_1 E_1 + \Psi_{3,2} r_2 E_2 + \Psi_{3,4} r_4 E_4 + \cdots + \Psi_{3,17} r_{17} E_{17} + \Psi_{3,18} r_{18} E_{18} + E_3^*$

面4　$E_4 = \Psi_{4,1} r_1 E_1 + \Psi_{4,2} r_2 E_2 + \Psi_{4,3} r_3 E_3 + \cdots + \Psi_{4,17} r_{17} E_{17} + \Psi_{4,18} r_{18} E_{18} + E_4^*$

　　　　　　　　　　　　　　　　　：

面17　$E_{17} = \Psi_{17,1} r_1 E_1 + \Psi_{17,2} r_2 E_2 + \Psi_{17,3} r_3 E_3 + \Psi_{17,4} r_4 E_4 + \cdots + \Psi_{17,18} r_{18} E_{18} + E_{17}^*$

面18　$E_{18} = \Psi_{18,1} r_1 E_1 + \Psi_{18,2} r_2 E_2 + \Psi_{18,3} r_3 E_3 + \Psi_{18,4} r_4 E_4 + \cdots + \Psi_{18,17} r_{17} E_{17} + E_{18}^*$

　　　　　　　　　　　　　　　　　　　　　　　　　　　　・・・(1)

面1を例に説明すると，左辺の E_1 が未知数の面1の照度です。右辺の各項は他の2〜18面からの反射による照度です。各面の照度 E にその面の反射率を乗じると光束発散度になり，これに面1から見る形態係数 Ψ を乗じると反射による照度になります。これをすべての面について立式します。右端の E_1^* の項は窓から入る直接昼光照度です。これは既知の値で，連立方程式では与条件（定数）とします。

<行列と方程式と表計算ソフト>

行列は慣れないと戸惑うかもしれませんが，きわめて合理的な方法です。また，表計算ソフトを使えば，いとも簡単に解けます。

<式を作る上での注意>

例えば，同じ床同士は反射がないので式に入れないとか，天井には直接光は当たらないのでゼロする，という考え方は間違いではありませんが，巧くありません。すべての面の式が同じ形になるように式を作るところがポイントです。

　なお，同じ面同士の反射はゼロになるとか，直接光がゼロになるのは条件次第で結果として決まることであり，条件によって自動的に係数がゼロになるように表計算に仕込むことが肝要です。

先の式を整理します．左辺に，同じ面の未知数（変数）の照度と係数を縦に並べ，右辺には定数となる直接昼光照度をまとめます．

$$E_1 - \Psi_{1,2}r_2E_2 - \Psi_{1,3}r_3E_3 - \Psi_{1,4}r_4E_4 - \cdots - \Psi_{1,17}r_{17}E_{17} - \Psi_{1,18}r_{18}E_{18} = E_1^*$$
$$-\Psi_{2,1}r_1E_1 + E_2 - \Psi_{2,3}r_3E_3 - \Psi_{2,4}r_4E_4 - \cdots - \Psi_{2,17}r_{17}E_{17} - \Psi_{2,18}r_{18}E_{18} = E_2^*$$
$$-\Psi_{3,1}r_1E_1 - \Psi_{3,2}r_2E_2 + E_3 - \Psi_{3,4}r_4E_4 - \cdots - \Psi_{3,17}r_{17}E_{17} - \Psi_{3,18}r_{18}E_{18} = E_3^*$$
$$-\Psi_{4,1}r_1E_1 - \Psi_{4,2}r_2E_2 - \Psi_{4,3}r_3E_3 + E_4 - \cdots - \Psi_{4,17}r_{17}E_{17} - \Psi_{4,18}r_{18}E_{18} = E_4^*$$
$$\vdots \quad \vdots \quad \vdots \quad \vdots$$
$$-\Psi_{17,1}r_1E_1 - \Psi_{17,2}r_2E_2 - \Psi_{17,3}r_3E_3 - \Psi_{17,4}r_4E_4 - \cdots + E_{17} - \Psi_{17,18}r_{18}E_{18} = E_{17}^*$$
$$-\Psi_{18,1}r_1E_1 - \Psi_{18,2}r_2E_2 - \Psi_{18,3}r_3E_3 - \Psi_{18,4}r_4E_4 - \cdots - \Psi_{18,17}r_{17}E_{17} + E_{18} = E_{18}^*$$
$$\cdots (2)$$

<行と列>
横が"行"です．この本は横書きですからページの何行目というのと同じです．
縦が"列"です．例えば，列柱というように柱は列，列は縦です．このように覚えると忘れません．

<連立方程式を行列（matrix）で表す>
先の連立方程式を次のように（係数）×（変数）＝（定数）と表示します．

$$\begin{Bmatrix} 1 & -\Psi_{1,2}r_2 & -\Psi_{1,3}r_3 & -\Psi_{1,4}r_4 & \cdots & -\Psi_{1,17}r_{17} & -\Psi_{1,18}r_{18} \\ -\Psi_{2,1}r_1 & 1 & -\Psi_{2,3}r_3 & -\Psi_{2,4}r_4 & \cdots & -\Psi_{2,17}r_{17} & -\Psi_{2,18}r_{18} \\ -\Psi_{3,1}r_1 & -\Psi_{3,2}r_2 & 1 & -\Psi_{3,4}r_4 & \cdots & -\Psi_{3,17}r_{17} & -\Psi_{3,18}r_{18} \\ -\Psi_{4,1}r_1 & -\Psi_{4,2}r_2 & -\Psi_{4,3}r_3 & 1 & \cdots & -\Psi_{4,17}r_{17} & -\Psi_{4,18}r_{18} \\ \vdots & \vdots & \vdots & \vdots & & & \\ -\Psi_{17,1}r_1 & -\Psi_{17,2}r_2 & -\Psi_{17,3}r_3 & -\Psi_{17,4}r_4 & \cdots & 1 & -\Psi_{17,18}r_{18} \\ -\Psi_{18,1}r_1 & -\Psi_{18,2}r_2 & -\Psi_{18,3}r_3 & -\Psi_{18,4}r_4 & \cdots & -\Psi_{18,17}r_{17} & 1 \end{Bmatrix} \begin{Bmatrix} E_1 \\ E_2 \\ E_3 \\ E_4 \\ \vdots \\ E_{17} \\ E_{18} \end{Bmatrix} = \begin{Bmatrix} E_1^* \\ E_2^* \\ E_3^* \\ E_4^* \\ \vdots \\ E_{17}^* \\ E_{18}^* \end{Bmatrix} \cdots (3)$$

式(3)は式(2)の連立方程式を"行列"の形で表したものです．左端の行列は係数だけを集めたものですから"係数行列"といいます．真ん中の行列は未知数である変数だけを集めたものですから"変数行列"といいます．右端の行列は定数だけを集めたものですから"定数行列"といいます．係数行列は式(2)と同じ並びです．変数行列と定数行列は縦に並べます．各行列は規則正しく整然と並んでいることがよくわかります．

<逆行列（inverse matrix）を使って連立方程式を解く>
一般的な数学の説明です．係数行列を（**A**）と表すことにします．同様に，変数行列を（**X**），定数行列を（**C**）と表すことにします．すると，式(3)の行列で表した連立方程式は次のように書けます．

$$(\mathbf{A})(\mathbf{X}) = (\mathbf{C}) \qquad \cdots (4)$$

式(4)ではあたかも1つの変数の式のようになります．これを解いた形が

$$(\mathbf{X}) = (\mathbf{A})^{-1}(\mathbf{C}) \qquad \cdots (5)$$

です．この（**A**）$^{-1}$ を逆行列（inverse matrix）といいます．逆行列は逆数の形を借りていますが，逆数ではなく，方程式を解いた形になっています．行列で連立方程式を解くということは，逆行列を求めるということです．

<方程式を行列で表す>
（**A**）（**X**）＝（**C**）と書きます．
（**X**）（**A**）＝（**C**）とは書けません．
　（**A**）は 18 行×18 列
　（**X**）は 18 行×1 列
　（**C**）も 18 行×1 列　です．
行列の掛け算では，
(18行×$\boxed{18列}$)×($\boxed{18行}$×1列)
と真ん中の列と行の数が同じでなければなりません．
また，掛算した結果で新たにできる行列は外側の行×列，すなわち 18 行×1 列です．これが（**C**）の行列と同じでなければなりません．

5章　採光と明るさ

（2）表計算を使って連立方程式を解く

＜形態係数を求める＞

ここから以降は表計算ソフトを使うことにします。表計算ソフトを用いて，基本となる形態係数を求めるところから始めます。

表Ⅱ-5-7 は形態係数を求める表です。表計算では横の行（5～22 行），縦の列（F～W 列）を使っています。表計算の行と列の関係は"行列"と同じです。表中の範囲（B4：C22）に各面の座標を定義しておきます。また，範囲（E1：W2）にも各面の座標を定義しておきます。なお，面の数より 1 つ多い原点を含む座標を仕込んでおきます。

表中の範囲（F5：W22）に形態係数の計算式を作り込みます。表Ⅱ-5-7 の中の □ で示されるセル（N8）に定義された床面 4 から見る内壁面 9 の形態係数の式を見てみましょう。数学上の面対面の形態係数は次式です。

$$\Psi_{4,9} = \frac{\sqrt{(x_4-x_9)^2+(y_4-y_9)^2}+\sqrt{(x_3-x_8)^2+(y_3-y_8)^2}-\sqrt{(x_4-x_8)^2+(y_4-y_8)^2}-\sqrt{(x_3-x_9)^2+(y_3-y_9)^2}}{2\times\sqrt{(x_4-x_3)^2+(y_4-y_3)^2}}$$

表計算ではこれを次のように記述します。

＝(SQRT(($B8-N$1)^2+($C8-N$2)^2)+SQRT(($B7-M$1)^2+($C7-M$2)^2)-SQRT(($B8-M$1)^2+($C8-M$2)^2)-SQRT(($B7-N$1)^2+($C7-N$2)^2))/(2*SQRT(($B8-$B7)^2+($C8-$C7)^2))

この表計算の式は fx＝の右欄に表示されていますが，一般式の形となっており，この式を範囲（F5：W22）にコピーすると直ちにすべての形態係数の式が作られ，同時に結果が表示されます。なお，対角線上のセルですが，自分自身を裏面から見る形態係数であり同じ式で計算すると値は"－1"になります。

＜表計算＞

表計算では，65536 行×212 列の升目（セル）に自由に式を入力すると，即座に答えが表示されます。

＜表計算での式のコピー＞

18×18 の形態係数を 1 つ 1 つ作ると人はどこかで間違いをする可能性があります。表計算での基本は

式は 1 つだけしっかり作ります。なお，相対アドレス（例：B9）と絶対アドレスをうまく使い分けるようにします。

　　行列とも固定（例：B9）
　　列のみ固定　（例：$B9）
　　行のみ固定　（例：B$9）

絶対アドレスはコピーしても参照するアドレスは変化しません。相対アドレスはコピーすると相対的に参照するアドレスがずれます。

表Ⅱ-5-7　形態係数を求める表

			N8			fx	=(SQRT(($B8-N$1)^2+($C8-N$2)^2)+SQRT(($B7-M$1)^2+($C7-M$2)^2)-SQRT(($B8-M$1)^2+($C8-M$2)^2)-SQRT(($B7-N														
	A	B	C	D	E	F	G	H	I	J	K	L	M	N	O	P	Q	R	S	T	U	V	W
1	＜形態係数＞			X	0.0	1.0	2.0	3.0	4.0	5.0	6.0	6.0	6.0	6.0	5.0	4.0	3.0	2.0	1.0	0.0	0.0	0.0	0.0
2				Y	0.0	0.0	0.0	0.0	0.0	0.0	0.0	1.0	2.0	3.0	3.0	3.0	3.0	3.0	3.0	3.0	2.0	1.0	0.0
3	X	Y	面	0	1	2	3	4	5	6	7	8	9	10	11	12	13	14	15	16	17	18
4	0.0	0.0	0		床	床	床	床	床	床	内壁	内壁	内壁	天井	天井	天井	天井	天井	天井	窓	窓	壁
5	1.0	0.0	1 床		－1	0.000	0.000	0.000	0.000	0.000	0.008	0.022	0.031	0.023	0.037	0.060	0.097	0.140	0.162	0.037	0.089	0.293
6	2.0	0.0	2 床		0.000	－1	0.000	0.000	0.000	0.000	0.012	0.031	0.041	0.037	0.060	0.097	0.140	0.162	0.140	0.075	0.115	0.089
7	3.0	0.0	3 床		0.000	0.000	－1	0.000	0.000	0.000	0.020	0.047	0.055	0.060	0.097	0.140	0.162	0.140	0.097	0.070	0.075	0.037
8	4.0	0.0	4 床		0.000	0.000	0.000	－1	0.000	0.000	0.037	0.075	0.070	0.097	0.140	0.162	0.140	0.097	0.060	0.055	0.047	0.020
9	5.0	0.0	5 床		0.000	0.000	0.000	0.000	－1	0.000	0.089	0.115	0.075	0.140	0.162	0.140	0.097	0.060	0.037	0.041	0.031	0.012
10	6.0	0.0	6 床		0.000	0.000	0.000	0.000	0.000	－1	0.293	0.089	0.037	0.162	0.140	0.097	0.060	0.037	0.023	0.031	0.022	0.008
11	6.0	1.0	7 内壁		0.008	0.012	0.020	0.037	0.089	0.293	－1	0.000	0.000	0.037	0.075	0.070	0.055	0.041	0.031	0.071	0.080	0.083
12	6.0	2.0	8 内壁		0.022	0.031	0.047	0.075	0.115	0.089	0.000	－1	0.000	0.089	0.115	0.075	0.047	0.031	0.022	0.080	0.083	0.080
13	6.0	3.0	9 内壁		0.031	0.041	0.055	0.070	0.075	0.037	0.000	0.000	－1	0.293	0.089	0.037	0.020	0.012	0.008	0.083	0.080	0.071
14	5.0	3.0	10 天井		0.023	0.037	0.060	0.097	0.140	0.162	0.037	0.089	0.293	－1	0.000	0.000	0.000	0.000	0.000	0.008	0.022	0.031
15	4.0	3.0	11 天井		0.037	0.060	0.097	0.140	0.162	0.140	0.075	0.115	0.089	0.000	－1	0.000	0.000	0.000	0.000	0.012	0.031	0.041
16	3.0	3.0	12 天井		0.060	0.097	0.140	0.162	0.140	0.097	0.070	0.075	0.037	0.000	0.000	－1	0.000	0.000	0.000	0.020	0.047	0.055
17	2.0	3.0	13 天井		0.097	0.140	0.162	0.140	0.097	0.060	0.055	0.047	0.020	0.000	0.000	0.000	－1	0.000	0.000	0.037	0.075	0.070
18	1.0	3.0	14 天井		0.140	0.162	0.140	0.097	0.060	0.037	0.041	0.031	0.012	0.000	0.000	0.000	0.000	－1	0.000	0.089	0.115	0.075
19	0.0	3.0	15 天井		0.162	0.140	0.097	0.060	0.037	0.023	0.031	0.022	0.008	0.000	0.000	0.000	0.000	0.000	－1	0.293	0.089	0.037
20	0.0	2.0	16 窓		0.037	0.075	0.070	0.055	0.041	0.031	0.071	0.080	0.083	0.008	0.012	0.020	0.037	0.089	0.293	－1	0.000	0.000
21	0.0	1.0	17 窓		0.089	0.115	0.075	0.047	0.031	0.022	0.080	0.083	0.080	0.022	0.031	0.047	0.075	0.115	0.089	0.000	－1	0.000
22	0.0	0.0	18 窓		0.293	0.089	0.037	0.020	0.012	0.008	0.083	0.080	0.071	0.031	0.041	0.055	0.070	0.075	0.037	0.000	0.000	－1.0

<係数行列を求める>

　反射率を各面の列と揃うように範囲（F26：W26）に定義しておきます。次に，先に求めた形態係数と反射率から「係数行列」を作ります。

　例として□で示すセル（N33）で説明します。これは床面4が内壁面9から受ける照度の係数ですが，表計算ではこれを次のように記述します。

　　＝IF(N8＜0,1,－N8＊N$26)

　解説："＝IF"は条件文です。もしも形態係数のセル（N8）の値が負ならば（すなわち自分自身ならば），このセル（N33）には値"1"を与え，そうでなければ，形態係数のセル（N8）に反射率のセル（N$26）を乗じ，更に頭に"－"を付けて負の値とすると言う意味です。この式を範囲（F30：W47）全体にコピーします。

表Ⅱ-5-8　係数行列

					N33				fx	=IF(N8<0,1,N8&N26)											
A	B	C	D	E	F	G	H	I	J	K	L	M	N	O	P	Q	R	S	T	U	V	W
25																						
26	<反射率>		反射率		0.20	0.20	0.20	0.20	0.20	0.20	0.50	0.50	0.50	0.70	0.70	0.70	0.70	0.70	0.70	0.10	0.10	0.50
27																						
28	<係数行列>				0	1	2	3	4	5	6	7	8	9	10	11	12	13	14	15	16	17	18
29					0	床	床	床	床	床	床	内壁	内壁	内壁	天井	天井	天井	天井	天井	天井	窓	窓	壁
30				1	床	1.000	0.000	0.000	0.000	0.000	0.000	-0.004	-0.011	-0.016	-0.016	-0.026	-0.042	-0.068	-0.098	-0.114	-0.004	-0.009	-0.146
31				2	床	0.000	1.000	0.000	0.000	0.000	0.000	-0.006	-0.016	-0.021	-0.026	-0.042	-0.068	-0.098	-0.114	-0.098	-0.007	-0.011	-0.045
32				3	床	0.000	0.000	1.000	0.000	0.000	0.000	-0.010	-0.024	-0.027	-0.042	-0.068	-0.098	-0.114	-0.098	-0.068	-0.007	-0.007	-0.018
33				4	床	0.000	0.000	0.000	1.000	0.000	0.000	-0.018	-0.037	-0.035	-0.068	-0.098	-0.114	-0.098	-0.068	-0.042	-0.005	-0.005	-0.010
34				5	床	0.000	0.000	0.000	0.000	1.000	0.000	-0.045	-0.057	-0.037	-0.098	-0.114	-0.098	-0.068	-0.042	-0.026	-0.004	-0.003	-0.006
35				6	床	0.000	0.000	0.000	0.000	0.000	1.000	-0.146	-0.045	-0.018	-0.114	-0.098	-0.068	-0.042	-0.026	-0.016	-0.003	-0.002	-0.004
36				7	内壁	-0.002	-0.002	-0.004	-0.007	-0.018	-0.059	1.000	0.000	0.000	-0.026	-0.052	-0.049	-0.038	-0.029	-0.022	-0.007	-0.008	-0.041
37				8	内壁	-0.004	-0.006	-0.009	-0.015	-0.023	-0.018	0.000	1.000	0.000	-0.062	-0.080	-0.052	-0.033	-0.022	-0.016	-0.008	-0.008	-0.040
38				9	内壁	-0.006	-0.008	-0.011	-0.014	-0.015	-0.007	0.000	0.000	1.000	-0.205	-0.062	-0.026	-0.014	-0.008	-0.006	-0.008	-0.008	-0.035
39				10	天井	-0.005	-0.007	-0.012	-0.019	-0.028	-0.032	-0.018	-0.045	-0.146	1.000	0.000	0.000	0.000	0.000	0.000	-0.001	-0.002	-0.016
40				11	天井	-0.007	-0.012	-0.019	-0.028	-0.028	-0.028	-0.037	-0.057	-0.045	0.000	1.000	0.000	0.000	0.000	0.000	-0.001	-0.003	-0.021
41				12	天井	-0.012	-0.019	-0.028	-0.032	-0.028	-0.019	-0.035	-0.037	-0.018	0.000	0.000	1.000	0.000	0.000	0.000	-0.002	-0.005	-0.027
42				13	天井	-0.019	-0.028	-0.032	-0.028	-0.019	-0.012	-0.027	-0.024	-0.010	0.000	0.000	0.000	1.000	0.000	0.000	-0.004	-0.007	-0.035
43				14	天井	-0.028	-0.032	-0.028	-0.019	-0.012	-0.007	-0.021	-0.016	-0.006	0.000	0.000	0.000	0.000	1.000	0.000	-0.009	-0.011	-0.037
44				15	天井	-0.032	-0.028	-0.019	-0.012	-0.007	-0.005	-0.016	-0.011	-0.004	0.000	0.000	0.000	0.000	0.000	1.000	-0.029	-0.009	-0.018
45				16	窓	-0.007	-0.015	-0.014	-0.011	-0.008	-0.006	-0.035	-0.040	-0.041	-0.006	-0.008	-0.014	-0.026	-0.062	-0.205	1.000	0.000	0.000
46				17	窓	-0.018	-0.023	-0.015	-0.009	-0.006	-0.004	-0.040	-0.041	-0.040	-0.016	-0.022	-0.033	-0.052	-0.080	-0.062	0.000	1.000	0.000
47				18	窓	-0.059	-0.018	-0.007	-0.004	-0.002	-0.002	-0.041	-0.040	-0.035	-0.022	-0.029	-0.038	-0.049	-0.052	-0.026	0.000	0.000	1.000

<逆行列を求める>

　次に，係数行列の「逆行列」を作ります。逆行列を手計算で求めることは至難ですが，表計算ソフトには逆行列を求める機能が備わっていますので，これを利用します。表計算で逆行列を求める手順は次の通りです。

① 逆行列の結果を求める範囲（F52：W69）を指定します。
② 表計算の数学関数の中から逆行列の　MINVERSE　を選びます。
③ MINVERSEの画面で元の係数行列の範囲（F30：W47）を指定します。
④ MINVERSEの画面で「CTRL」キーと「SHIFT」キーを押しつつ，「OK」ボタンをクリックします。
⑤ すると，表Ⅱ-5-9の逆行列が作られます。

<逆行列の求め方>

2元・3元くらいの簡単な連立方程式の逆行列なら公式を使って求めることができます。多元の連立方程式では掃き出し法（sweep out method）がありますが，多元の逆行列を手計算で求めることは至難ですので，プログラムを組んでコンピュータで求めたり，表計算を利用します。

表Ⅱ-5-9　係数行列の逆行列

			0	1	2	3	4	5	6	7	8	9	10	11	12	13	14	15	16	17	18
		<逆行列>	面	床	床	床	床	床	床	内壁	内壁	内壁	天井	天井	天井	天井	天井	天井	窓	窓	壁
		1 床	0	1.021	0.016	0.014	0.012	0.011	0.009	0.025	0.032	0.034	0.034	0.042	0.059	0.086	0.117	0.128	0.010	0.014	0.167
		2 床		0.016	1.015	0.015	0.014	0.012	0.010	0.026	0.036	0.039	0.043	0.057	0.082	0.112	0.128	0.111	0.014	0.117	0.067
		3 床		0.014	0.015	1.016	0.016	0.015	0.013	0.031	0.047	0.049	0.062	0.084	0.113	0.127	0.111	0.079	0.013	0.013	0.042
		4 床		0.012	0.014	0.016	1.017	0.017	0.015	0.040	0.063	0.062	0.092	0.118	0.130	0.113	0.081	0.053	0.010	0.010	0.035
		5 床		0.010	0.012	0.015	0.017	1.018	0.018	0.066	0.083	0.070	0.126	0.136	0.117	0.083	0.055	0.037	0.009	0.008	0.031
		6 床		0.009	0.010	0.013	0.015	0.018	1.022	0.166	0.068	0.051	0.140	0.124	0.090	0.060	0.041	0.028	0.008	0.007	0.029
		7 内壁		0.010	0.010	0.012	0.016	0.026	0.066	1.023	0.019	0.018	0.045	0.071	0.065	0.053	0.042	0.032	0.010	0.011	0.054
		8 内壁		0.013	0.014	0.019	0.025	0.033	0.027	0.019	1.022	0.025	0.080	0.098	0.069	0.049	0.036	0.027	0.011	0.011	0.054
		9 内壁		0.014	0.016	0.020	0.025	0.028	0.022	0.018	0.025	1.044	0.226	0.080	0.042	0.029	0.023	0.017	0.011	0.011	0.051
		10 天井		0.010	0.012	0.018	0.026	0.036	0.040	0.032	0.057	1.161	1.049	0.030	0.022	0.018	0.014	0.011	0.004	0.006	0.031
		11 天井		0.012	0.016	0.024	0.034	0.039	0.035	0.050	0.070	0.057	0.030	1.027	0.023	0.020	0.016	0.012	0.004	0.006	0.034
		12 天井		0.017	0.023	0.032	0.037	0.033	0.026	0.047	0.049	0.030	0.022	0.023	1.022	0.020	0.018	0.014	0.005	0.007	0.040
		13 天井		0.025	0.032	0.036	0.032	0.024	0.017	0.038	0.035	0.021	0.018	0.020	0.020	1.020	0.019	0.015	0.006	0.010	0.048
		14 天井		0.033	0.036	0.032	0.023	0.016	0.012	0.030	0.026	0.016	0.014	0.016	0.018	0.019	1.019	0.017	0.011	0.014	0.050
		15 天井		0.037	0.032	0.023	0.015	0.011	0.008	0.019	0.012	0.011	0.012	0.014	0.015	0.017	0.019	1.031	0.011	0.011	0.030
		16 窓		0.020	0.027	0.025	0.021	0.017	0.015	0.050	0.054	0.029	0.028	0.032	0.043	0.078	0.218	1.009	0.006	0.021	
		17 窓		0.028	0.034	0.026	0.019	0.015	0.054	0.057	0.055	0.039	0.043	0.052	0.070	0.097	0.076	0.006	1.005	0.023	
		18 壁		0.067	0.027	0.017	0.014	0.012	0.012	0.054	0.054	0.051	0.044	0.048	0.056	0.067	0.070	0.042	0.004	0.005	1.027

<逆行列の検算>

　元の行列と逆行列には次の関係があります。

$$(A)(A)^{-1} = (E) \quad \cdots (6)$$

　または　$(A)^{-1}(A) = (E)$

(E) を単位行列といいます。単位行列は対角線がすべて"1"で，他は"0"になります。この単位行列によって逆行列が正しく求められたかを確認します。単位行列は，表計算の行列と行列の掛け算の関数　MMULT　を使って求めます。なお，係数行列と逆行列の掛け算に限って，掛ける順序を入れ替えても答えは同じです。

<逆行列の計算誤差>

コンピュータでは記憶できる桁数に制限があるため，桁落ちによる誤差が出ます。したがって，対角線上の値が正確に1にならなかったり，他の値が正確に0にならないことがあります。

求め方の手順

① 行列の積を求める範囲（AF52：AW69）を指定します。

② 表計算の数学関数から行列の積の関数 MMULT を選びます。

③ MMULT の画面で逆行列の範囲（F52：W69）と元の係数行列の範囲（F30：W47）を指定します。

④ MMULT の画面で「CTRL」キーと「SHIFT」キーを押しつつ，「OK」ボタンをクリックします。すると，

⑤ 表Ⅱ-5-10 の単位行列が作られます。

表Ⅱ-5-10　単位行列による逆行列の検算（部分）

			0	1	2	3	4	5	6	7	8	9
	<逆行列>	面 No		床	床	床	床	床	床	内壁	内壁	内壁
		1 床	1.000	0.000	0.000	0.000	0.000	0.000	0.000	0.000	0.000	0.000
		2 床	0.000	1.000	0.000	0.000	0.000	0.000	0.000	0.000	0.000	0.000
		3 床	0.000	0.000	1.000	0.000	0.000	0.000	0.000	0.000	0.000	0.000
		4 床	0.000	0.000	0.000	1.000	0.000	0.000	0.000	0.000	0.000	0.000
		5 床	0.000	0.000	0.000	0.000	1.000	0.000	0.000	0.000	0.000	0.000
		6 床	0.000	0.000	0.000	0.000	0.000	1.000	0.000	0.000	0.000	0.000
		7 内壁	0.000	0.000	0.000	0.000	0.000	0.000	1.000	0.000	0.000	0.000
		8 内壁	0.000	0.000	0.000	0.000	0.000	0.000	0.000	1.000	0.000	0.000
		9 内壁	0.000	0.000	0.000	0.000	0.000	0.000	0.000	0.000	1.000	0.000
		10 天井	0.000	0.000	0.000	0.000	0.000	0.000	0.000	0.000	0.000	1.000
		11 天井	0.000	0.000	0.000	0.000	0.000	0.000	0.000	0.000	0.000	0.000
		12 天井	0.000	0.000	0.000	0.000	0.000	0.000	0.000	0.000	0.000	0.000
		13 天井	0.000	0.000	0.000	0.000	0.000	0.000	0.000	0.000	0.000	0.000
		14 天井	0.000	0.000	0.000	0.000	0.000	0.000	0.000	0.000	0.000	0.000
		15 天井	0.000	0.000	0.000	0.000	0.000	0.000	0.000	0.000	0.000	0.000
		16 窓	0.000	0.000	0.000	0.000	0.000	0.000	0.000	0.000	0.000	0.000
		17 窓	0.000	0.000	0.000	0.000	0.000	0.000	0.000	0.000	0.000	0.000
		18 壁	0.000	0.000	0.000	0.000	0.000	0.000	0.000	0.000	0.000	0.000

＜直接昼光照度を求める＞

＜空の形態係数＞

直接昼光照度は

"天空照度×ガラスの透過率×窓への形態係数×空が見える比率"

として計算します。なお，空が見える比率ですが，図Ⅱ-5-17で確認しましょう。

視点の面から窓が上にあれば窓を介して見えるのは空です。

- 天井から空は見えません。よって天井から空の形態係数は $\Psi_S=0.0×\Psi_窓$
- 床からは窓を通じて見えるのは空だけです。よって，$\Psi_S=1.0×\Psi_窓$
- 面8の内壁から面16の窓を通じて空が見えます。よって，$\Psi_S=1.0×\Psi_窓$
  面8から面17の窓を通じて空が半分見えます。よって，$\Psi_S=0.5×\Psi_窓$
- 面9の内壁から面16の窓を通じて空が半分見えます。よって，$\Psi_S=0.5×\Psi_窓$
  面9から面17の窓を通じて空は見えません。よって，$\Psi_S=0.0×\Psi_窓$ です。

表Ⅱ-5-11では範囲（H76：I93）に空が見える比率（0.0, 0.5, 1.0）を定義しています。直接昼光照度の計算結果は範囲（F76：F93）に示されます。

視点より窓が下にあれば，窓を介して見えるのは地面です。

視点の面と窓の面が同じ高さであれば，窓を介して見えるのは空が半分，地面が半分です。

なお，窓と壁の高さがずれていると煩雑になるので，ここでは窓と内壁の高さを合わせるように面を分割しています。

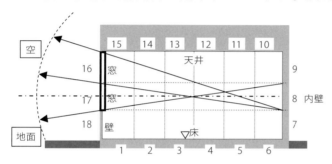

図Ⅱ-5-17 室内各面から空の見え方

＜直接昼光照度の計算式＞

表Ⅱ-5-11で面8（内壁）を例に説明しましょう。

表計算の計算式は

＝\$F\$72×\$F\$73
　×（U12×H79+V12×I79）

ここに，

\$F\$72：天空照度

\$F\$73：ガラスの透過率

U12とV12：内壁（面8）から見る窓（面16と面17）の形態係数 → 表Ⅱ-5-7

H79とI79：窓（面16と面17）を介して見る空の見え方の比率

表Ⅱ-5-11 定数行列（直接昼光照度）

	F83				fx	=F72*F73*(U12*H79+V12*I79)					
	A	B	C	D	E	F	G	H	I	J	K	L	M
71													
72		＜天空照度＞				15,000	lx						
73		＜ガラスの透過率＞				0.83	―						
74													
75		＜定数行列＞						対面16	対面17				
76		直接照度	1	床		1,568	lx	1.0	1.0				
77			2	床		2,357	lx	1.0	1.0				
78			3	床		1,800	lx	1.0	1.0				
79			4	床		1,267	lx	1.0	1.0				
80			5	床		902	lx	1.0	1.0				
81			6	床		663	lx	1.0	1.0				
82			7	内壁		1,873	lx	1.0	1.0				
83			8	内壁		1,505	lx	1.0	0.5				
84			9	内壁		515	lx	0.5	0.0				
85			10	天井		0	lx	0.0	0.0				
86			11	天井		0	lx	0.0	0.0				
87			12	天井		0	lx	0.0	0.0				
88			13	天井		0	lx	0.0	0.0				
89			14	天井		0	lx	0.0	0.0				
90			15	天井		0	lx	0.0	0.0				
91			16	窓		0	lx	0.0	0.0				
92			17	窓		0	lx	0.0	0.0				
93			18	窓		0	lx	0.0	0.0				

<各面の全昼光照度の解>

前項で，直接昼光照度が求まりました。いよいよ，これを与条件として相互の多重反射を含む全昼光照度を求めます。

行列による連立方程式の解は式(5)の $(X)=(A)^{-1}(C)$ でした。(X) が変数行列，$(A)^{-1}$ が逆行列，(C) が直接昼光照度の定数行列です。この式(5)の行列の掛け算によって相互の多重反射を含む各面の照度の解を求めます。表計算では行列の掛け算の関数 MMULT を使います。（実際の操作手順は→右欄）

表Ⅱ-5-12 で範囲（F97：F114）が連立方程式を解いて得られた多重反射を含んだ全昼光照度の結果です。範囲（G97：G114）は前表Ⅱ-5-11 と同じ直接昼光照度です。範囲（H97：H114）が全昼光照度から直接昼光照度を差し引いて得た間接昼光照度です。

また，範囲（K97：M114）は天空照度に対する各面の照度の比率である昼光率の結果です。

<行列の掛け算よる変数行列の求め方のまとめ>
① 変数行列を求める範囲（F97：F114）を選びます。
② 表計算の数学関数から行列の掛け算の MMULT を選びます。
③ MMULT の関数の画面で逆行列の範囲（F52：W69）を指定します。
④ 続いて，定数行列（直接昼光照度）の範囲（F76：F93）を指定します。
⑤「CTRL」キーと「SHIFT」キーを押しつつ「OK」ボタンをクリックします。
⑥ 表Ⅱ-5-12 で範囲（F97：F114）に変数行列の結果である各面の全昼光照度が得られます。

表Ⅱ-5-12 変数行列／照度と昼光率の計算結果

				F97			fx	{=MMULT(F52;W69,F76:F93)}			
	A	B	C	D	E	F	G	H	I	J	K	L	M
95													
96		<変数行列>				全照度	直接	間接			昼光率	直接	間接
97		反射照度		1 床		1,807	1,568	238	lx		12.0%	10.5%	1.6%
98		の結果		2 床		2,603	2,357	246	lx		17.4%	15.7%	1.6%
99				3 床		2,081	1,800	281	lx		13.9%	12.0%	1.9%
100				4 床		1,596	1,267	330	lx		10.6%	8.4%	2.2%
101				5 床		1,308	902	406	lx		8.7%	6.0%	2.7%
102				6 床		1,213	663	550	lx		8.1%	4.4%	3.7%
103				7 内壁		2,105	1,873	232	lx		14.0%	12.5%	1.5%
104				8 内壁		1,755	1,505	250	lx		11.7%	10.0%	1.7%
105				9 内壁		773	515	258	lx		5.2%	3.4%	1.7%
106				10 天井		398	0	398	lx		2.7%	0.0%	2.7%
107				11 天井		431	0	431	lx		2.9%	0.0%	2.9%
108				12 天井		411	0	411	lx		2.7%	0.0%	2.7%
109				13 天井		387	0	387	lx		2.6%	0.0%	2.6%
110				14 天井		350	0	350	lx		2.3%	0.0%	2.3%
111				15 天井		285	0	285	lx		1.9%	0.0%	1.9%
112				16 窓		395	0	395	lx		2.6%	0.0%	2.6%
113				17 窓		434	0	434	lx		2.9%	0.0%	2.9%
114				18 窓		445	0	445	lx		3.0%	0.0%	3.0%
115				平均		1,043	692	351	lx		7.0%	4.6%	2.3%

ここまでで，直接昼光照度と各面相互の多重反射による間接昼光照度が求まりました。

これまでの問題（問 5-4～問 5-9）と照合するために，次項では作業面の各点での昼光照度を求めてみましょう。

（3）各面の照度を既知として作業面の照度を求める

各面の昼光照度を既知として，作業面の A0〜A6 の各点の昼光照度を求め，更に昼光率を求めます。

＜作業面から見る室内各面の立体投射率＞

点 A2 の場合を示します。天井面 10 に対する立体投射率は，天井 13〜10 の立体投射率から天井 13〜11 の立体投射率を差し引いて得られます。また，窓 16 の立体投射率は，窓 16＋17 の立体投射率から窓 17 の立体投射率を差し引いて求めます。

内壁についても同様です。表Ⅱ-5-13 では範囲（M125：V131）で単独の立体投射率を求め，範囲（M134：V140）で差し引いた最終的な立体投射率を示しています。

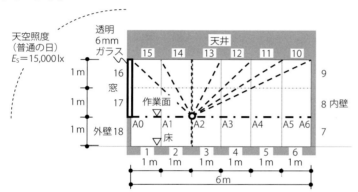

図Ⅱ-5-18　作業面から見る各面の立体投射率

＜表Ⅱ-5-13 の見方＞

例えば，A2 点の場合，上段のセル M127 で内壁 8 の立体投射率を求め，セル N127 で内壁 8＋9 の立体投射率を求めます。下段のセル M136 はセル M127 そのままの値（面 8）の立体投射率とし，セル N136 で N127－M127 として面 9 の立体投射率を求めています。

表Ⅱ-5-13　作業面から見る各面の立体投射率の計算結果

					N122			fx	=IF((M$121-$B125)=0,0,0.5*(1-1/SQRT(1+((M$122-$C125)/(M$121-$B125))^2)))												
	A	B	C	D	E	F	G	H	I	J	K	L	M	N	O	P	Q	R	S	T	U	V	W
119																							
120		【作業面の上の点の照度】																					
121		＜面の座標＞	X	0.0	1.0	2.0	3.0	4.0	5.0	6.0	6.0	6.0	6.0	6.0	5.0	4.0	3.0	3.0	2.0	1.0	0.0	0.0	0.0
122			Y	0.0	0.0	0.0	0.0	0.0	0.0	0.0	1.0	2.0	3.0	3.0	3.0	3.0	0.0	3.0	3.0	3.0	2.0	1.0	0.0
123				立体投射率＜平行＞								内壁	内壁	天井	天井	天井	天井	天井	天井	窓	窓	
124	X	Y					1	2	3	4	5	6	7	8	9	10	11	12	13	14	15	16	17	18
125	0.0	1.0		A0 机										0.007	0.026	0.474	0.464	0.447	0.416	0.354	0.224	0.500	0.500	
126	1.0	1.0		A1 机										0.010	0.036	0.464	0.447	0.416	0.354	0.224	0.000	0.276	0.146	
127	2.0	1.0		A2 机										0.015	0.053	0.447	0.416	0.354	0.224	0.000	−0.224	0.146	0.053	
128	3.0	1.0		A3 机										0.026	0.084	0.416	0.354	0.224	0.000	−0.224	−0.354	0.084	0.026	
129	4.0	1.0		A4 机										0.053	0.146	0.354	0.224	0.000	−0.224	−0.354	−0.416	0.053	0.015	
130	5.0	1.0		A5 机										0.146	0.276	0.224	0.000	−0.224	−0.354	−0.416	−0.447	0.036	0.010	
131	6.0	1.0		A6 机										0.500	0.500	0.000	−0.224	−0.354	−0.416	−0.447	−0.464	0.026	0.007	
132				立体投射率＜合成＞								内壁	内壁	天井	天井	天井	天井	天井	天井	窓	窓	
133							1	2	3	4	5	6	7	8	9	10	11	12	13	14	15	16	17	18
134				A0 机										0.007	0.019	0.010	0.017	0.031	0.062	0.130	0.224	0.000	0.500	
135				A1 机										0.010	0.026	0.017	0.031	0.062	0.130	0.224	0.224	0.130	0.146	
136				A2 机										0.015	0.038	0.031	0.062	0.130	0.224	0.224	0.130	0.094	0.053	
137				A3 机										0.026	0.058	0.062	0.130	0.224	0.224	0.130	0.062	0.058	0.026	
138				A4 机										0.053	0.094	0.130	0.224	0.224	0.130	0.062	0.031	0.038	0.015	
139				A5 机										0.146	0.130	0.224	0.224	0.130	0.062	0.031	0.017	0.026	0.010	
140				A6 机										0.500	0.000	0.224	0.130	0.062	0.031	0.017	0.010	0.019	0.007	

<作業面の昼光照度>

表Ⅱ-5-14 の範囲（F147：W153）に作業面の間接昼光照度の計算結果を示します。範囲（F160：H166）に全昼光率，直接昼光率，間接昼光率のまとめを示します。範囲（K160：M166）にそれぞれの昼光率を示します。

直接昼光照度は表計算で次式で求めました。

"各面の照度×各面の反射率×各面への立体投射率" です。

作業面の間接昼光率は 0.97～3.83％で，窓際が小さいのはガラスの反射率が低いためです。室奥の間接照度が高いのは内壁の反射率が高いためです。間接昼光率は平均すると 1.95％です。また，直接昼光率（平均 11.87％）に対しては 16％の比率です。

【補足】
表Ⅱ-5-14 の直接照度と直接昼光率は，表Ⅱ-5-4 の直接昼光照度・直接昼光率と同じです。

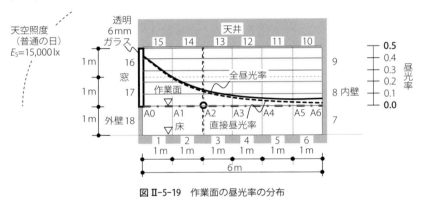

図Ⅱ-5-19 作業面の昼光率の分布

表Ⅱ-5-14 作業面の昼光照度

	A	B	C	D	E	F	G	H	I	J	K	L	M	N	O	P	Q	R	S	T	U	V	W
141																							
142													内壁	内壁	天井	天井	天井	天井	天井	天井	窓	窓	
143					面	1	2	3	4	5	6	7	8	9	10	11	12	13	14	15	16	17	18
144		<各面全照度>				1807	2603	2081	1596	1308	1213	2105	1755	773	398	431	411	387	350	285	395	434	445
145		<各面反射率>				0.20	0.20	0.20	0.20	0.20	0.20	0.50	0.50	0.50	0.70	0.70	0.70	0.70	0.70	0.70	0.10	0.10	0.50
146					点																		
147		<作業面上の			A0 机	0	0	0	0	0	0	0	6	7	3	5	9	17	32	45	0	22	0
148		間接照度>			A1 机	0	0	0	0	0	0	0	9	10	5	9	18	35	55	45	5	6	0
149					A2 机	0	0	0	0	0	0	0	13	15	9	19	37	61	55	26	4	2	0
150					A3 机	0	0	0	0	0	0	0	23	23	17	39	64	61	32	12	2	1	0
151					A4 机	0	0	0	0	0	0	0	46	36	36	67	64	35	15	6	1	1	0
152					A5 机	0	0	0	0	0	0	0	128	50	62	67	37	17	8	3	1	0	0
153					A6 机	0	0	0	0	0	0	0	439	0	62	39	18	9	8	4	2	1	0
154																							
155		<天空照度>				15,000	lx																
156		<ガラスの透過率>				0.83	—																
157																							
158		<作業面の点の照度>																					
159		X	Y		点	全照度	直接	間接			昼光率	直接	間接										
160		0.0	1.0		A0 机	6,370	6,225	145	lx		42.47%	41.50%	0.97%										
161		1.0	1.0		A1 机	3,638	3,441	197	lx		24.25%	22.94%	1.31%										
162		2.0	1.0		A2 机	2,063	1,823	240	lx		13.75%	12.16%	1.60%										
163		3.0	1.0		A3 机	1,320	1,045	274	lx		8.80%	6.97%	1.83%										
164		4.0	1.0		A4 机	967	657	309	lx		6.44%	4.38%	2.06%										
165		5.0	1.0		A5 机	820	445	375	lx		5.47%	2.97%	2.50%										
166		6.0	1.0		A6 机	893	319	574	lx		5.96%	2.13%	3.83%										
167					平均	2,073	1,781	293	lx		13.82%	11.87%	1.95%										

【補】 作業面切断公式による間接照度の簡易計算

前節では，連立方程式を使って相互反射による間接照度を求めました。下式は一般に知られている作業面切断公式です。作業面切断公式では，間接照度の分布は分かりませんが，簡易に平均値としての間接照度を求めることができます。

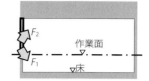
＜作業面で断面＞

＜作業面切断公式＞

作業面の間接照度 E_R $E_R = \dfrac{\phi_2(\phi_1 F_1 + F_2)}{A(1 - \phi_1 \phi_2)}$ …(i)

作業面より下部①の等価反射率 $\phi_1 = \dfrac{r_{m1} \cdot A}{S_1 - r_{m1}(S_1 - A)}$ …(ii)   (Ⅱ-5-14)

作業面より上部②の等価反射率 $\phi_2 = \dfrac{r_{m2} \cdot A}{S_2 - r_{m2}(S_2 - A)}$ …(iii)

ただし，　E_R：作業面での間接照度 [lx]
　　　　F_1, F_2：室の下部および上部に入る光束 [lm]
　　　　ϕ_1, ϕ_2：下部空間および上部空間の等価反射率 [－]
　　　　A：作業面の面積 [m²]
　　　　S_1, S_2：下部および上部空間の内表面積 [m²]
　　　　r_{m1}, r_{m2}：下部および上部空間の平均反射率 [－]

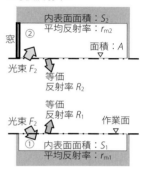
＜等価反射率＞

さて，これらの式(i)(ii)(iii)はどのようにして導かれたのかを考えてみましょう。右欄の図を見ながら説明します。なお，反射はすべて完全拡散とします。

①作業面で切断：室内を作業面より下部①と上部②の2つに分けます。下部①へ入射する光束を F_1，上部②へ入射する光束を F_2 とします。

②等価反射率：下部①と上部②それぞれで内部反射を考え，作業面に戻ってくる光束の割合を等価反射率 ϕ_1, ϕ_2 とします。

③相互反射：下部①と上部②とで作業面を介した相互反射を考えます。

・下部①に入った光束 F_1 が内部で反射されて出てくる光束は $\phi_1 F_1$ であり，これが上部②で反射されて下部①に戻ってくる光束は $(\phi_1 \phi_2) F_1$ です。これら下部①に入る光束は $(\phi_1 \phi_2) F_1, (\phi_1 \phi_2)^2 F_1, (\phi_1 \phi_2)^3 F_1$ ……です。

・同様に，上部②に入った光束 F_2 が内部で反射されて下部①に入ってくる光束は $\phi_2 F_2$ です。これが下部①で反射され，更に上部②で反射されて下部①に戻ってくる光束は $(\phi_1 \phi_2) \phi_2 F_2$ です。これら下部①に入る光束は
    $\phi_2 F_2, (\phi_1 \phi_2) \phi_2 F_2, (\phi_1 \phi_2)^2 \phi_2 F_2, (\phi_1 \phi_2)^3 \phi_2 F_2, (\phi_1 \phi_2)^4 \phi_2 F_2$ ……です。

これらの（直接成分を除いた）反射成分の光束の和 F_R は次のようになります。

$$F_R = (\phi_1 \phi_2) F_1 + (\phi_1 \phi_2)^2 F_1 + (\phi_1 \phi_2)^3 F_1 + (\phi_1 \phi_2)^4 F_1 + (\phi_1 \phi_2)^5 F_1 + \cdots \\ + \phi_2 F_2 + (\phi_1 \phi_2) \phi_2 F_2 + (\phi_1 \phi_2)^2 \phi_2 F_2 + (\phi_1 \phi_2)^3 \phi_2 F_2 + (\phi_1 \phi_2)^4 \phi_2 F_2 + \cdots$$

…(iv)

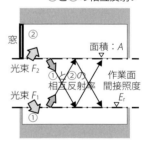
＜作業面を介しての
　　①と②の相互反射＞

式（ⅳ）を級数和で求めると次式になります。

$$F_R = \frac{\phi_1\phi_2 F_1}{1-\phi_1\phi_2} + \frac{\phi_2 F_2}{1-\phi_1\phi_2} = \frac{\phi_2(\phi_1 F_1 + F_2)}{1-\phi_1\phi_2} \quad \cdots(\text{ⅴ})$$

式（ⅴ）の F_R は光束［lm］ですから，これを作業面の面積 A［m²］で割ると，間接照度の式（ⅰ）

$$E_R = \frac{F_R}{A} = \frac{\phi_2(\phi_1 F_1 + F_2)}{A(1-\phi_1\phi_2)} \quad \text{が得られます．}$$

<等比級数の和の求め方>
初項が T，公比が $a<1$ の級数の和は
$$S = T + aT + a^2 T + a^3 T + \cdots \quad (\text{イ})$$
両辺に公比 a を乗じると，
$$aS = aT + a^2 T + a^3 T + a^4 T + \cdots \quad (\text{ロ})$$
（イ）-（ロ）　$(1-a)S = T$
$$\therefore \quad S = \frac{T}{1-a}$$

<等価反射率>

内部①に入った光束 F_1 のうち，内面での多重反射を経て作業面から出てくる光束 F_A の割合が等価反射率 ϕ_1 です．ところで，等価反射率 ϕ_1 および ϕ_2 はどのようにして求めるのでしょうか．下部①を例に考えてみましょう．

① 条件整理：下部①に入る光束を F_1，内表面の面積を S_1，内表面の平均反射率を r_{m1}，また，内表面から見る内表面自身の形態係数を $\Psi_{1,1}$ とします．

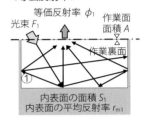

② 内表面の照度 E_{m1}：内表面の照度 E_{m1} は外部からの直接照度 F_1/S_1 と内表面自身の相互反射による間接照度 $E_{m1}\cdot\Psi_{1,1}\cdot r_{m1}$ との和になります．

よって，内表面の照度 E_{m1} は
$$E_{m1} = E_{m1}\cdot\Psi_{1,1}\cdot r_{m1} + F_1/S_1 \quad \cdots(\text{ⅵ})$$

式（ⅵ）を照度 E_{m1} について解くと
$$E_{m1} = \frac{F_1/S_1}{1-\Psi_{1,1}\cdot r_{m1}} \quad \cdots(\text{ⅶ})$$

③ 内表面の反射により作業裏面が受ける照度 E_A は　$E_A = E_{m1}\cdot\Psi_{A,1}\cdot r_{m1}$　$\cdots(\text{ⅷ})$

$\Psi_{A,1}$ は作業裏面から見る内部の形態係数です．

④ 等価反射率 ϕ_1：照度 E_A に作業裏面の面積 A を乗じると光束 F_A になります．

$$F_A = E_A\cdot A = E_{m1}\cdot\Psi_{A,1}\cdot r_{m1}\cdot A = \frac{F_1\cdot\Psi_{A,1}\cdot r_{m1}\cdot A/S_1}{1-\Psi_{1,1}\cdot r_{m1}} \quad \cdots(\text{ⅸ})$$

作業裏面の反射率はゼロですから，この光束 F_A は下部①から出ていく成分です．この光束 F_A と最初の光束 F_1 との比率が等価反射率 ϕ_1 になります．

すなわち，等価反射率 ϕ_1 は
$$\phi_1 = F_A/F_1 = \frac{\Psi_{A,1}\cdot r_{m1}\cdot A/S_1}{1-\Psi_{1,1}\cdot r_{m1}} \quad \cdots(\text{ⅹ})$$

⑤ 形態係数：下部①の形態係数は相反定理により　$\Psi_{1,A}\cdot S_1 = \Psi_{A,1}\cdot A$　$\cdots(\text{ⅺ})$

$\Psi_{1,A}$ は内部から見る作業裏面の形態係数です．

$\Psi_{A,1}$ は作業裏面から見る内部への形態係数で，見えるのは下部①の内部だけです．

故に，　　　　　　　　　　　　　　　　　$\Psi_{A,1} = 1$　　　　　$\cdots(\text{ⅻ})$

故に，　$\Psi_{1,A}\cdot S_1 = A$　　故に，式（ⅺ）は　　$\Psi_{1,A} = A/S_1$

内面の形態係数は $\Psi_{1,1} + \Psi_{1,A} = 1$ である故に　　$\Psi_{1,1} = 1-\Psi_{1,A} = 1-A/S_1$ $\cdots(\text{xiii})$

⑥ 等価反射率 ϕ_1：式（ⅹ）に（ⅻ）（xiii）を代入すると式（ⅱ）が得られます．

$$\phi_1 = \frac{\Psi_{A,1}\cdot r_{m1}\cdot A/S_1}{1-\Psi_{1,1}\cdot r_{m1}} = \frac{r_{m1}\cdot A/S_1}{1-(1-A/S_1)\cdot r_{m1}} = \frac{r_{m1}\cdot A}{S_1 - r_{m1}(S_1 - A)} \quad \cdots(\text{ⅱ})\text{再掲}$$

⑦ 上部についても同様にして式（ⅲ）が得られます．

$$\phi_2 = \frac{r_{m2}\cdot A}{S_2 - r_{m2}(S_2 - A)} \quad \cdots(\text{ⅲ})\text{再掲}$$

【問 5-14】 作業面切断公式を使って，図 II-5-18 の間接昼光照度および間接昼光率を求めなさい。

【解 5-14】

手順 1：室を作業面で上部②と下部①に分割する。

　　作業面の面積　　　$A = 6 \text{ m}^2$
　　上部②の内表面積　$S_2 = 10 \text{ m}^2$
　　上部②の内表面積　$S_1 = 8 \text{ m}^2$

手順 2：内表面の平均反射率

　　上部②　　$r_{m2} = (0.5 \times 2 + 0.7 \times 6 + 0.1 \times 2) \div 10 = 0.540$
　　下部①　　$r_{m1} = (0.5 + 0.2 \times 6 + 0.5) \div 8 = 0.275$

手順 3：等価反射率

　　上部②　　$\phi_2 = \dfrac{r_{m2} \cdot A}{S_2 - r_{m2}(S_2 - A)} = \dfrac{0.540 \times 6}{10 - 0.540 \times (10 - 6)} \fallingdotseq 0.4133$

　　下部①　　$\phi_1 = \dfrac{r_{m1} \cdot A}{S_1 - r_{m1}(S_1 - A)} = \dfrac{0.275 \times 6}{8 - 0.275 \times (8 - 6)} \fallingdotseq 0.2215$

手順 4：作業面への入力光束

　　上部②　　$F_1 = E_S \times \tau_G \times \Psi'_{2,S} \times A'_2$
　　　　　　　$= 15{,}000 \times 0.83 \times 0.081 \times 2 \fallingdotseq 2{,}017$

　　下部①　　$F_1 = E_S \times \tau_G \times \Psi_{1,S} \times A_1$
　　　　　　　$= 15{,}000 \times 0.83 \times 0.140 \times 6 \fallingdotseq 10{,}458$

　　ただし　　E_S：天空照度　　　$= 15{,}000$ [lx]
　　　　　　　τ_G：ガラスの透過率 $= 0.83$ [−]
　　　　　　　$\Psi'_{2,S}, \Psi_{1,S}$：上部および下部から見る空の形態係数 [−]
　　　　　　　A'_2, A_1：上部および下部の受光面積 [m^2]

手順 5：作業面の間接照度　$E_R = \dfrac{\phi_2(\phi_1 F_1 + F_2)}{A(1 - \phi_1 \phi_2)}$

　　　　　　　　　　　　　$= \dfrac{0.4133 \times (0.2215 \times 10{,}458 + 2{,}017)}{6 \times (1 - 0.4133 \times 0.2215)} \fallingdotseq 329$

　　作業面の間接昼光率　$D_R = \dfrac{E_R}{E_S} = \dfrac{329}{15{,}000} = 0.022 = 2.2\%$

断面切断公式では分布は求めることはできませんが，多重反射を考慮した間接昼光照度や間接昼光率の平均値を容易に求めることができます。

なお，精解値は表 II-5-14 の $D_R = 1.95\%$ です。誤差は $2.2\% - 1.95\% = 0.25\%$ ですが，実用的に問題無い範囲です。

＜平均反射率 r_{m2}, r_{m1}＞

室内各面の反射率は 5-2 節のモデル室と同じで，床が 0.2，壁が 0.5，天井が 0.7，窓ガラスが 0.1 です。各部位の寸法は図 II-5-19 に示す通りです。

これより左記の r_{m2}, r_{m1} の値を得ます。

＜作業面への入力光束 F_2, F_1＞

上部②：模式図のように F_2 は作業面の下部から入るのではなく，窓と対面の内壁に入ります。対面の内壁から見る窓の形態係数は

$$\Psi_{2,\text{窓}} = \dfrac{\sqrt{2^2 + 6^2} - 6}{2} \fallingdotseq 0.162$$

内壁からは空が半分，地面が半分見えるので空の形態係数は

　$\Psi_{2,\text{空}} = \Psi_{2,\text{窓}} \times 0.5 = 0.081$

です。受照面の内壁の面積は $A'_2 = 2$ です。

下部①：F_1 は作業面で受けると考えればよく，作業面から見る窓の形態係数は

$$\Psi_{1,\text{窓}} = \dfrac{(2 + 6 - 0 - \sqrt{2^2 + 6^2})}{2 \times 6}$$
$$\fallingdotseq 0.140$$

です。受照面の内壁の面積は $A_1 = 6$ です。

表Ⅱ-5-15 各種材料の反射率

	材料	反射率
正反射材料	銀面	0.93
	アルミ電極研磨面	0.90〜0.95
	水銀，アルミ	0.70〜0.75
	金，クローム	0.60〜0.70
	銅，鋼，タングステン	0.50〜0.60
	すず箔，銀箔，アルミ箔	0.20〜0.30
	ガラス鏡面	0.80〜0.85
	透明ガラス	0.10〜0.12
	水面	0.02
金属・ガラス	炭酸マグネシウム	0.98
	硫酸バリウム	0.93
	酸化アルミ	0.80〜0.85
	アルミラッカー	0.60〜0.70
	つや消しアルミ	0.60〜0.80
	粗面クローム	0.50〜0.60
	亜鉛鉄板	0.30〜0.40
	乳色ガラス	0.60〜0.70
	すりガラス・板ガラス	0.15〜0.25
塗装	白色ペイント・エナメル	0.70〜0.85
	淡色ペイント一般	0.30〜0.70
	濃色ペイント一般	0.15〜0.40
紙・布類	白紙（奉書）	0.85〜0.91
	白紙（ケント紙）	0.70〜0.80
	黒紙	0.05〜0.10
	新聞紙	0.40〜0.50
	淡色壁紙・襖紙一般	0.40〜0.70
	濃色壁紙・襖紙一般	0.20〜0.40
	白布（フランネル）	0.60〜0.70
	白布（木綿・麻）	0.40〜0.70
	淡色カーテン	0.30〜0.50

	材料	反射率
木部	桐（新）	0.65〜0.75
	檜（新）	0.55〜0.65
	杉（新）	0.30〜0.50
	杉赤目板（新）	0.25〜0.35
	クリヤラッカー明色仕上面	0.40〜0.60
	色付ラッカー，ニス	0.20〜0.40
	外壁板張（新）	0.40〜0.55
	外壁板張（古）	0.10〜0.30
壁材	白壁一般	0.55〜0.75
	白漆喰壁（新）	0.75〜0.85
	黄大津壁	0.70〜0.75
	茶大津壁・淡色壁一般	0.40〜0.60
	和風砂壁（茶ほか淡色）	0.20〜0.40
	和風砂壁（緑ほか濃色）	0.05〜0.15
	濃色壁一般	0.15〜0.25
石材	白色タイル	0.70〜0.80
	淡色タイル	0.50〜0.70
	濃色タイル	0.10〜0.20
	白色大理石	0.50〜0.60
	淡色人造石	0.30〜0.50
	淡色煉瓦（新）	0.30〜0.40
	赤色煉瓦（新）	0.25〜0.35
	赤色煉瓦（古）	0.05〜0.10
	石材一般	0.25〜0.50
	コンクリート，セメント	0.20〜0.30
床材	畳（新）	0.50〜0.60
	淡色ビニルタイル・アスタイル	0.40〜0.70
	濃色ビニルタイル・アスタイル	0.10〜0.20
地表	砂利，コンクリート，縁石	0.15〜0.30
	アスファルト舗装	0.15〜0.20

表Ⅱ-5-16 マンセル明度および色彩拡散面の反射率（JIS Z 8721-1993）

明度	反射率	明度	反射率
10.0	1.00	6.0	0.29
9.5	0.88	5.5	0.24
9.0	0.77	5.0	0.19
8.5	0.67	4.5	0.15
8.0	0.58	4.0	0.12
7.5	0.49	3.0	0.06
7.0	0.42	2.0	0.03
6.5	0.35	1.0	0.01

色彩	反射率		
	明るい	平均	暗い
赤	0.35	0.20	0.10
茶	0.50	0.25	0.08
黄	0.70	0.50	0.30
ベージュ	0.65	0.45	0.25
緑	0.60	0.30	0.12
青	0.50	0.20	0.05
白	0.80	0.70	—
灰	0.60	0.35	0.20
黒	—	0.04	

6章　自然換気

本章では"自然換気"を取り上げます。
自然換気には3通りあります。
　　1）風力換気　　　：風の力によって換気をする。
　　2）モニター換気：ベンチュリー効果を利用して換気をする。
　　3）温度差換気　　：室内外の温度差による浮力を利用して換気をする。
本章ではこのうち1）風力換気と3）温度差換気を取り上げます。
換気については第Ⅰ編でも学びましたが，本章ではより高度な熱と換気の同時解析を最後に取り上げます。

6-1 換気に関する基本事項

（1）風圧と風圧係数および風圧の合成

＜風速と風圧＞

　風速 V_0 よる風圧 P_V は式（Ⅱ-6-1）で定義されます。風速の自乗に比例するということは，風速が2倍になると風圧は4倍，風速が3倍になると風圧は9倍になるということです。式で表すと

$$P_V = \frac{1}{2}\rho V_0^2 \qquad (Ⅱ\text{-}6\text{-}1)$$

　ここに，P_V：風圧［Pa］
　　　　　ρ：空気の密度［kg/m³］
　　　　　V_0：外部風速［m/s］

【補足】　単位の計算

　式（Ⅱ-6-1）の左辺と右辺の単位の整合性がとれているかを単位系の記号計算により確認します。
左辺の圧力 P_V の単位は［Pa］です。
右辺は，空気の密度 ρ の単位が $\left[\frac{\text{kg}}{\text{m}^3}\right]$ であり，外部風速 V_0 の単位は $\left[\frac{\text{m}}{\text{s}}\right]$ です。合成した $\frac{1}{2}\rho V_0^2$ の単位は $\left[\frac{\text{kg}}{\text{m}^3}\right] \times \left[\frac{\text{m}^2}{\text{s}^2}\right]$ です。これを単位の記号計算で変形していきます。

$$\left[\frac{\text{kg}}{\text{m}^3}\right] \times \left[\frac{\text{m}^2}{\text{s}^2}\right] = \left[\frac{\text{kg}\cdot\text{m}}{\text{m}^2\cdot\text{s}^2}\right] = \left[\frac{\text{kg}\cdot\text{m}}{\text{s}^2}\right] \times \left[\frac{1}{\text{m}^2}\right] = [\text{N}] \times \left[\frac{1}{\text{m}^2}\right] = \left[\frac{\text{N}}{\text{m}^2}\right] = [\text{Pa}]$$

ここで $\left[\frac{\text{kg}\cdot\text{m}}{\text{s}^2}\right]$ が"力"であり，これを $\left[\frac{\text{kg}\cdot\text{m}}{\text{s}^2}\right] = [\text{N}]$（ニュートン）で表します。
また，単位面積当たりの力 $\left[\frac{\text{N}}{\text{m}^2}\right]$ が圧力であり，これを $\left[\frac{\text{N}}{\text{m}^2}\right] = [\text{Pa}]$（パスカル）で表します。

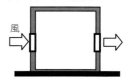

＜風の力による換気＞

＜内外温度差による換気＞

＜ベンチュリー効果を
　　利用した換気＞
イタリアの物理学者ベンチュリーに由来するもので，飛行機の「翼」の揚力に代表されます。

上図で建物上部の三日月型のモニターを風が乗り越える時，風速が上がります。これにより動圧が高まると同時に静圧が下がり，このため室内の空気が引き寄せられ換気が起こります。これをベンチュリー効果と言います。

＜建築環境工学と単位＞
建築環境工学や建築環境計画では実に多様な単位を扱います。
左記の単位計算は，式の意味を確認する上でも，また，式の間違いを発見する上でも有用な方法です。

<風圧係数>

図 II-6-1 は，建物にかかる風圧係数（wind pressure factor）です。

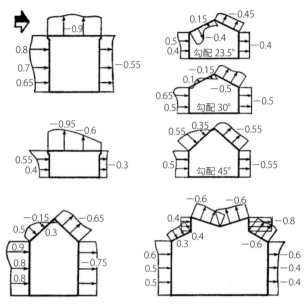

図 II-6-1 風圧係数（Brit. St. Code, Baturin）

先の式（II-6-1）は，例えば，何の障害物がない原っぱでの風圧です。これに対して風圧係数が $C=0.7$ とは，その 70% の圧力がかかるという意味です。風圧係数を使って建物にかかる風圧を次のように求めることができます。

$$P_\mathrm{V} = C \frac{1}{2} \rho V_0^2 \qquad (\text{II-6-2})$$

実際は建物が障害物となって風速が弱まるのですが，風速を補正するのではなく，風圧を補正するのに風圧係数を用います。

風圧係数は，風の向きと，建物の形状や位置によって変わります。右図の陸屋根の建物では，風上側は正圧，風下側が負圧，屋根も負圧です。
風上側に窓を開ければ風が入り，風下側に窓を開ければ風が出ていき，屋根に天窓を開ければ風が出ていくというわけです。なお，風圧と開口位置の関係から正圧でも風が出ていくこともあり，このことを本章で学んでいきます。

なお，当然のことですが，窓を一カ所だけ開けても風は通り抜けません。換気では"風の道"，つまり風が入り建物の中を通って出ていく経路と，必要な開口面積を確保しなければなりません。

<風圧係数>

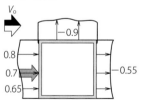

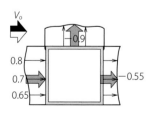

<風圧の合成>

　換気には"入"と"出"があり，換気を解くためには"入"と"出"を連立して解くのが基本ですが，単純な換気では，この"入"と"出"を一度に解くという方法があります。このために"入"と"出"を合成した風圧を求める必要があります。

　"入"と"出"のそれぞれの風圧係数を C_1, C_2 とすると，流入側の風圧は $P_{V1}=C_1 \frac{1}{2}\rho V_0^2$ であり，流出側の風圧は $P_{V2}=C_2 \frac{1}{2}\rho V_0^2$ となります。2つの風圧を合成した風圧は次のようになります。

$$P_V = (C_1 - C_2)\frac{1}{2}\rho V_0^2 \qquad (\text{II-6-3})$$

風圧係数は"入"を正圧（プラス圧），"出"を負圧（マイナス圧）で定義し，合成する風圧係数は (C_1-C_2) のように差引になります。

【問6-1】 図II-6-2に示す2つのケースを合成した場合の風圧を求めなさい。

【解6-1】 風速や空気密度は共通として，風圧係数のみを合成します。
　（左）のケースでは，①の開口の風圧係数が $C_1=0.7$，②の開口の風圧係数は $C_2=-0.55$ です。よって，合成した風圧 P_V は

$$P_V = (C_1-C_2)\frac{1}{2}\rho V_0^2 = (0.7-(-0.55))\times\frac{1}{2}\rho V_0^2 = 1.25\times\frac{1}{2}\rho V_0^2$$

　（右）のケースでは，①の開口の風圧ケースが $C_1=0.8$，②の開口の風圧ケースは $C_2=0.65$ です。よって，合成した風圧 P_V は

$$P_V = (C_1-C_2)\frac{1}{2}\rho V_0^2 = (0.8-0.65)\times\frac{1}{2}\rho V_0^2 = 0.15\times\frac{1}{2}\rho V_0^2$$

（左）のケースは風上側で押し込み，風下側で引き出す相乗効果で，合成した風圧は元の風圧よりも大きな風圧が働きます。（右）は2つの開口がどちらも風上側にあり互いに押し合い風圧が相殺されます。

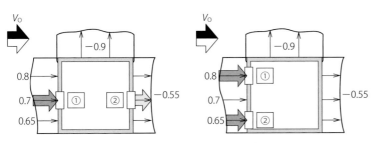

図II-6-2　風圧係数と風圧の合成

（2）流量係数と開口の合成

＜開口の抵抗＞

開口に風が流れるとそこに抵抗が生じます。抵抗の式は，

$$R = \xi \frac{1}{2} \rho V_W^2 \quad (\text{II-6-4})$$

ここに　R　：通過抵抗（＝圧力損失）[Pa]

　　　　ρ　：空気の密度（比重）[kg/m³]

　　　　V_W：通過風速 [m/s]

　　　　ξ　：圧力損失係数（ξ＝クサイ）[―]

式（II-6-4）の通過抵抗 R と式（II-6-2）の風圧 P_v はどちらも風速の2乗に比例する点が同じです。また，圧力損失係数 ξ は風が開口を通過する時の抵抗の割合を表すもので，開口の種類や形状によって決まる値です。

＜開口と通過抵抗＞

開口面積 A
通過風速 V_W
通過抵抗 R

＜流量係数：flow coefficient＞

開口面積を A[m²]，通過風量を G[m³/s] とすると，通過風速 V_W[m/s] は，

$$V_W = \frac{G}{A} \quad (\text{II-6-5})$$

式（II-6-4）に式（II-6-5）の通過流速を代入すると　$R = \xi \frac{1}{2} \rho \frac{G^2}{A^2}$　となります。これを風量 G について解くと　$G = \frac{1}{\sqrt{\xi}} A \sqrt{\frac{2}{\rho} R}$　となります。

ここで，流量係数を $\alpha = 1/\sqrt{\xi}$ と定義すると次式が得られます。

$$G = \alpha A \sqrt{\frac{2}{\rho} R} \quad (\text{II-6-6})$$

ここに，α：流量係数　[―]

＜開口面積と通過風量と通過風速の関係＞

開口面積 A　　$A = \dfrac{G}{V_W}$

通過風量 G　　$G = A \cdot V_W$

通過風速 V_W　　$V_W = \dfrac{G}{A}$

実際の開口面積を A[m²] とすると，これに流量係数のかかった αA[m²] が有効開口面積になります。例えば，実際の面積が $A = 1$ m² で，流量係数が $\alpha = 0.7$ の窓の換気としての有効面積は $\alpha A = 0.7$ m² になります。

圧力損失係数 ξ を使ってもよいのですが，平方根があったり逆数があったりでやや煩雑です。流量係数 α のほうが分かりやすいので，本書では流量係数 α を使うことにします。

いろいろな開口の流量係数を表II-6-1に示します。

＜流量係数と有効開口面積＞

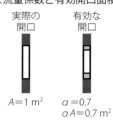

実際の開口　　有効な開口

$A = 1$ m²　　$\alpha = 0.7$
　　　　　　$\alpha A = 0.7$ m²

表Ⅱ-6-1 流量係数

名称	形状		α		適用
単純な窓			0.65〜0.7		一般開口
ベルマウス			0.97〜0.99		十分なめらかな吸入口 Fan eng. 5th Ed
ブラインド		θ=30° 50° 70° 90°	0.15〜0.30 0.35 0.4〜0.5 0.65〜0.8	0.25 0.45 0.65 0.7	左：斉藤 右：石原
格子 （有効面積に対し）	木製 木製 角棒 木製 丸棒		0.4 0.7 0.85		小林 斉藤 斉藤
防虫網 （有効面積に対し）	金網 金網 金網またはビニル網		0.75〜0.8 0.3〜0.4 0.65〜0.75		小林 斉藤 石原
パンチングメタル （有効面積に対し）	アルミ製 鉄製		0.25 0.65		小林

<開口の並列合成>

右の<開口1>の風上側には①₁と①₂の2つの開口があります。①₁は $α_{11}A_{11}$，①₂は $α_{12}A_{12}$ です。

風上側の①₁と①₂の開口から風が同時に入る場合の①₁と①₂の開口の合成は並列合成になります。

①₁と①₂のそれぞれの開口にかかる風圧が異なるとややこしいのですが，風圧が同じならば，この2つの開口を合成できます。並列合成するときは，単純な合計で次のようになります。

並列合成　$αA = α_{11}A_{11} + α_{12}A_{12}$ 　　　　　　　　　　　（Ⅱ-6-7）

窓を大きく開けると，当然のことながら有効開口面積が大きくなり，抵抗が減り，風が入りやすくなることを想像すれば理解しやすいでしょう。

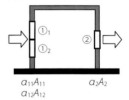

<開口1：並列合成>

【問6-2】 右の<開口1>の流入側2つの開口を $α_{11}A_{11} = α_{12}A_{12} = 0.7×10 = 7$ m² とします。2つ開口を並列合成した $(αA)_1$ [m²] を求めなさい。

【解6-2】 並列合成の式（Ⅱ-6-7）により

$αA = α_{11}A_{11} + α_{12}A_{12} = 7+7 = 14$ ［m²］　を得ます。

同じ大きさの並列開口ですから合成した値は，単純に2倍です。

<開口の直列合成>

風圧を合成したように，開口もまた合成できます。
右の＜開口2＞の開口①と開口②の場合は直列合成になります。

$$\text{直列合成} \quad \alpha A = \frac{1}{\sqrt{\frac{1}{(\alpha_1 A_1)^2} + \frac{1}{(\alpha_2 A_2)^2}}} \qquad (\text{II-6-8})$$

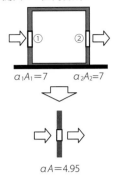

＜開口2：直列合成＞

$\alpha_1 A_1 = 7 \quad \alpha_2 A_2 = 7$

$\alpha A = 4.95$

2つの開口を通過する換気をあたかも1つの開口の換気であるかのように扱うことができ，問題を単純化できます。

【問6-3】 右の＜開口2＞の2つの開口を $\alpha_1 A_1 = \alpha_2 A_2 = 0.7 \times 10 = 7\ \text{m}^2$ とします。2つの開口を合成した $\alpha A\ [\text{m}^2]$ を求めなさい。

【解6-3】 式(II-6-8)に数値を代入して

$$\alpha A = \frac{1}{\sqrt{\frac{1}{(\alpha_1 A_1)^2} + \frac{1}{(\alpha_2 A_2)^2}}} = \frac{1}{\sqrt{\frac{1}{7^2} + \frac{1}{7^2}}} = 4.949747\cdots \fallingdotseq 4.95 \quad [\text{m}^2]$$

開口を直列合成すると抵抗が大きくなるので，合成した開口の αA の値は元の値よりも小さくなります。

【問6-4】 右の＜開口3＞の左の開口①は前問6-2で合成した $(\alpha A)_1$ です。この開口①と風下側の開口② ($\alpha_2 A_2 = 0.7 \times 10 = 7$ とします) を合成した αA を求めなさい。

【解6-4】 今度は，直列合成ですから，式(II-6-8)により

$$\alpha A = \frac{1}{\sqrt{\frac{1}{(\alpha A)_1^2} + \frac{1}{(\alpha_2 A_2)^2}}} = \frac{1}{\sqrt{\frac{1}{14^2} + \frac{1}{7^2}}} = 6.26099\cdots \fallingdotseq 6.26 \quad [\text{m}^2]$$

を得ます。

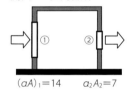

＜開口3：直列合成＞

$(\alpha A)_1 = 14 \quad \alpha_2 A_2 = 7$

【問6-5】 右の＜開口4＞は室内にも開口抵抗がある場合です。①②③の3つの開口は同じで，$\alpha_1 A_1 = \alpha_2 A_2 = \alpha_3 A_3 = 0.7 \times 10 = 7\ \text{m}^2$ とします。3つの開口を合成した $\alpha A\ [\text{m}^2]$ を求めなさい。

【解6-5】 直列合成ですが，式(II-6-8)を応用して，

$$\alpha A = \frac{1}{\sqrt{\frac{1}{(\alpha_1 A_1)^2} + \frac{1}{(\alpha_2 A_2)^2} + \frac{1}{(\alpha_3 A_3)^2}}} = \frac{1}{\sqrt{\frac{1}{7^2} + \frac{1}{7^2} + \frac{1}{7^2}}}$$

$$= 4.04145\cdots \fallingdotseq 4.04$$

を得ます。

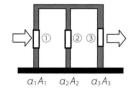

＜開口4：3つの直列合成＞

$\alpha_1 A_1 \quad \alpha_2 A_2 \quad \alpha_3 A_3$

初めに開口①と開口②を直列合成して，この結果に更に開口③を直列合成しても結果は同じです。

【問6-6】 右の<開口5>の2つの開口は,$\alpha_1 A_1 = \alpha_2 A_2 = 0.7 \times 20 = 14 \ m^2$ とします。2つを合成した $\alpha A \ [m^2]$ を求めなさい。

【解6-6】 直列合成ですから,

$$\alpha A = \frac{1}{\sqrt{\frac{1}{(\alpha_1 A_1)^2} + \frac{1}{(\alpha_2 A_2)^2}}} = \frac{1}{\sqrt{\frac{1}{14^2} + \frac{1}{14^2}}} = 9.89949\cdots ≒ 9.90$$

を得ます。

あるいは,<開口2>の開口が並列に2倍になったと考えて,

$$\alpha A = 4.95 \times 2 = 9.90 \ [m^2] \quad \text{としても同じです。}$$

<開口5:直列合成>

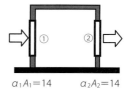

$\alpha_1 A_1 = 14 \qquad \alpha_2 A_2 = 14$

【問6-7】 前問の<開口5>では開口①と②は $\alpha_1 A_1 = \alpha_2 A_2 = 0.7 \times 20 = 14 \ m^2$ と同じ大きさでした。

右の<開口6>は,片方の風下側の開口④を $\alpha_4 A_4 = 0.7 \times 10 = 7 \ m^2$ と半分にしました。<開口5>の合成した αA と同じ大きさにするためには,<開口6>の風上側の開口③の $\alpha_3 A_3 \ [m^2]$ をいくらにすればよいでしょうか。

【解6-7】 開口③にいろいろな大きさを与えてみます。

$\alpha_3 A_3 = 0.7 \times 20 = 14 \ m^2$ として,直列合成すると $\alpha A = 6.26 \ m^2$
$\alpha_3 A_3 = 0.7 \times 30 = 21 \ m^2$ として,直列合成すると $\alpha A = 6.64 \ m^2$
$\alpha_3 A_3 = 0.7 \times 40 = 28 \ m^2$ として,直列合成すると $\alpha A = 6.79 \ m^2$
$\alpha_3 A_3 = 0.7 \times 50 = 35 \ m^2$ として,直列合成すると $\alpha A = 6.86 \ m^2$
$\alpha_3 A_3 = 0.7 \times 100 = 70 \ m^2$ として,直列合成すると $\alpha A = 6.96 \ m^2$

このように開口③を大きくしても,<開口5>の $\alpha A = 9.90 \ m^2$ になりません。開口③の大きさを究極の無限大の $\alpha_3 A_3 = \infty$ として直列合成しても最大で $\alpha A = 7 \ m^2$ です。小さい方の有効開口面積と同じです。これが限界です。

(解説1) <開口5>の1つの開口の抵抗を "1" とすると,開口が2つありますから,合計の抵抗は "2" です。

<開口6>の開口④は面積が半分ですから抵抗は "4" です。これだけで,<開口5>の合計抵抗 "2" の倍ありますから,<開口6>で開口③をいくら大きくしても<開口5>と同じ αA にすることはできません。

(解説2) 2つの開口を直列合成するとき,合成した開口の αA には上限があり,元の小さな方の開口の αA の値よりも大きくできません。

<開口6:直列合成>

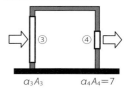

$\alpha_3 A_3 \qquad \alpha_4 A_4 = 7$

<開口の大きさのバランス>
左記の(解説)で述べたように,換気の"出"と"入"の開口に大小がある場合,小さな開口の方で全体の性能が決定づけられるということです。

例えば,北側の開口が小さいと,南側にいくら大きな開口を取っても,換気はうまく働きません。それよりも,北側の開口を少し大きくする方が効果があります。

例えば,【問6-7】で,
開口③ $\alpha_3 A_3 = 70 \ m^2$
開口④ $\alpha_4 A_4 = 7 \ m^2$
トータル $77 \ m^2$ でも
合成開口は $\alpha A = 6.96 \ m^2$
ですが,
開口④を少し広げて
開口③ $\alpha_3 A_3 = 14 \ m^2$ でも
開口④ $\alpha_4 A_4 = 9 \ m^2$
とすれば,トータル $23 \ m^2$ と小さくても,
合成開口は $\alpha A = 7.57 \ m^2$
と大きくなります。

6章 自然換気 149

＜補足＞開口の直列合成の式の導出

並列合成は　　$\alpha A = \alpha_1 A_1 + \alpha_2 A_2$　　と単純な足し算です。

直列合成は　　$\alpha A \neq \alpha_1 A_1 + \alpha_2 A_2$　　で単純な足し算ではできません。

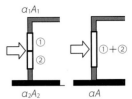

＜開口1：並列合成＞

直列合成は単純な足し算ではありません。
足し算ができるのは抵抗です。よって抵抗の式に戻して抵抗の足し算をして，最後に開口面積に逆算する，という手順をとります。この抵抗に戻すというのは，1-2節で示した「熱通過率」の求め方と原理的に同じです。

先の＜開口2＞を例に，直列合成の式（Ⅱ-6-8）を導出してみましょう。

風量の式（Ⅱ-6-6）は，風上側では　　$G = \alpha_1 A_1 \sqrt{\dfrac{2}{\rho} R_1}$　　　　　　(1)

　　　　　　　　　　　　　風下側では　　$G = \alpha_2 A_2 \sqrt{\dfrac{2}{\rho} R_2}$　　　　　　(2)

風量は流入と流出は同じです。
　抵抗は，単純合計で　　　　$R_{1+2} = R_1 + R_2$　　　　　　　　　　　　(3)

　仮に αA が合成できたとすると　　$G = \alpha A \sqrt{\dfrac{2}{\rho} R_{1+2}}$　　　　　　(4)

となります。

式(1)，式(2) を抵抗の式に変換すると，

$$R_1 = \dfrac{1}{(\alpha_1 A_1)^2} \times \dfrac{\rho G^2}{2} \tag{5}$$

$$R_2 = \dfrac{1}{(\alpha_2 A_2)^2} \times \dfrac{\rho G^2}{2} \tag{6}$$

式(5)＋式(6) を求めると

$$R_{1+2} = \left(\dfrac{1}{(\alpha_1 A_1)^2} + \dfrac{1}{(\alpha_2 A_2)^2} \right) \times \dfrac{\rho G^2}{2} \tag{7}$$

式(7) を風量の式に戻すと

$$G = \dfrac{1}{\sqrt{\dfrac{1}{(\alpha_1 A_1)^2} + \dfrac{1}{(\alpha_2 A_2)^2}}} \times \sqrt{\dfrac{2}{\rho} R_{1+2}} \tag{8}$$

式(4)と式(8)の関係から

$$\alpha A = \dfrac{1}{\sqrt{\dfrac{1}{(\alpha_1 A_1)^2} + \dfrac{1}{(\alpha_2 A_2)^2}}} \quad \text{（再掲 Ⅱ-6-8）}$$

を得ます。

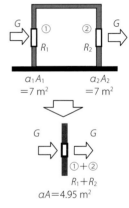

＜開口2：直列合成＞

$\alpha_1 A_1$ と $\alpha_2 A_2$ が同じ大きさならば，抵抗は足し算で2倍になります。
開口の大きさ αA と抵抗の平方根が反比例の関係にありますから，合成した開口の αA は元の

　　$\alpha_1 A_1$ の $\dfrac{\sqrt{2}}{2} = 0.707$ 倍

になります。

6-2 風力換気

（1）風力換気の原理／風圧と抵抗のバランス

　風圧があれば開口に風が流れ，風が流れると，そこに抵抗が生じます。この時の抵抗と風圧が等しくなるように換気が生じるのです。このことをもう少し詳しく見ていきましょう。

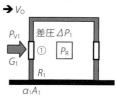

＜風力換気の原理＞
開口①での
　差圧 ΔP_1＝抵抗 R_1

①外部の風速 V_0 により開口①に，風圧 $P_{V1}=C_1\frac{1}{2}\rho V_0^2$ がかかります。室内の圧力 P_R との間に生じる差圧 $\Delta P_1=P_{V1}-P_R$ が換気の駆動力です。

②開口に風量 G_1 が流れるとそこに抵抗 $R_1=\frac{1}{2}\rho\frac{G_1^2}{(\alpha_1 A_1)^2}$ が生じます。

　なお，この抵抗は駆動力の差圧に等しく　$R_1=\Delta P_1$　です。

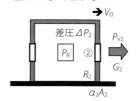

開口②での
　差圧 ΔP_2＝抵抗 R_2

③流出側の開口②でも同様のことが成立しており，次のようになります。

$$P_{V2}=C_2\frac{1}{2}\rho V_0^2, \quad \Delta P_2=P_R-P_{V2}, \quad R_2=\frac{1}{2}\rho\frac{G_2^2}{(\alpha_2 A_2)^2}, \quad R_2=\Delta P_2$$

④開口①と開口②の差圧を合成すると，

$$\Delta P_1+\Delta P_2=(P_{V1}-P_R)+(P_R-P_{V2})=P_{V1}-P_{V2}$$

となり，未知数の室内の圧力 P_R が消えます。換気の駆動力は式（Ⅱ-6-3）の合成した風圧 $P_{V1}-P_{V2}=P_V$ と同じです。

　すなわち　$P_V=(C_1-C_2)\frac{1}{2}\rho V_0^2=\Delta P_{1+2}$ 　　　　　　　　　　（1）

⑤開口①の風量 G_1 と開口②の流量 G_2 は同じです。

　　つまり，$G=G_1=G_2$ です。

⑥開口①と開口②の抵抗を合計すると，

$$R_1+R_2=\frac{1}{2}\rho\frac{G^2}{(\alpha_1 A_1)^2}+\frac{1}{2}\rho\frac{G^2}{(\alpha_2 A_2)^2}=\left(\frac{1}{(\alpha_1 A_1)^2}+\frac{1}{(\alpha_2 A_2)^2}\right)\frac{\rho G^2}{2} \quad (2)$$

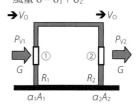

開口①＋開口②：全体の流れ
　差圧 $\Delta P=\Delta P_1+\Delta P_2$
　抵抗 $R_{1+2}=R_1+R_2$
　風量 $G=G_1+G_2$

$R_{1+2}=R_1+R_2$　として風量 G について解くと，

$$G=\frac{1}{\sqrt{\frac{1}{(\alpha_1 A_1)^2}+\frac{1}{(\alpha_2 A_2)^2}}}\times\sqrt{\frac{2}{\rho}R_{1+2}} \quad (3)$$

⑦式（3）を開口の直列合成の式（Ⅱ-6-8）で整理すると，

$$G=\alpha A\sqrt{\frac{2}{\rho}R_{1+2}} \quad \text{（再掲Ⅱ-6-6）が得られます。}$$

また，$R_{1+2}=R_1+R_2=\Delta P_1+\Delta P_2=P_V$　つまり，抵抗＝風圧ですから，

$$G=\alpha A\sqrt{\frac{2}{\rho}P_V} \quad\quad\quad\quad\quad\quad\quad\quad (\text{Ⅱ-6-9})$$

この式（Ⅱ-6-9）を一般に換気の式として使います。

合成した開口（①＋②）

6章　自然換気

（2）風力換気を解く

本項では，風力換気について問題を解きながら学びます。

【問 6-8】 基本問題： 右の＜換気 1＞の換気量を求めなさい。なお，風速は $V_0=3$ m/s，開口①と開口②はともに $\alpha_1 A_1 = \alpha_2 A_2 = 0.7 \times 10 = 7$ m²，空気の密度は $\rho = 1.2$ kg/m³ とします。

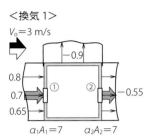

＜換気 1＞

【解 6-8】 まず合成風圧を求め，次に開口を合成し，最後に風量を求めます。風圧係数は，開口①が $C_1=0.7$，開口②が $C_2=-0.55$ です。よって式（Ⅱ-6-3）より合成した風圧 P_V は

$$P_V = (C_1 - C_2)\frac{1}{2}\rho V_0^2 = (0.7-(-0.55))\times\frac{1}{2}\times 1.2 \times 3^2 = 6.75 \text{ [Pa]}$$

直列合成した開口 αA は式（Ⅱ-6-8）より，

$$\alpha A = \frac{1}{\sqrt{\frac{1}{(\alpha_1 A_1)^2}+\frac{1}{(\alpha_2 A_2)^2}}} = \frac{1}{\sqrt{\frac{1}{7^2}+\frac{1}{7^2}}} \fallingdotseq 4.95 \text{ [m}^2\text{]}$$

よって換気量 G は式（Ⅱ-6-9）より，

$$G = \alpha A\sqrt{\frac{2}{\rho}P_V} = 4.95 \times \sqrt{\frac{2}{1.2}\times 6.75} \fallingdotseq 16.6 \text{[m}^3\text{/s]} \text{ を得ます。}$$

【問 6-9】 応用問題： 前問で，次のように条件を 1 つだけ変化させたとき，換気量は元の場合に対してのどのように変わるかを答えなさい。なお，計算結果だけ示すのではなく考え方のプロセスを示しなさい。

1）風速が 2 倍になったときの換気量
2）開口①と開口②の面積を共に 2 倍にした場合の換気量
3）同じ大きさの開口①の面積を 2 倍，開口②の面積を半分にした場合の換気量

【解 6-9】
1）風速が 2 倍になると風圧は 4 倍になります。ただし，風量は風圧の平方根で効きますから $\sqrt{4}=2$，よって風量は 2 倍になります。
2）流入・流出の開口面積を 2 倍にすることは並列合成と同じですから，風量は 2 倍になります。
3）元の開口①の抵抗を "1" とすると，開口が 2 つで "2" です。面積が 2 倍になると抵抗は "1/4"，面積を半分にすると抵抗は "4" です。合計抵抗は $1/4+4=17/4$，元の $(17/4)÷2=17/8$ です。換気量は抵抗の平方根の逆数に比例するので $1/\sqrt{17/8}\fallingdotseq 0.686$ 倍になります。

【問 6-10】 右の＜換気 2＞は，風上側の上下に開口をとっています。この換気量を求めなさい。なお，風速は $V_0=3$ m/s，開口①と開口②はともに $\alpha_1 A_1=\alpha_2 A_2=0.7\times 10=7$ m^2，空気の密度 $\rho=1.2$ kg/m^3 とします。

【解 6-10】 まず合成風圧を求め，次に開口を合成し，最後に風量を求めます。

風圧係数は，開口①が $C_1=0.8$，開口②が $C_2=0.65$ です。よって式（Ⅱ-6-3）より合成した風圧 P_V は

$$P_V=(C_1-C_2)\frac{1}{2}\rho V_0^2=(0.8-0.65)\times\frac{1}{2}\times 1.2\times 3^2=0.81 \quad [\text{Pa}]$$

直列合成した開口 αA は式（Ⅱ-6-8）より，

$$\alpha A=\frac{1}{\sqrt{\frac{1}{(\alpha_1 A_1)^2}+\frac{1}{(\alpha_2 A_2)^2}}}=\frac{1}{\sqrt{\frac{1}{7^2}+\frac{1}{7^2}}}\fallingdotseq 4.95 \quad [\text{m}^2]$$

よって換気量 G は式（Ⅱ-6-9）より，

$$G=\alpha A\sqrt{\frac{2}{\rho}P_V}=4.95\times\sqrt{\frac{2}{1.2}\times 0.81}\fallingdotseq 5.75 \quad [\text{m}^3/\text{s}] \text{ を得ます。}$$

開口①，②ともに風上側にあり正圧がかかりますが，より大きな風圧がかかる開口①から外気が入って，開口②から出ていきます。
同じ大きさの開口を持つ＜換気 1＞に比べ換気量は約 1/3 に減少します。

＜換気 2＞
$V_0=3$ m/s

$\alpha A_1=7$
$\alpha_2 A_2=7$

換気 1 では風上と風下に開口があるので大きな換気量 $G=16.6$ m^3/s を得ましたが，換気 2 では風上側のみ開口があるので小さな換気量 $G=5.75$ m^3/s しか得ることができません。

【問 6-11】 やや難問です。風圧や開口の合成が使えません。
右の＜換気 3＞は，風上側の上下に開口①と②，風下側に開口③の計 3 つの開口があります。開口①は $\alpha_1 A_1=0.7\times 20=14$ m^2 と大きく，開口②は $\alpha_2 A_2=0.7\times 10=7$ m^2 と小さく，風下側の開口は更に小さく $\alpha_3 A_3=0.7\times 5=3.5$ m^2 です。この 3 つの開口のそれぞれの換気量を求めなさい。なお，風速は $V_0=3$ m/s，空気の密度は $\rho=1.2$ kg/m^3 とします。

【解 6-11】 連立方程式を解析的に解くことは困難です。ここでは室内圧力 P_R を仮定して，各開口で内外圧力差から風量を求め，全体の流入風量を＋，流出風量－として，風量の和が徐々に 0 に近づくように反復計算をして解きます。まず，各開口での風圧を求めます。

＜風圧＞開口①の風圧　$P_{V1}=C_1\frac{1}{2}\rho V_0^2=0.8\times\frac{1}{2}\times 1.2\times 3^2=4.32$　[Pa]

　　　　開口②の風圧　$P_{V2}=C_2\frac{1}{2}\rho V_0^2=0.65\times\frac{1}{2}\times 1.2\times 3^2=3.51$　[Pa]

　　　　開口③の風圧　$P_{V3}=C_3\frac{1}{2}\rho V_0^2=-0.55\times\frac{1}{2}\times 1.2\times 3^2=-2.97$ [Pa]

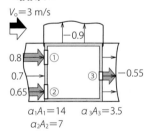

＜換気 3＞
$V_0=3$ m/s

$\alpha_1 A_1=14$　$\alpha_3 A_3=3.5$
$\alpha_2 A_2=7$

＜解く時のヒント＞
風上側が正圧，風下側が負圧ですが，風下側の開口③が小さいので，必ずしも風上から風下に流れるとは限りません。このような場合は，圧力の合成も開口の合成も使えません。
原理・原則に帰って，圧力と抵抗の関係で解いていきます。

6 章　自然換気　153

<第1仮定> 室内の相対的な圧力を$P_R=0$と仮定して，各開口での内外圧力差ΔPからそれぞれの開口を流れる風量G_1, G_2, G_3を求めます。

開口①　$\Delta P_1 = P_{V1} - P_R = 4.32$

$$G_1 = \alpha_1 A_1 \sqrt{\frac{2}{\rho}\Delta P_1} = 14 \times \sqrt{\frac{2}{1.2} \times 4.32} \fallingdotseq 37.57$$

開口②　$\Delta P_2 = P_{V2} - P_R = 3.51$

$$G_2 = \alpha_2 A_2 \sqrt{\frac{2}{\rho}\Delta P_2} = 7 \times \sqrt{\frac{2}{1.2} \times 3.51} \fallingdotseq 16.93$$

開口③　$\Delta P_3 = P_{V3} - P_R = -2.97$

$$G_3 = -\alpha_3 A_3 \sqrt{\frac{2}{\rho}\Delta P_3} = 3.5 \times \sqrt{\frac{2}{1.2} \times 2.97} \fallingdotseq -7.79$$

風量の合計　$\sum G = G_1 + G_2 + G_3 = 37.57 + 16.93 - 7.79 = 46.71$

流入風量が過多の結果となりました。

<第2仮定> 流入風量が大きいので室内圧を高めます。第2仮定は，室内圧力を開口②と同じ圧力$P_R=3.51$と仮定して風量G_1, G_2, G_3を求めます。

開口①　$\Delta P_1 = 4.32 - 3.51 = 0.81$　　$G_1 = 14 \times \sqrt{\frac{2}{1.2} \times 0.81} \fallingdotseq 16.27$

開口②　$\Delta P_2 = 3.51 - 3.51 = 0$　　$G_2 = 7 \times \sqrt{\frac{2}{1.2} \times 0} = 0$

開口③　$\Delta P_3 = -2.97 - 3.51 = -6.48$　　$G_3 = -3.5 \times \sqrt{\frac{2}{1.2} \times 6.48} \fallingdotseq -11.50$

風量の合計　$\sum G = G_1 + G_2 + G_3 = 16.27 + 0 - 11.50 = 4.76$

<第3仮定> 流入風量がまだ大きいので室内圧を高めます。第3仮定は，第1仮定と第2仮定の室内圧力と風量の関係から右欄の直線補間により室内圧力を仮定することにします。すなわち

$$P_R = (P_{R(1)} \times \sum G_{(2)} - P_{R(2)} \times \sum G_{(1)}) / (\sum G_{(2)} - \sum G_{(1)})$$
$$= (0 \times 4.76 - 3.51 \times 46.71) / (4.76 - 46.71) = 3.909$$

第3仮定$P_R = 3.909$と仮定して，風量G_1, G_2, G_3を求めます。

開口①　$\Delta P_1 = 4.32 - 3.909 = 0.411$　　$G_1 = 14 \times \sqrt{\frac{2}{1.2} \times 0.411} \fallingdotseq 11.59$

開口②　$\Delta P_2 = 3.51 - 3.909 = -0.399$　　$G_2 = -7 \times \sqrt{\frac{2}{1.2} \times 0.399} \fallingdotseq -5.71$

開口③　$\Delta P_3 = -2.97 - 3.909 = -6.879$　　$G_3 = -3.5 \times \sqrt{\frac{2}{1.2} \times 6.879} \fallingdotseq -11.85$

風量の合計　$\sum G = G_1 + G_2 + G_3 = 11.59 - 5.71 - 11.85 = -5.97$

<風量の符号>

換気3では，どこから流入してどこから流出するかが未知です。よって室内圧力を未知数とし，室内圧力を基準とする差圧が正の時は室内へ流入します。この場合の風量を正とします。

一方，差圧が負の時は，屋外へ流出します。この時の風量を負とします。

<反復法での室内圧力の修正の仕方>

条件を修正しながら徐々に正解に近づける方法を反復法といいます。反復法にはニュートン法，ヤコビアンなど色々な方法があります。

この問題のように上限（開口①の圧力46.71）と下限（圧力ゼロ）が分かっている場合は，上限と下限から幅を半分ずつ狭めていく二分法があります。二分法は単純で分かりやすい方法です。

ここでは，圧力と風量に比例して補正する変則的な方法を採用しました。結果としては早く収束解が得られました。

<室内圧力の第3仮定>

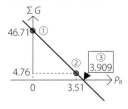

＜第4仮定＞ 第4仮定は，第3仮定と第2仮定の室内圧力と風量の関係から右欄の直線補間により室内圧力を仮定することにします。すなわち

$$P_R = (P_{R(2)} \times \Sigma G_{(3)} - P_{R(3)} \times \Sigma G_{(2)})/(\Sigma G_{(3)} - \Sigma G_{(2)})$$
$$= (3.51 \times (-5.97) - 3.909 \times 4.76)/(-5.97 - 4.76) = 3.687$$

第4仮定 $P_R = 3.687$ と仮定して風量 G_1, G_2, G_3 を求めます。

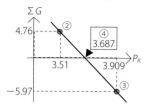

＜室内圧力の第4仮定＞

開口① $\Delta P_1 = 4.32 - 3.687 = 0.633$ $G_1 = 14 \times \sqrt{\dfrac{2}{1.2} \times 0.633} \fallingdotseq 14.38$

開口② $\Delta P_2 = 3.51 - 3.687 = -0.177$ $G_2 = -7 \times \sqrt{\dfrac{2}{1.2} \times 0.177} \fallingdotseq -3.80$

開口③ $\Delta P_3 = -2.97 - 3.687 = -6.657$ $G_3 = -3.5 \times \sqrt{\dfrac{2}{1.2} \times 6.657} \fallingdotseq -11.66$

風量の合計 $\Sigma G = G_1 + G_2 + G_3 = 14.38 - 3.80 - 11.66 = -1.08$

＜第5仮定＞ 第5仮定は，第4仮定と第3仮定の室内圧力と風量の関係から右欄の直線補間により室内圧力を仮定することにします。すなわち

$$P_R = (P_{R(3)} \times \Sigma G_{(4)} - P_{R(4)} \times \Sigma G_{(3)})/(\Sigma G_{(4)} - \Sigma G_{(3)})$$
$$= (3.909 \times (-1.08) - 3.687 \times (-5.97))/(-1.08 - (-5.97)) = 3.638$$

第5仮定 $P_R = 3.638$ と仮定して風量 G_1, G_2, G_3 を求めます。

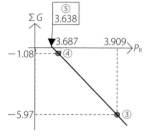

＜室内圧力の第5仮定＞

開口① $\Delta P_1 = 4.32 - 3.638 = 0.682$ $G_1 = 14 \times \sqrt{\dfrac{2}{1.2} \times 0.682} \fallingdotseq 14.93$

開口② $\Delta P_2 = 3.51 - 3.638 = -0.128$ $G_2 = -7 \times \sqrt{\dfrac{2}{1.2} \times 0.128} \fallingdotseq -3.23$

開口③ $\Delta P_3 = -2.97 - 3.638 = -6.608$ $G_3 = -3.5 \times \sqrt{\dfrac{2}{1.2} \times 6.608} \fallingdotseq -11.62$

風量の合計 $\Sigma G = G_1 + G_2 + G_3 = 14.93 - 3.23 - 11.62 = 0.08$

＜結果＞ 流入出の風量の和がわずか $0.08 \text{ m}^3/\text{s}$ で，流入風量に対する誤差が $0.08/14.93 = 0.0054 = 0.54\%$ と小さくなったので，概ね平衡であるとみなし，計算を打ち切ることにします。結果は，

開口①から $G_1 = 14.93 \text{ m}^3/\text{s}$ の流入

開口②から $G_2 = -3.23 \text{ m}^3/\text{s}$ の流出

開口③から $G_3 = -11.62 \text{ m}^3/\text{s}$ の流出

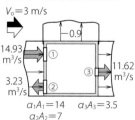

＜流入・流出風量の結果＞

風下側の開口③が小さいため，開口①から流入した空気は，風下側の開口③だけでなく，風上側の正圧がかかっている開口②からも流出することが分かりました。

6-3 温度差換気

内外に温度差がある場合に，空気の密度差から浮力が生じ，これによって引き起こされる換気が温度差換気です。本節では，浮力を利用した温度差換気について学びます。

右の熱気球では，球内の空気を暖めることで球内の空気密度が低くなり（軽くなり），軽くなった空気の浮力を利用して熱気球を上昇させます。建物でも，室内外に温度差があると浮力が生じます。しかし，建物は重いので熱気球のように上昇することは出来ません。代わりに，建物の上部に開口を開けると，ここから暖かい室内の空気が流出し，建物の下部に開口を開けると，ここから冷たい外の空気が流入します。この流入と流出が換気です。工場で見られる煙突も浮力を利用したものです。浮力の大きさは流入口と流出口の高低差に比例するので，工場では高い煙突を建てて排気を促しているのです。

<熱気球>

<高い煙突>

（1）空気密度と浮力

風圧で生じる換気が風力換気であり，浮力によって生じる換気が温度差換気ですが，風圧か浮力かの違いだけであり，換気の原理は共通です。本節では，温度差換気を起こす浮力について学びます。

<空気の密度>

湿り空気の密度は $\quad \rho = \dfrac{(R + x \cdot R_w) T}{P}$ 　　　　　　（Ⅱ-6-10）

ここに　ρ ：　湿り空気の密度　[kg/m³]

　　　　T ：　絶対温度　[K]
　　　　　　　摂氏 t ℃とすると，$T = 273.15 + t$　[K]

　　　　P ：　大気圧（＝101.325）　[Pa]

　　　　R ：　乾き空気の気体定数（＝0.28706）　[kJ/(kg·K)]

　　　　R_w ：　水蒸気の気体定数（＝0.46152）　[kJ/(kg·K)]

　　　　x ：　絶対湿度　[kg/kg′]

水蒸気のことを考えると非常に複雑になります。なお，水蒸気の影響は小さいので以下では無視することとします。
例えば，30℃，50％の湿り空気で絶対湿度は $x = 0.0133$ kg/kg′ です。
$R(0.28706) \gg x \cdot R_w (0.0133 \times 0.46152 = 0.0061382)$ であり，水蒸気を無視しても誤差は2％程度と小さいので，無視することにします。

水蒸気がない乾き空気の密度は次式となります。

$$\rho = \frac{P}{R \cdot T} = \frac{P}{R(273.15+t)} = \frac{101.325}{0.28706 \times (273.15+t)} \qquad (\text{II-6-11})$$

ここに，t： 空気の温度 [℃]

【問 6-12】 標準大気圧のときの温度 0℃の乾き空気の密度を求めなさい。

【解 6-12】 式（II-6-11）により，0℃の空気の密度を求めます。すなわち，

$$\rho_0 = \frac{P}{R \cdot (273.15+t)} = \frac{101.325}{0.28706 \times (273.15+0)} = 1.292239 \fallingdotseq 1.2922 \, [\text{kg/m}^3]$$

ボイル・シャルルの法則（Boyle-Charle's law）によると，気体の密度は絶対温度に反比例するので，乾き空気の密度は先の0℃の乾き空気の密度（$\rho_0 = 1.2922$）を基準に次のようにも書けます。

$$\rho = \frac{\rho_0 \times 273.15}{273.15+t} = \frac{1.2922 \times 273.15}{273.15+t} \qquad (\text{II-6-12})$$

【問 6-13】 式（II-6-11）式を使って 5℃，10℃，15℃，20℃，25℃，30℃，35℃および40℃の乾き空気の密度を求めなさい。

【解 6-13】 以下に結果を示します。（ ）は式（II-6-12）による値です。

5℃ $\rho_5 = \dfrac{101.325}{0.28706 \times (273.15+5)} = 1.269009 \fallingdotseq 1.269 \, (1.26897) \, [\text{kg/m}^3]$

10℃ $\rho_{10} = \dfrac{101.325}{0.28706 \times (273.15+10)} = 1.246601 \fallingdotseq 1.247 \, (1.24656) \, [\text{kg/m}^3]$

15℃ $\rho_{15} = \dfrac{101.325}{0.28706 \times (273.15+15)} = 1.224970 \fallingdotseq 1.225 \, (1.22493) \, [\text{kg/m}^3]$

20℃ $\rho_{20} = \dfrac{101.325}{0.28706 \times (273.15+20)} = 1.204077 \fallingdotseq 1.204 \, (1.20404) \, [\text{kg/m}^3]$

25℃ $\rho_{25} = \dfrac{101.325}{0.28706 \times (273.15+25)} = 1.183884 \fallingdotseq 1.184 \, (1.18385) \, [\text{kg/m}^3]$

30℃ $\rho_{30} = \dfrac{101.325}{0.28706 \times (273.15+30)} = 1.164358 \fallingdotseq 1.164 \, (1.16432) \, [\text{kg/m}^3]$

35℃ $\rho_{35} = \dfrac{101.325}{0.28706 \times (273.15+35)} = 1.145465 \fallingdotseq 1.145 \, (1.14543) \, [\text{kg/m}^3]$

40℃ $\rho_{40} = \dfrac{101.325}{0.28706 \times (273.15+40)} = 1.127175 \fallingdotseq 1.127 \, (1.12714) \, [\text{kg/m}^3]$

＜乾き空気の密度＞
【解 6-13】で式（II-6-11）と式（II-6-12）で若干の差がでましたが，これは係数の有効数値によるものです。有効数値を大きくすれば結果は一致します。

＜気圧の勾配と中性帯＞

図Ⅱ-6-3（左）は気圧の勾配です（勾配を強調して描いています）。気圧は，高さが高くなるほど低くなります。

線 A は 20℃の室内の気圧の勾配です。20℃の空気は密度が小さい（$\rho_{20}=1.204$）ので気圧の勾配は小さくなります（図では傾きがより立ってきます）。

線 B は，外気の気圧の勾配です。0℃の外気の密度（$\rho_0=1.292$）は大きく，したがって気圧の勾配も大きくなります。

温度分布があると，気圧の勾配は曲線を描きます。なお，本節では，温度は内外とも温度が均質の場合を扱います。温度が均質な場合は，図Ⅱ-6-3のように気圧の勾配線は直線になります。

線 A と線 B の気圧が一致する高さが，線 N で示す "中性帯（neutral zone）" です。中性帯より上では外向きに差圧が働き，中性帯より下では内向きに差圧が働いています。

室内の暖かい軽い空気は上がろうとしますので，中性帯より上に開口①を開ければ，室内から外に空気が出ていきます。外の冷たく重い空気は下がろうとしますので，中性帯より下に開口②を開ければ，外から室内に空気が入ってきます。これが温度差換気です。

中性帯の高さは室の中央とは限りません。換気のバランスで変わります。図Ⅱ-6-3は，開口が室の上端と下端に位置し，かつ同じ αA 値であれば，中性帯は室の中央高さにきます。開口の位置を下げれば中性帯の位置も下がります。開口の位置を上げれば中性帯の位置も上がります。

＜夏期の温度差換気＞
夏期は室内が 26～28℃，外気が 30～35℃と外気の方が高いので，内外の差圧は冬期とは逆になります。

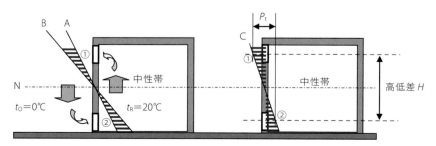

図Ⅱ-6-3　気圧の勾配と浮力

<浮力>

温度差換気の駆動力は浮力（buoyancy）です。図Ⅱ-6-3（右）の線Cは内外の差圧（線Aと線Bの差）を示します。この線Cの開口①と開口②の高低差H分の差圧が浮力P_tになります。式で示すと次のようになります。

$$P_t = (\rho_O - \rho_R)gH \tag{Ⅱ-6-13}$$

ここに，P_t：浮力　[Pa]
　　　　ρ_O：屋外の空気の密度　[kg/m^3]
　　　　ρ_R：室内の空気の密度　[kg/m^3]
　　　　g：重力加速度（=9.8）[m/s^2]
　　　　H：2つの開口の高低差　[m]

浮力には重力加速度gが掛かるので温度差換気のことを"重力換気"ともいいます。
また，浮力による換気を大きくするには，①温度差を大きくする，②開口を大きくとる，③高低差を大きくする，などの方法があります。

図Ⅱ-6-4　浮力による換気を大きくするには

開口の高さをどこで取るかですが，一般には図Ⅱ-6-5の左の図のように開口の中心の高さで代表させます。なお，開口が大きく，例えば，中の図のように，天井高いっぱいの大きな開口がある場合は，右図のように，仮想的に開口を細かく分割するなどの工夫をします。

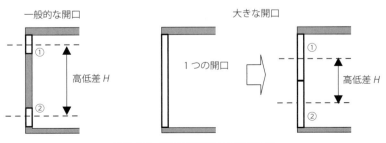

図Ⅱ-6-5　開口の高低差の取り方の例

<浮力の単位>

式（Ⅱ-6-13）左辺の浮力の単位は [Pa] です。
右辺の単位は，$(\rho_O - \rho_R)$が [kg/m^3]，gは [m/s^2]，Hが [m] ですから，これらを掛け合わせると，

$$\frac{[kg]}{[m^3]} \times \frac{[m]}{[s^2]} \times [m]$$
$$= \frac{[kg \cdot m]}{[s^2]} \times \frac{1}{[m^2]}$$
$$= [N] \times \frac{1}{[m^2]} = \frac{[N]}{[m^2]}$$
$$= [Pa]$$

<季節と温度差換気>

冬期は室内が20～22℃，外気が0℃などと温度差が大きいので容易に換気が生じます。このような冬に生じる換気を"隙間風"といいます。
夏期は，室内が26～28℃，外気が30～35℃と温度差が小さく換気が生じにくい条件です。気圧の勾配線は冬期と逆になり，夏期に温度差換気を生じさせるには下図のような工夫が要ります。

<熱溜まり>

<ソーラーチムニー>

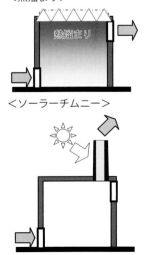

（2）密度が異なる場合の開口合成

風力換気では，室内外の温度差が等しいという条件です。よって，流入・流出の風量G [m³/s]や密度ρ [kg/m³]も等しく，開口の合成ができました。（→式(Ⅱ-6-6)，式(Ⅱ-6-7)）

ところが，温度差換気では室内外の空気密度が異なります。
換気量の式(Ⅱ-6-6)は

$$\text{流入側} \quad G_O = \alpha_1 A_1 \sqrt{\frac{2}{\rho_O} R_1} \tag{1}$$

$$\text{流出側} \quad G_R = \alpha_2 A_2 \sqrt{\frac{2}{\rho_R} R_2} \tag{2}$$

ここに，G_O, G_R ：流入・流出の容積風量 [m³/s]
$\alpha_1 A_1, \alpha_2 A_2$：流入・流出の有効開口面積 [m²]
ρ_O, ρ_R ：外部と室内の空気の密度 [kg/m³]
R_1, R_2 ：流入・流出の開口抵抗 [Pa]

なお，流入と流出の質量風量が等しく（$\rho_O G_O = \rho_R G_R$），容積風量が異なる（$G_R \neq G_O$）とすると，式(2)は，

$$\text{流出側} \quad (\rho_O/\rho_R) G_O = \alpha_2 A_2 \sqrt{\frac{2}{\rho_R} R_2} \tag{2}'$$

$$\therefore \quad G_O = \frac{\rho_R}{\rho_O} \times \alpha_2 A_2 \sqrt{\frac{2}{\rho_R} R_2} = \sqrt{\frac{\rho_R}{\rho_O}} \times \alpha_2 A_2 \sqrt{\frac{2}{\rho_O} R_2} \tag{2}''$$

式(2)″は外気の密度基準の式になります。また$\sqrt{\frac{\rho_R}{\rho_O}}$が密度補正です。

密度補正した開口合成は $\quad \alpha A = \dfrac{1}{\sqrt{\dfrac{1}{(\alpha_1 A_1)^2} + \dfrac{\rho_O}{\rho_R (\alpha_2 A_2)^2}}} \tag{Ⅱ-6-14}$

【補足】密度補正しない場合のαAの誤差

$\alpha_1 A_1$と$\alpha_2 A_2$が等しい場合で，温度差が5℃の場合でαAの誤差は0.5%未満，10℃の場合で1%未満，温度差が20℃で2%未満であり，温度差が30℃で3%未満です。温度差が大きくなるほど誤差が大きくなります。
容積風量基準でも，質量風量基準でも誤差の大きさは同じです。
なお，流入と流出では，開口面積が小さい方を基準にすれば誤差は小さくなります。
容積風量が等しいとする場合でも，質量風量が等しいとする場合でも，本書で扱うケースの温度差は小さく，誤差も小さいので密度補正しないものとします。

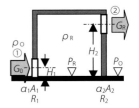

＜容量風量のバランス＞

＜容積風量と質量風量＞
容積風量G[m²/s]に密度ρ[kg/m³]を乗じたρGが，質量風量[kg/s]になります。どちらで計算してもよいのですが，建築は長さm・面積m²・容積m³を基本とすること，また換気に関しても，風速m/s，開口面積m²，換気回数（＝換気量/室容積）を使うことから，容積風量とするのが自然です。

＜容積風量基準の開口合成＞
流入と流出の容積風量が等しいとすると，外気の密度基準で，開口合成は

$$\alpha A = \frac{1}{\sqrt{\dfrac{1}{(\alpha_1 A_1)^2} + \dfrac{\rho_R}{\rho_O (\alpha_2 A_2)^2}}}$$

$$\tag{Ⅱ-6-14}'$$

となります。

＜誤差についての考え方＞
開口の面積の精度や流量係数の精度はたかだか2桁であることを考えれば，密度補正しなくても工学的にはほとんど問題は無いと言えます。

（3）温度差換気を解く

温度差換気と前節の風力換気との違いは，駆動力が浮力か風圧かの違いだけです。温度差換気の換気量の式は次式（Ⅱ-6-15）で示されます。

$$G = \alpha A \sqrt{\frac{2}{\rho_0} P_t} \quad\quad (Ⅱ-6-15)$$

ここに，G ：換気量［m³/s］
αA ：合成した有効開口面積［m²］
ρ_0 ：空気の密度［kg/m³］
P_t ：浮力［Pa］

上記の開口 αA は合成された開口です。温度差換気では流入側と流出側で空気の密度 ρ が異なります。異なる空気密度での開口合成は式（Ⅱ-6-14）に示しました。なお，誤差は小さいので，以下では密度補正のない開口合成の式（Ⅱ-6-8）を用いることにします。また，空気の密度は外気温度規準とします。

【問6-14】右の＜換気4＞の温度差換気の換気量を求めなさい。ただし，外の気温は0℃，室内は20℃とします。2つの開口の高低差は6 m，また開口①，②の有効開口面積は共に $\alpha_1 A_1 = \alpha_2 A_2 = 0.7 \times 10 = 7$ m² とします。

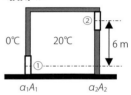

＜換気4＞

【解6-14】

1）まず，内外の空気の密度を式（Ⅱ-6-11）で求めます。

0℃の外気　　$\rho_0 = \dfrac{P}{R \cdot T} = \dfrac{101.325}{0.28706 \times (273.15 + 0)} \fallingdotseq 1.292$ kg/m³

20℃の室内空気　$\rho_{20} = \dfrac{P}{R \cdot T} = \dfrac{101.325}{0.28706 \times (273.15 + 20)} \fallingdotseq 1.204$ kg/m³

2）浮力は式（Ⅱ-6-13）より

$P_t = (\rho_0 - \rho_R) g H = (1.292 - 1.204) \times 9.8 \times 6 = 5.1744 \fallingdotseq 5.17$ [Pa]

3）開口合成は式（Ⅱ-6-8）を使うと

$$\alpha A = \dfrac{1}{\sqrt{\dfrac{1}{(\alpha_1 A_1)^2} + \dfrac{1}{(\alpha_2 A_2)^2}}} = \dfrac{1}{\sqrt{\dfrac{1}{7^2} + \dfrac{1}{7^2}}} \fallingdotseq 4.95 \ [\text{m}^2]$$

4）換気量は式（Ⅱ-6-15）より

$$G = \alpha A \sqrt{\dfrac{2}{\rho_0} P_t} = 4.95 \times \sqrt{\dfrac{2}{1.292} \times 5.17} = 14.003 \fallingdotseq 14.0 \ [\text{m}^3/\text{s}]$$

因みに密度補正した開口合成は右欄の計算どおりであり，$\alpha A \fallingdotseq 4.89$ m² で，換気量は 13.83 m³/s です。誤差は1.21%です。

＜密度補正した開口合成＞

3）は式（Ⅱ-6-14）を使うと

$$\alpha A = \dfrac{1}{\sqrt{\dfrac{1}{(\alpha_1 A_1)^2} + \dfrac{\rho_0}{\rho_R (\alpha_2 A_2)^2}}}$$

$$= \dfrac{1}{\sqrt{\dfrac{1}{7^2} + \dfrac{1.292}{1.204 \times 7^2}}}$$

$\fallingdotseq 4.89$

誤差は1.21%です。
開口の誤差が換気量の誤差になります。
精解の換気量は
　$G \fallingdotseq 13.83$（誤差1.21%）
なお，この換気量は外気温度基準の換気量です。

【問 6-15】 右の＜換気 5＞は第Ⅰ編のガラスの家の夏期の条件です。外気温度は 30℃，室内は 52.9℃です。2 つの開口を設け，開口①，②共に有効開口面積を $\alpha_1 A_1 = \alpha_2 A_2 = 0.7 \times 10 = 7 \text{ m}^2$，開口の高低差を 6 m とします。このガラスの家の温度差換気による換気量を求めなさい。

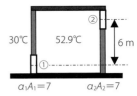

＜換気 5＞

【解 6-15】 まず開口を合成し，次に空気の密度から浮力を求め，最後に換気量を求めます。

1）室内外の空気の密度は式（Ⅱ-6-11）より，

30℃の外気 $\rho_{30} = \dfrac{P}{R \cdot T} = \dfrac{101.325}{0.28706 \times (273.15 + 30)} \fallingdotseq 1.164 \text{ [kg/m}^3]$

52.9 の外気 $\rho_{52.9} = \dfrac{P}{R \cdot T} = \dfrac{101.325}{0.28706 \times (273.15 + 52.9)} \fallingdotseq 1.083 \text{ [kg/m}^3]$

2）浮力は式（Ⅱ-6-13）より

$P_t = (\rho_O - \rho_R) g H = (1.164 - 1.083) \times 9.8 \times 6 = 4.7628 \fallingdotseq 4.76 \quad \text{[Pa]}$

3）開口の合成： これは＜換気 4＞と同じで $\alpha A = 4.95 \text{ m}^2$ です。

4）換気量は式（Ⅱ-6-15）より

$G = \alpha A \sqrt{\dfrac{2}{\rho_O} P_t} = 4.95 \times \sqrt{\dfrac{2}{1.164} \times 4.76} = 14.1562 \fallingdotseq 14.2 \text{ [m}^3/\text{s]}$

＜換気回数に換算＞

ガラスの家の気積は $7.07 \times 7.07 \times 7.07 = 353.39 \text{ m}^3$ です。左記の換気量 $14.2 \text{ m}^3/\text{s}$ を 1 時間当たりの換気回数に換算すると

$14.2 \div 353.39 \times 3600$
$\fallingdotseq 144.66 \text{ 回/h}$

です。

【問 6-16】 ＜換気 5＞で，換気量を大きくするためには，下記の条件をどのようにすればよいでしょうか。計算に頼らず原理から考えなさい。

1）換気量を 2 倍にするためには，開口面積は何倍にすればよいでしょうか。なお，開口①②とも同じ比率で大きくするものとします。
2）開口面積は元のままで，右のソーラーチムニーのように開口②の高さを高くして換気量を 2 倍にするには高低差 H をいくらにすればよいでしょうか。

【解 6-16】

1）式（Ⅱ-6-15）から，有効開口面積 αA と換気量 G は比例するので，有効開口面積 αA を 2 倍にすれば，換気量 G も 2 倍になります。
2）式（Ⅱ-6-15）から，換気量 G を 2 倍にするには浮力 P_t を 4 倍にしなければなりません。また，式（Ⅱ-6-13）から，高低差 H を 4 倍にすれば浮力 P_t が 4 倍になります。よって，換気量 G を 2 倍にするためには，高低差 H を 4 倍にすればよいことが分かります。

＜ソーラーチムニー＞

チムニー（煙突）部分で日射を吸収し，内部の温度を高めて，浮力を大きくし，換気を促進させる仕組みがソーラーチムニーです。

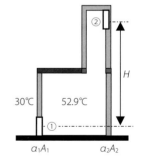

（4）温度差換気と風力換気の合成

これまでは温度差換気と風力換気を別々に扱ってきましたが，ここでは2つが同時に生じる場合をとりあげます。
図Ⅱ-6-6（右）は温度差換気を求めた＜換気5＞と同じガラスの建物です。
図Ⅱ-6-6（左）は同じ建物で，風による風力換気がある場合です。

【問6-17】 図Ⅱ-6-6の建物で，温度差換気と風力換気が同時に生じた場合の換気量を1) 2) 3) の手順で解きなさい。

1) 風力換気だけの場合の換気量を求めなさい。
2) 温度差換気だけの場合の換気量を求めなさい。
3) 温度差換気と風力換気が同時に生じた場合の換気量を求めなさい。

ここで外部の風速は3 m/s とします。風上側の開口①の風圧係数は $C_1=0.65$，風下側の開口②の風圧係数は $C_2=-0.55$ です。開口の大きさは，どちらも $\alpha_1 A_1 = \alpha_2 A_2 = 0.7 \times 10 = 7$ m² で同じです。
開口①と②の高低差は6 m です。また，外気は30℃，室内は52.9℃です。

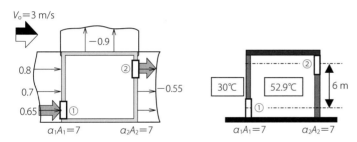

図Ⅱ-6-6 ＜換気6＞ 風力換気と温度差換気の同時解法

【解6-17】

1) 風力換気だけによる換気量 G_V

1-1) 風圧の合成は式（Ⅱ-6-3）を使いますが，空気の密度は30℃の外気の密度 $\rho_{30}=1.164$ kg/m³ を用います。

$$P_V = (C_1 - C_2)\frac{1}{2}\rho_{30}V_0^2 = (0.65-(-0.55)) \times \frac{1}{2} \times 1.164 \times 3^2$$
$$= 6.2856 ≒ 6.29 \quad [\text{Pa}]$$

1-2) 合成開口は＜換気5＞と同じで $\alpha A = 4.95$ m² です。

1-3) 風力換気の換気量は式（Ⅱ-6-9）より，

$$G_V = \alpha A \sqrt{\frac{2}{\rho_{30}}P_V} = 4.95 \times \sqrt{\frac{2}{1.164} \times 6.29} = 16.273 ≒ 16.3 \quad [\text{m}^3/\text{s}]$$

を得ます。

2）温度差換気だけによる換気量 G_t

＜換気 5＞の温度差換気と同じですから，その結果を整理しておきます。

合成した開口	$\alpha A = 4.95$	[m²]
30℃の外気の密度	$\rho_{30} = 1.164$	[kg/m³]
52.9℃の室内空気の密度	$\rho_{52.9} = 1.083$	[kg/m³]
浮力	$P_t = 4.76$	[Pa]
温度差換気の換気量	$G_t = 14.2$	[m³/s]

3）温度差換気と風力換気が同時に生じた場合の換気量 G_{V+t}

これは 2）の温度差換気による換気量 $G_t=14.2$ m³/s と 1）の風力換気による風量 $G_V=16.3$ m³/s との単純な足し算ではありません。

では，どのようにして求めるのでしょうか。

ヒントは，換気の駆動力である浮力と風圧が同時に作用することです。つまり，浮力と風圧を合成して，換気量 G_{V+t} を求めるのです。

3-1）浮力と風圧を合成した駆動力は $P_t+P_V=4.76+6.29=11.05$ Pa です。

3-2）合成した換気量は

$$G_{V+t} = \alpha A \sqrt{\frac{2}{\rho_{30}}(P_t+P_V)} = 4.95 \times \sqrt{\frac{2}{1.164} \times (4.76+6.29)}$$
$$= 20.7834 \fallingdotseq 20.8 \ [m^3/s]$$

整理すると，

温度差換気による換気量	$G_t = 14.2$	[m³/s]…（イ）
風力換気による換気量	$G_V = 16.3$	[m³/s]…（ロ）
両方が同時に作動したときは	$G_{V+t} = 20.8$	[m³/s]…（ハ）

$G_{V+t} = 20.8 < 16.3 + 14.2 = G_V + G_t$ です。

注意：（イ＋ロ）の合計 30.5 と（ハ）20.8 の差 9.7 が消えたのではなく，換気量は駆動力である圧力（風圧＋浮力）の平方根でしか効かないためです。

6-4　再びガラスの家／熱と換気の同時解法

　第Ⅰ編の2章のケーススタディで換気の効果を検討しましたが、第Ⅰ編では、換気がどのようにして生じるかについては問うていません。

　【問6-15】の＜換気5＞は第Ⅰ編で取り上げたガラスの家ですが、外気が30℃で室温が52.9°の場合の温度差換気では、換気回数144.66回/hの大きな温度差換気になりました。しかし換気をすると室温が下がります。室温が下がると浮力が小さくなるので、換気が起こりくくなります。

　本節では、第Ⅰ編のガラスの家をモデルにして、熱と換気の相互作用を考え、熱収支と温度差換気が同時に成立する室温と換気量の解を求めます。

（1）熱平衡式と換気の式

　右の＜換気6＞（換気5と同じ）を解きます。これは第Ⅰ編のガラスの家の夏期の自然室温の基本形と同じですが、室温と換気量が未知数です。

＜室温と換気量を未知数とする熱平衡式＞

　第Ⅰ編より引用します。換気を含めた熱平衡式は下記の式(I-2-7)です。

$$A_{FL}(q_D+q_S)+A_{GL}\cdot K_{GL}(t_O-t_R)+A_{RF}\cdot K_{RF}(SAT-t_R)+0.335G(t_O-t_R)=0$$
（再掲 I-2-7）

これを第Ⅰ編では、換気量 G を与条件として、室温 t_R について解きました。しかし、ここでは換気量 G は未知数です。

式(I-2-7)を換気量 G について解くと、次式が得られます。

$$G=\frac{A_{FL}(q_D+q_S)+A_{GL}\cdot K_{GL}(t_O-t_R)+A_{RF}\cdot K_{RF}(SAT-t_R)}{0.335(t_R-t_O)} \quad (\text{II-6-16})$$

未知数は換気量 G と室温 t_R です。これ以外はすべて既知なので、ここでは計算しやすいように数値に置き換えます。すなわち、

$$G=\frac{50(489+80)+200\times6.30(30-t_R)+50\times3.82(54.8-t_R)}{0.335(t_R-30)} \quad (1)$$

なお、式(1)の換気量 G の単位は1時間当たりの風量[m³/h]ですので、式(1)を3600で割って、風量の単位を[m³/s]の式にしておきます。

$$G=\frac{50(489+80)+200\times6.30(30-t_R)+50\times3.82(54.8-t_R)}{0.335(t_R-30)\times3600} \quad (1)'$$

＜熱と換気のバランス＞

＜換気6＞

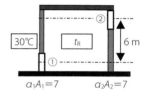

＜熱平衡式＞

詳細な式の意味は、第Ⅰ編の2-5節を参照して下さい。

<室温と換気量を未知数とする温度差換気の式>

初めに,＜換気5＞から必要な値を引用して整理しておきます。ただし,室温 t_R が未知数となるので,室温以外は数値に置き換えておきます。

合成した開口	$\alpha A = 4.95$	[m²]
30℃の外気の密度	$\rho_{30} = 1.164$	[kg·m³]

室内の空気の密度　$\rho_R = \dfrac{P}{R \cdot T} = \dfrac{101.325}{0.28706 \times (273.15 + t_R)}$ [kg/m³]　　(2)

浮力　$P_t = (\rho_O - \rho_R)gH = (1.164 - \rho_R) \times 9.8 \times 6$ [Pa]　　(3)

換気量 G　$G_{浮} = 4.95 \times \sqrt{\dfrac{2}{1.164} \times P_t}$ [m³/s]　　(4)

(2) 室温と換気量を同時に解く

結局,熱と換気の同時平衡は,上記の式(1)′,式(2),式(3),式(4) の4つの式にまとめられます。この連立方程式には平方根や分数式を含んでいますから,解析的に解くのはやっかいです。
ここではこれを簡単な方法で解きます。手計算でできないこともありませんが,前章（採光）で利用した表計算を再び使うことにします。

<解き方>

次のようにして解きます。

まず,熱平衡の式(1)′に,いろいろな室温 t_R を与えて換気量 G を求めます。室温の範囲は,最高は換気なしのときの室温 $t_R = 52.9$℃,最低は外気と同じ温度 $t_R = 30$℃ とします。この間はできるだけ細かく計算します。このようにして求めた換気量を $G_{熱}$ とします。

この換気量 $G_{熱}$ は室温を下げるために必要な換気量という意味で,$t_R = 52.9$℃のときに換気量 $G_{熱} = 0$ となり,室温を下げるとだんだん換気量が大きくなり,室温が外気と同じ $t_R = 30$℃のときの換気量 $G_{熱}$ は無限大になります。

次に,換気についても同様に,温度差換気の式(2)～(4) に,いろいろな室温 t_R を与えて換気量 G を求めます。このようにして求めた換気量を $G_{浮}$ とします。
温度差換気の式(2)～(4) では,室温が外気と同じ $t_R = 30$℃のときは浮力が発生しないので換気量は $G_{浮} = 0$ となり,室温を上げると徐々に浮力が大きくなり,換気量 $G_{浮}$ も大きくなります。

同じ室温 t_R で,熱平衡の式(1)′ から求めた換気量 $G_{熱}$ と,温度差換気の式(2)～(4) から求めた換気量 $G_{浮}$ が一致するときが,熱の平衡と浮力による

換気の平衡が同時に成り立つ解です。
　それでは，実際にやって見ましょう。

【問 6-18】　＜換気 6＞について，上記の熱と換気の式(1)′，式(2)，式(3)，式(4) によって，熱の平衡と浮力による換気の平衡が同時に成立する換気量 G と室温 t_R の解を求めなさい。

【解 6-18】　表 II-6-2 と図 II-6-7 に結果を示します。
　図 II-6-7 において「A：原型」の曲線と「開口④」の 2 つの曲線の交点が＜換気 6＞の解です。
　熱平衡の式(1)′から求めた換気量 $G_{熱}$ と，温度差換気の式から求めた換気量 $G_{浮}$ が同じ値になるのは，室温が $t_R ≒ 33.8$℃のときで，このときの換気量は $G_{熱} = G_{浮} ≒ 6.0 \, m^3/s$ です。換気回数で 61 回/h（室の空気が 1 時間に 61 回入れ替わる換気量のこと）です。

【問 6-19】　以下の開口①〜⑥と，ガラスの家の A と B の組合せにおいて，熱と換気の平衡が同時に成立する換気量 G と室温 t_R の解を求めなさい。
　また，結果を分かりやすく図で示しなさい。
　　　＜開口＞① $\alpha_1 A_1 = \alpha_2 A_2 = 0.7 \times 3.5$　[m^2]
　　　　　　② $\alpha_1 A_1 = \alpha_2 A_2 = 0.7 \times 5$　　[m^2]
　　　　　　③ $\alpha_1 A_1 = \alpha_2 A_2 = 0.7 \times 7$　　[m^2]（ガラスの家の間口幅）
　　　　　　④ $\alpha_1 A_1 = \alpha_2 A_2 = 0.7 \times 10$　[m^2]（＜換気 6＞と同じ）
　　　　　　⑤ $\alpha_1 A_1 = \alpha_2 A_2 = 0.7 \times 14$　[m^2]
　　　　　　⑥ $\alpha_1 A_1 = \alpha_2 A_2 = 0.7 \times 20$　[m^2]
　　　＜ガラスの家＞
　　　　　A：原型（4 面が 6 mm のガラス窓）
　　　　　B：組合せ（6 mm ガラス＋ブラインド＋庇 0.5＋屋根断熱 50 mm）

【解 6-19】　表 II-6-2 と図 II-6-7 に結果を示します。
　図 II-6-7 には，ガラスの家の A（原型）と B（組合せ）の 2 つのモデルと，開口①〜⑥の 6 種類の開口の曲線があります。
　これから色々なケースの結果が直ちに読みとれるばかりでなく，条件を変えた場合に，結果がどのようになるかを予測できます。見通しをもって建築計画および建築環境計画を進めることが実務では非常に重要です。
（→右の欄を参照して下さい）

＜図 II-6-7 の使い方＞
A：原型のガラスの家の場合
④開口面積が＜換気 6＞の 10 m^2 の場合，線 A と線④の交点が解で，室温は $t_R ≒ 33.8$℃になります。
②開口面積が半分の 5 m^2 の場合，線 A と線②の交点から室温は $t_R ≒ 35.7$℃に上がります。
⑥開口面積が 2 倍の 20 m^2 の場合，線 A と線⑥の交点から室温は $t_R ≒ 32.5$℃まで下がります。
B：組み合わせの場合
④開口面積が＜換気 6＞と同じ 10 m^2 の場合，線 B と線④の交点が解で，室温は $t_R ≒ 31.6$℃になります。
②開口面積を半分の 5 m^2 とすると，線 B と線②の交点から，室温は $t_R ≒ 32.4$℃になります。
⑥開口面積を 2 倍の 20 m^2 とすると，線 B と線⑥の交点から，室温は $t_R ≒ 31.1$℃まで下がります。

＜建築環境計画＞
換気が効果的なことが分かりました。しかし，1 面の面積が 50 m^2 のガラスの家で，大きな開口を取ろうとすると大変です。しかも，流入と流入それぞれにです。
建築計画で可能な開口面積と，換気に必要な開口面積をどこで折り合いを付けるのかは難しい問題ですが，これこそが建築環境計画の醍醐味というものです。
こういう時に，図 II-6-7 のようなチャートがあると的確な判断ができます。

6 章　自然換気

表 II-6-2　ガラスの家の熱平衡と換気の平衡の同時解の結果

与条件	熱平衡 ガラスの家（原型）6mm 透明						温度差換気の換気平衡						
	床面積 50	窓面積 200	屋根面積 50			室容積 353.6 m³	重力加速度	9.8 m/s²					
	直達日射熱 489	熱通過率 6.30	熱通過率 3.82	C_{pp} 0.335			外気温度	30℃					
	天空日射熱 80	外気温度 30.0	SAT 54.8	外気温度 30.0			外気の空気密度	1.164 kg/m³					
							高低差	6.0 m/s²					
							流量係数 a	0.7	0.7	0.7	0.7	0.7	0.7
							開口①[m²]	3.5	5.0	7.0	10.0	14.0	20.0
							開口②[m²]	3.5	5.0	7.0	10.0	14.0	20.0
							合成 aA	1.73	2.47	3.46	4.95	6.93	9.90

室温 [℃]	床 Afl∗ (q_D+q_S)	ガラス Agl∗Kgl (t_O+t_R)	屋根 Arf∗Krf (SAT-t_R)	換気量係数 C_{pp}∗ (t_O-t_R)	A:換気量 G [m³/s]	換気回数 N [回/h]	室温空気密度 [kg/m³]	浮力 Pt [Pa]	①換気量 G [m³/h]	②換気量 G [m³/h]	③換気量 G [m³/h]	④換気量 G [m³/h]	⑤換気量 G [m³/h]	⑥換気量 G [m³/h]
30	28,441	0	4,737	0.000			1.164	0.000	0.0	0.0	0.0	0.0	0.0	0.0
31	28,441	−1,260	4,546	0.335	26.3	268	1.160	0.225	1.1	1.5	2.2	3.1	4.3	6.2
32	28,441	−2,520	4,355	0.670	12.6	128	1.157	0.449	1.5	2.2	3.0	4.3	6.1	8.7
33	28,441	−3,780	4,164	1.005	8.0	81	1.153	0.671	1.9	2.7	3.7	5.3	7.4	10.6
34	28,441	−5,040	3,973	1.340	5.7	58	1.149	0.892	2.1	3.1	4.3	6.1	8.6	12.3
35	28,441	−6,300	3,782	1.675	4.3	44	1.145	1.111	2.4	3.4	4.8	6.8	9.6	13.7
36	28,441	−7,560	3,591	2.010	3.4	34	1.142	1.329	2.6	3.7	5.2	7.5	10.5	15.0
37	28,441	−8,820	3,400	2.345	2.7	28	1.138	1.545	2.8	4.0	5.6	8.1	11.3	16.1
38	28,441	−10,080	3,209	2.680	2.2	23	1.134	1.760	3.0	4.3	6.0	8.6	12.0	17.2
39	28,441	−11,340	3,018	3.015	1.9	19	1.131	1.974	3.2	4.6	6.4	9.1	12.8	18.2
40	28,441	−12,600	2,827	3.350	1.5	16	1.127	2.186	3.4	4.8	6.7	9.6	13.4	19.2
41	28,441	−13,860	2,636	3.685	1.3	13	1.124	2.397	3.5	5.0	7.0	10.0	14.1	20.1
42	28,441	−15,120	2,445	4.020	1.1	11	1.120	2.607	3.7	5.2	7.3	10.5	14.7	20.9
43	28,441	−16,380	2,254	4.355	0.9	9.3	1.116	2.815	3.8	5.4	7.6	10.9	15.2	21.8
44	28,441	−17,640	2,063	4.690	0.8	7.8	1.113	3.022	3.9	5.6	7.9	11.3	15.8	22.6
45	28,441	−18,900	1,872	5.025	0.6	6.4	1.109	3.228	4.1	5.8	8.2	11.7	16.3	23.3
46	28,441	−20,160	1,681	5.360	0.5	5.3	1.106	3.432	4.2	6.0	8.4	12.0	16.8	24.0
47	28,441	−21,420	1,490	5.695	0.4	4.2	1.102	3.635	4.3	6.2	8.7	12.4	17.3	24.7
48	28,441	−22,680	1,299	6.030	0.3	3.3	1.099	3.837	4.4	6.4	8.9	12.7	17.8	25.4
49	28,441	−23,940	1,108	6.365	0.2	2.5	1.096	4.038	4.6	6.5	9.1	13.0	18.2	26.1
50	28,441	−25,200	917	6.700	0.2	1.8	1.092	4.237	4.7	6.7	9.3	13.4	18.7	26.7
51	28,441	−26,460	726	7.035	0.1	1.1	1.089	4.435	4.8	6.8	9.6	13.7	19.1	27.3
52	28,441	−27,720	535	7.370	0.1	0.5	1.086	4.632	4.9	7.0	9.8	14.0	19.5	27.9
53	28,441	−28,980	344	7.705	0.0	−0.1	1.082	4.828	5.0	7.1	10.0	14.3	20.0	28.5
54	28,441	−30,240	153	8.040	−0.1	−0.6	1.079	5.022	5.1	7.3	10.2	14.5	20.4	29.1
55	28,441	−31,500	−39	8.375	−0.1	−1.0	1.076	5.216	5.2	7.4	10.4	14.8	20.7	29.6
33.8	28,441	−4,788	4,011	1.273	6.0	61.5	1.150	0.848	2.1	3.0	4.2	6.0	8.4	11.9

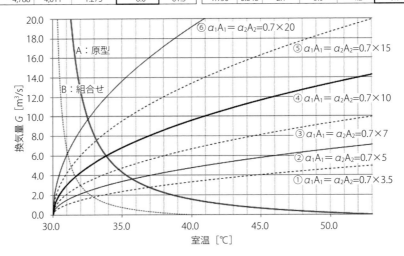

図 II-6-7　ガラスの家の熱平衡と換気の平衡の同時解の結果

第Ⅲ編　年間の省エネルギー効果の算定
―PAL チャート／外気冷房チャート／自然採光チャート

第Ⅰ編および第Ⅱ編では，夏期や冬期といった気象条件の厳しい季節における熱・日射・光・換気の評価方法を学びました。ここで学んだことは建築設計や建築環境計画での基本となるものです。
　さて，基本ができたとして次に求められることは，設計している建物が年間に亘ってどのような性能を示すかを予測することです。年間となると，暑い日もあれば寒い日もあります。晴れた日もあれば曇りや雨の日もあります。このように様々な条件の下で設計する建物の性能を予測することが重要になります。

　1年の総時間は8,760時間です。このような長時間に亘る建物の性能を知るためには普通はコンピュータプログラムによって膨大な計算を行います。しかし，実務の打ち合わせの場では条件を変えたらどうなるかなど，即答性が求められます。これは如何にコンピュータといえども簡単ではありません。このような時に，概算である程度の精度で答えを導く方法を知っていることが重要になります。ここでは手計算レベルの簡単さで年間性能を知る方法を勉強します。

　第Ⅲ編では，「PALチャート」「外気冷房チャート」「自然採光チャート」の3つのチャート（線図）を使います。これを使えば，複雑で膨大な計算をしなくても年間性能を求めることができます。
　単に答えを知ることだけが目的ではありません。設計の実務では常に代替案に何を選ぶかが求められます。このようなとき，「PALチャート」「外気冷房チャート」「自然採光チャート」といったツールを使えば，次の一手に何を選ぶと効果があるかを即座に読み取ることができます。こうした方法を身につけることが本編の目的です。

1章　PALチャートによる年間冷暖房負荷の算定

　PALとは，省エネルギー法による年間冷暖房負荷の基準である年間負荷係数（Perimeter Annual Load）のことです。PALは建物外皮（窓・外壁・屋根）に隣接した室内ゾーンの年間冷暖房負荷をゾーンの床面積で割った値です。省エネルギー法ではPALによって外皮の性能を高め，さらに空調・換気・給湯・照明・昇降機などの設備の効率を高めることで建物全体の1次エネルギー消費量を少なくすることが求められています。

1-1　PALとPALチャート

（1）元・旧・新の3つのPAL

　省エネルギー法によるPALには元・旧・新の3つあります。

　元PAL：1979年に省エネルギー法ができた当初のPALです。当初は外皮（貫流熱＋日射熱）＋内部発熱による年間冷暖房負荷の基準でした。

　旧PAL：1993年に省エネルギー法が改正され，内容も外皮＋内部発熱に加え外気を含む年間冷暖房負荷になりました。その後1999年に基準が見直され，2014年3月まで使われました。

　新PAL（PAL*）：2013年に改定され，2014年4月から施行されたのがPAL*（パルスターと読む）です。新PALでも，外皮＋内部発熱＋外気は同じです。ただし，それまでは顕熱のみでしたが，新PALからは内部発熱と外気の潜熱も含むことになりました。要するにすべての負荷要素が対象です。また，元PAL・旧PALまではEDDで年間一括計算していましたが，新PALでは日別に熱取得を求めてこれを年間集計するというより詳細な計算

<ペリメータゾーン>
室内で外周に近いゾーンをペリメータゾーン（perimeter zone）といいます。普通の空調の設計では3～7m位をとります。省エネルギー法のPALでは5mとしました。室内の外周ゾーンのペリメータに対して内部のゾーンをインテリアゾーン（interior zone）といいます。

<元PALの対象建物>
初めは事務所のみで，1985年に店舗，1991年にホテルが追加されました。当初の建物規模は3000 m² 以上が対象でした。

<旧PALの対象建物>
病院・学校・飲食店・集会所と全8用途（44細区分）に拡大され，対象規模は2000 m² 以上となり，さらに最終的には300 m² 以上のすべての建物が対象になりました。

<新PALの対象建物>
建物は全8用途201細区分（143種類）に全面的に見直されました。

表Ⅲ-1-1　元・旧・新の3つのPALの内容比較

	元PAL	旧PAL	新PAL（PAL*）
施行	1979年～1993年	1993年～1999年～2014年3月まで	2014年4月より
対象用途	事務所・店舗・ホテル，3用途，5細分	全8用途，全44細分	全8用途，全201細分
事務所の基準値	335 MJ/(m²年)	300 MJ/(m²年)〈1999年基準〉	450 MJ/(m²年)
基本理論	EDD（拡張デグリーデー）年間で一括計算	EDD（拡張デグリーデー）年間で一括計算	EDD（拡張デグリーデー）日別に計算
曜日の概念	無	無	有り
冷暖房負荷の混在	概念がない	概念がない	同一日同一ゾーンで混在し得る
対象負荷	外皮＋内部発熱	外皮＋内部発熱＋外気負荷	外皮＋内部発熱＋外気負荷
顕熱・潜熱	顕熱のみ	顕熱のみ	顕熱＋潜熱
内部発熱（※1）	11.63 W/m² （10 kcal/hm²）	10.4 W/m²	17.9 W/m²
外気量（※1）	対象外	1.14 m³/(hm²)	2.92 m³/(hm²)
補正係数（※2）	地域補正係数 k_c, k_h	地域補正係数 k_c, k_h	貫流と日射，冷暖別の1次式

※1　元PAL・旧PALでは，人＋照明＋機器の365日24時間の平均値
　　　新PALでは，人＋照明＋機器＋待機電力の平日の24時間平均値，休日はゼロ
※2　EDD法と厳密計算との差を補正する係数

方法に改められました。

元・旧・新3つのPALの内容を比較すると表Ⅲ-1-1のようになります。

（2）PALチャート

図Ⅲ-1-1のPALチャートは，用途は事務所，場所は東京，方位は南です。なお，地域は元PALは東京，旧PALでは地域G（東京が代表都市），新PALでは東京は地域6に含まれますが，地域6の代表都市は岡山市です。

縦軸が外皮の平均日射熱取得率 η，横軸が外皮の平均熱通過率です。この平均日射熱取得率 η と平均熱通過率 K の値が交わる点の等高線の値がPAL値（基準値に対する比率）です。

本章では，1つのPALチャートに元PAL（破線），旧PAL（実線），新PAL（1点鎖線）の3つのPALが描かれています。右欄の表Ⅲ-1-2に元・旧・新PALの事務所の基準値を示しますが，省エネルギー法では外皮の年間冷暖房負荷をこの基準値以下にしなければなりません。本章では元・旧・新の3つのPALを求めます。

本書のPALチャートは前述のとおりPAL値そのものではなく，PALの基準値（表Ⅲ-1-2）に対する比率を等高線で描いています。したがってPAL値の比率が1.0を下回る領域が省エネルギー法のPALを満足する領域になります。

3つのPALに対して，横軸の平均熱通過率，縦軸の日射熱取得率は共通です。PALチャートには補助軸があり，代表的な窓ガラスや外壁の性能値が示されており，これらを窓面積比で按分すれば，直ちに平均値が得られます。

元PALでは外気を含みませんが，旧PALや新PALでは外気を含みます。省エネルギー法で外気は旧・新PALとも熱通過率に上乗せして計算しますが，本書のPALチャートの横軸は外気を含まない平均熱通過率です。外気負荷はPALの値に含まれるように計算しています。

省エネルギー法のPALでは，どのようにして基準値以下にするかは自由です。設計者が自分で解決方法を考えなければなりません。このような基準を"性能基準"といいます。PALが性能基準になっているのは，単に断熱すれば省エネルギーになるというほど単純ではないからです。断熱は基本ですが，この他に日射遮蔽などいろいろ工夫しなければPALの基準値をクリアすることはできません。本章では，断熱・日射遮蔽・窓の大きさ・窓ガラスの種類などを工夫してPALの基準値をクリアする方法を学びます。

＜元・旧・新PALチャート＞
本書のPALチャートは元・旧・新の3つのPALを1つの図にまとめて示しています。

縦軸の日射熱取得率と横軸の熱通過率は建物で決まる値です。このPALチャートを使えば，同じ建物で元・旧・新のPALがどう変わったか一目瞭然に分かります。

なお，本章の最後に付図Ⅲ-1-1〜Ⅲ-1-5として，東京（岡山），札幌，鹿児島，那覇の事務所の元・旧・新のPALチャートを示しました。3つのPALの違いや各地域，方位ごとの特徴を読み取って下さい。

表Ⅲ-1-2　事務所のPALの基準値

事務所等 PAL	基準値 MJ/(m² 年)
元PAL（1979）	335
旧PAL（1993） 　　　（1999）	335 300
新PAL（2014） 　1〜3地域 　4〜7地域 　8地域	 430 450 590

1999年の改正でSI単位系が採用されました。元PALと旧PALは全国共通基準です。新PALから地域で異なる基準になりました。1〜3地域は北海道・青森・秋田・岩手，8地域は沖縄，残りが4〜7地域です。東京23区は6地域です。

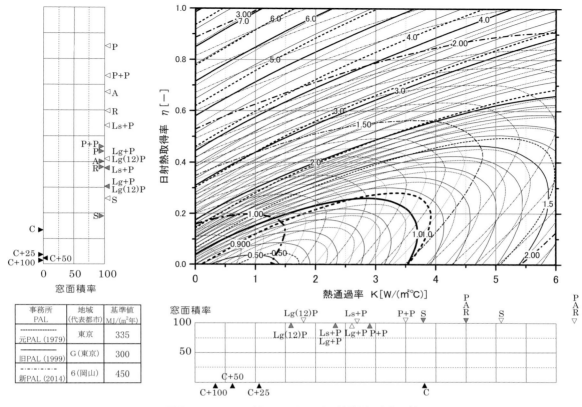

図Ⅲ-1-1　元・旧・新のPALチャート（事務所・東京・南）

事務所PAL	地域（代表都市）	基準値 MJ/(m²年)
元PAL (1979)	東京	335
旧PAL (1999)	G（東京）	300
新PAL (2014)	6（岡山）	450

表Ⅲ-1-3　PALチャートで示すガラスおよび外壁の仕様

ブラインド		図中の記号	記号	ガラスの種類	日射熱取得率 η [-]	熱通過率 K[W/(m²℃)]	日射熱取得率 η [-]	熱通過率 K[W/(m²℃)]
無	有				ブラインド無		ブラインド有	
△	▲			<単板ガラス>				
△	▲	P	P6	透明 6 mm	0.849	6.30	0.441	4.50
△	▲	A	AB6	熱吸(濃ブロンズ) 6 mm	0.671	6.30	0.400	4.50
△	▲	R	RB6	熱反(濃ブロンズ) 6 mm	0.595	6.30	0.379	4.50
△	▲	S	HR6	高性能熱反射(SS8) 6 mm	0.258	5.10	0.191	3.80
無	有	記号		<複層ガラス>	ブラインド無		ブラインド有	
△	▲	P+P	P6+A6+P6	透明 6+空気層 6+透明 6	0.735	3.50	0.460	2.90
△	▲	Ls+P	LowE(S)+A6+P6	LowE(シルバー) 6+空気層 6+透明 6	0.542	2.70	0.377	2.30
△	▲	Lg+P	LowE(G)+A6+P6	LowE(グリーン) 6+空気層 6+透明 6	0.410	2.60	0.302	2.30
△	▲	Lg(12)P	LowE(G)+A12+P5	LowE(グリーン) 6+空気層 12+透明 6	0.410	1.80	0.302	1.60
		図中の記号	記号	コンクリートの屋根・外壁	日射熱取得率 η [-]	熱通過率 K[W/(m²℃)]		
	▲	C	RC180	コンクリート 180 mm	0.133	3.82		
	▲	C+25	RC180+PS25	コンクリート 180 mm+断熱 25 mm	0.037	1.07		
	▲	C+50	RC180+PS50	コンクリート 180 mm+断熱 50 mm	0.022	0.62		
	▲	C+100	RC180+PS100	コンクリート 180 mm+断熱 100 mm	0.012	0.34		

（ブラインドの記号は+BL）
断熱材PSはスチレン発泡板

1-2 PAL チャートによる年間冷暖房負荷の検討

本節では問題を解くことにより，建物外皮の性能によって建物の冷暖房負荷がどのように変わるかを知り，窓ガラスや外壁などの建築的工夫による省エネルギー設計方法を体験的に学んでいきます。

以下の演習問題の建物モデルは右図の事務室の南ゾーンです。外皮面積と床面積の比率は $A_W/A_F=0.8$ とします。

<建物モデル>

本節で計算する事務室は事務所の一角の南のゾーンです。

本節は，新 PAL のゾーニングに従い，矩形のペリメータゾーンとします。階高は 4 m，奥行きが 5 m です。

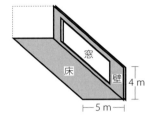

【問 1-1】窓は 6 mm 透明ガラスでブラインド有り，外壁はコンクリート 180 mm とします。窓面積比を ① 100%，② 75%，③ 50%，④ 25%，⑤ 0% と変化させた時の各ケースの PAL を求めなさい。

【解 1-1】結果を図 Ⅲ-1-2 に示します。縦軸の補助軸で 1 枚ガラス＋ブラインド（▲P）とコンクリート 180 mm（▲C）を選び，両点を結んだ線を窓面積比で按分した点が各ケースの平均日射熱取得率 η です。横軸の補助軸で 1 枚ガラス＋ブラインド（▲P）とコンクリート 180 mm（▲C）を選び，両点を結んだ線を窓面積比で按分した点が各ケースの平均熱通過率 K です。平均日射熱取得率 η と平均熱通過率 K の線が交わる等高線の値が PAL 値を読み取ります。

かつての元 PAL や旧 PAL のゾーニングは隣接するゾーンと 45°で区切ります。したがってペリメータゾーンは下図のように台形になります。

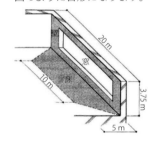

表 Ⅲ-1-4 の中の○印は PAL の基準をクリアしたケースを示し，10%以上下回れば◎印で示します。△印は PAL の基準を上回ったケースであり，特に 10%以上上回るケースは▼印で示してあります。

これによると，元 PAL の窓面積 0%のケースを除き，元・旧・新の PAL とも，1 枚ガラスで断熱がない建物は PAL の基準をクリアできないことが分かります。

【問 1-2】前問 1-1 の外壁に断熱 25 mm を施した場合で，窓面積比を ① 100%，⑥ 75%，⑦ 50%，⑧ 25%，⑨ 0%と変化させた場合の各ケースの PAL を求めなさい。

【解 1-2】結果を図 Ⅲ-1-2 に示します。横軸の補助軸で（▲P）と（▲C＋25）を選びます。縦軸の補助軸も同様とします。

問 1-1 は断熱がありませんでしたが，問 1-2 では外壁に 25 mm の断熱を施しました。

元 PAL と旧 PAL では，窓面積が 50%以下のケースで PAL の基準をクリアできることが分かりました。新 PAL ではケース⑨の無窓の場合に PAL の基準をクリアしています。新 PAL がより厳しい結果です。

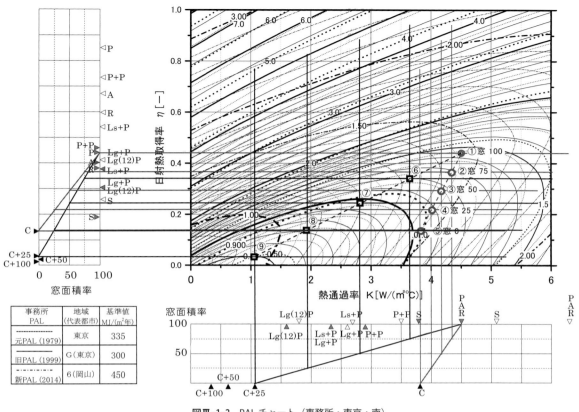

図Ⅲ-1-2 PAL チャート(事務所・東京・南)
〜断熱の有無と窓面積比の違いによる検討〜

表Ⅲ-1-4 PAL チャートによる検討結果(その1:問1-1および問1-2)

問	No	パラメータ	共通条件	K	η	読値			PAL 値		
						元PAL	旧PAL	新PAL	元PAL	旧PAL	新PAL
問1-1	①	窓面積 100%	6 mm 透明ガラス ブラインド有り 外壁断熱無し	4.500	0.441	1.38	1.45	1.46	▼ 462	▼ 435	▼ 657
	②	窓面積 75%		4.330	0.364	1.20	1.29	1.43	▼ 402	▼ 387	▼ 644
	③	窓面積 50%		4.160	0.287	1.09	1.18	1.43	△ 365	▼ 354	▼ 644
	④	窓面積 25%		3.990	0.210	1.02	1.08	1.48	△ 342	△ 324	▼ 666
	⑤	窓面積 0%		3.820	0.133	0.98	1.03	1.45	○ 328	△ 309	▼ 653
問1-2	①	窓面積 100%	6 mm 透明ガラス ブラインド有り 外壁断熱 25 mm	4.500	0.441	1.39	1.29	1.46	▼ 466	▼ 387	▼ 657
	⑥	窓面積 75%		3.643	0.340	1.14	1.20	1.32	▼ 382	▼ 360	▼ 594
	⑦	窓面積 50%		2.785	0.239	0.93	0.97	1.19	○ 312	○ 291	▼ 536
	⑧	窓面積 25%		1.928	0.138	0.70	0.72	1.07	◎ 235	◎ 216	△ 482
	⑨	窓面積 0%		1.070	0.037	0.50	0.50	0.95	◎ 168	◎ 150	○ 428

【問 1-3】問 1-2 で，外壁に 25 mm の断熱をすることで，元 PAL と旧 PAL の窓面積 50%以下のケースで PAL の基準をクリアしました。

問 1-3 では外壁はコンクリート 180 mm で，断熱厚さが ① 0 mm（▲C），② 25 mm（▲C＋25），③ 50 mm（▲C＋50），④ 100 mm（▲C＋100）の各ケースの PAL を求めなさい。なお，窓は 6 mm 透明ガラスでブラインド有り（▲P）で，窓面積比を 50%とします。

【解 1-3】結果を図 Ⅲ-1-3 および表 Ⅲ-1-5 に示します。

元 PAL では，断熱なしのケースを除き，PAL の基準をクリアしました。なお，断熱の厚さを増しても PAL の値は減りません。むしろ若干ですが，増えています。これは保温性が良くなることで，日射熱や内部発熱が外部に出ていかず，室内に熱がこもるためです。これより日射熱や内部発熱を排出するためには換気が大切であることが分かります。

外気を含む旧 PAL ではすべてのケースで PAL の基準をクリアし，断熱を増やしても PAL の値は増えません。

新 PAL も外気を含みますが，すべてのケースで PAL の基準をクリアしていません。新 PAL では外気の潜熱と人からの潜熱を含むため，これらの要素が外気による換気の効果を上回ったものと推測されます。

【問 1-4】窓面積比を 50%，断熱厚さを 25 mm として，ガラスを前問と同じ ② 6 mm 透明ガラス（▲P）のほか，⑤高性能熱反射ガラス（▲S），⑥透明ガラスの複層ガラス（▲P＋P），⑦ LowE ガラスと透明ガラスの複層ガラス（L(g)(12)P）を取り上げます。いずれもブラインドを付けます。各ケースの PAL を求めなさい。

【解 1-4】結果を図 Ⅲ-1-3 および表 Ⅲ 1-1-5 に示します。

元 PAL と旧 PAL では，⑤の高性能熱反射ガラスで PAL の基準を大幅にクリアしています。このガラスは保温性が特に良いわけではありませんが，日射遮蔽性能に優れているため PAL の基準をクリアしました。一方で，⑥と⑦の複層ガラスは，保温性が高く，熱がこもるため PAL の基準を上回っています。

新 PAL はこれと逆の傾向を示しています。保温性能と日射遮蔽性能のバランスが良い⑦の LowE ガラスの複層ガラスで PAL の基準をクリアしています。

外気は熱通過率の K 値を大きくするのと同等の作用をします。新 PAL では潜熱を含むため，外気による熱通過率を大きくする作用がより強く出ます。よって，外皮に対して保温性をより高めるように要求します。

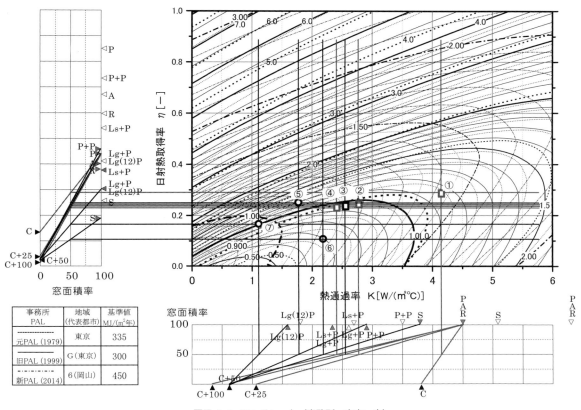

図Ⅲ-1-3 PALチャート（事務所・東京・南）
〜断熱厚さとガラスの種類による検討〜

表Ⅲ-1-5 PALチャートによる検討結果（その2：問1-3および問1-4）

問	No	パラメータ	共通条件	K	η	読値 元PAL	読値 旧PAL	読値 新PAL	PAL値 元PAL		PAL値 旧PAL		PAL値 新PAL	
問1-3	①	断熱厚さ 0 mm	6 mm 透明ガラス ブラインド有り 窓面積 50%	4.160	0.287	1.09	0.97	1.43	△	365	○	291	▼	644
	②	断熱厚さ 25 mm		2.785	0.239	0.93	0.97	1.19	○	312	○	291	▼	536
	③	断熱厚さ 50 mm		2.560	0.232	0.94	0.95	1.16	○	315	○	285	▼	522
	④	断熱厚さ 100 mm		2.420	0.227	0.95	0.94	1.13	○	318	○	282	▼	509
問1-4	③	P6+BL	窓面積 50% 断熱 50 mm	2.560	0.232	0.94	0.95	1.16	○	315	○	285	▼	522
	⑤	HR6+BL		2.210	0.107	0.64	0.70	1.12	◎	214	◎	210	▼	504
	⑥	P6+A6+P6+BL		1.760	0.241	1.30	1.20	1.18	▼	436	▼	360	▼	531
	⑦	LowE(G)+A12+P6+BL		1.110	0.162	1.20	1.00	0.97	▼	402	○	300	○	437

1章　PALチャートによる年間冷暖房負荷の算定

【問 1-5】 非空調エリアがある場合の検討（その 1）

実際の建物では，機械室・階段室・便所・倉庫など空調をしない非空調エリアがあります。これらを建物周囲に配置して空間の負荷を減じることは省エネルギーを考える上での常套手段です。

図 III-1-4 は空調エリアを 70％，非空調エリアを 30％とした場合の PAL チャートです。これを用いて，問 1-3 と同じ条件の PAL を求めなさい。

【解 1-5】結果を図 III-1-4 および表 III-1-6 に示します。

非空調エリアをペリメータに配することで，元 PAL と旧 PAL ではすべてのケースで PAL の値が基準値をクリアし，ほとんどのケースで基準値を 10％以上も下回っています。

新 PAL でもケース①と②の比較的外皮性能が劣るケースを除けば，PAL の基準値をクリアしています。

【問 1-6】 非空調エリアがある場合の検討（その 2）

空調エリアを 70％，非空調エリアを 30％として，問 1-4 と同じ条件の PAL を求めなさい。

【解 1-6】結果を図 III-1-4 および表 III-1-6 に示します。

すべてのケースで PAL 値の基準値をクリアしています。

【補足】 非空調エリアの扱いについて

PAL では，熱通過率や日射熱取得率を非空調エリアでは 1/2 に見なします。これにより同じ外皮であっても，貫流熱負荷や日射熱負荷が空調エリア部分の 1/2 になります。例えば，空調エリアが 70％で，非空調エリアが 30％の場合　70％＋30％÷2＝85％　になります。

さらに，外気負荷も 1/2 になり，内部発熱も 1/2 ではありませんが，これに近い値に減ります。

なお，図 III-1-4 の非空調エリアを含む PAL チャートの横軸の熱通過率および縦軸の日射熱取得率は非空調による補正をしていません。図 III-1-3 と同じ横軸縦軸です。したがって，図 III-1-3 の補助線が図 III-1-4 でもそのまま使えます。

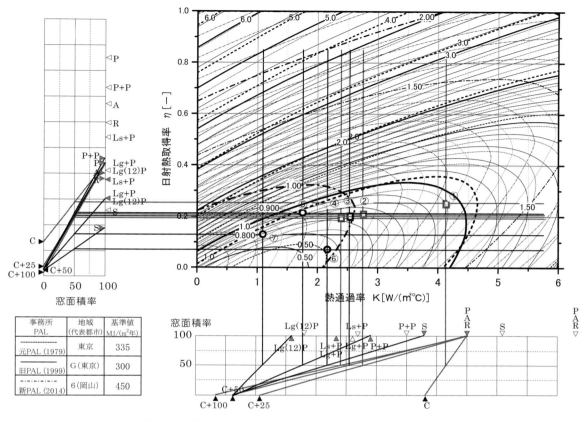

図Ⅲ-1-4 非空調エリア30%としたPALチャート（事務所・東京・南）

表Ⅲ-1-6 PALチャートによる検討結果（その3：問1-5および問1-6）

問	No	パラメータ	共通条件	K	η	読値 元PAL	読値 旧PAL	読値 新PAL	PAL値 元PAL		PAL値 旧PAL		PAL値 新PAL	
問1-5	①	断熱厚さ 0 mm	6 mm透明ガラス ブラインド有り 窓面積50%	4.160	0.287	0.90	0.96	1.23	○	302	○	288	▼	554
	②	断熱厚さ 25 mm		2.785	0.239	0.70	0.77	1.03	◎	235	◎	231	△	464
	③	断熱厚さ 50 mm		2.560	0.232	0.70	0.74	0.99	◎	235	◎	222	○	446
	④	断熱厚さ 100 mm		2.420	0.227	0.70	0.73	0.95	◎	235	◎	219	○	428
問1-6	③	P6＋BL	窓面積50% 断熱50 mm	2.560	0.232	0.70	0.74	0.99	◎	235	◎	222	○	446
	⑤	HR6＋BL		2.210	0.107	0.51	0.57	0.98	◎	171	◎	171	○	441
	⑥	P6＋A6＋P6＋BL		1.760	0.241	0.93	0.84	0.91	○	312	◎	252	○	410
	⑦	LowE(G)＋A12＋P6＋BL		1.110	0.162	0.85	0.69	0.82	◎	285	◎	207	◎	369

<コラム Ⅲ-1> 元 PAL チャートに見る地域の熱負荷特性

下図は，札幌・東京・那覇の各都市の元 PAL チャートです。元 PAL チャートは外皮のみですから，外皮の特徴が最も顕著に現れます。

方位は南・西・北で，いずれも事務所の場合です。なお，東は西とあまり変わりませんので西で代表させてあります。薄くトーンがかかった領域は PAL が 335 MJ/(m^2 年)です。省エネルギー法当初の基準値です。

これによると，地域により，また方位により PAL の等高線の形がずいぶんと違うことに気付かされます。寒冷地の札幌ではトーンの領域が低い位置にあり，外皮の断熱が重要であることが分かります。蒸暑地域の那覇では外皮の断熱ではなく，日射遮蔽が重要であることが分かります。温暖地域の東京では，外皮の断熱と日射遮蔽の両方を組み合わせることが重要であることが分かります。

<コラム Ⅲ-1 の　元 PAL チャート>
本書の他の PAL と若干条件が違います。

横軸と縦軸が入れ替わっています。

左図の横軸が日射透過率となっていますが，これは省エネルギー法当初の呼び方で，現在の日射熱取得率と同じです。

縦軸の熱貫流率（熱通過率）の単位は kcal/(hm^2) です。SI 単位になる前に使われていた単位系です。

PAL の値の単位も Mcal/(m^2 年)です。

外皮面積と床面積の比率は 1.0 です。

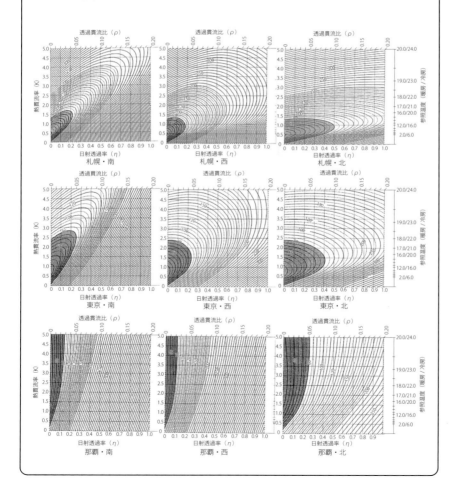

1-3 拡張デグリーデー（EDD）とPALの理論的背景

本章ではPALチャートを使って元・旧・新の3つのPALを求めましたが、ここで改めて理論的背景を学びます。まず、デグリーデー（DD）と拡張デグリーデー（EDD）について学び、次にこれを利用した元PAL、旧PAL、さらに新PAL（PAL*）の計算方法について学んでいきます。

（1）デグリーデー（DD）と拡張デグリーデー（EDD）

デグリーデー（DD：degree days）は古くからある温度のみで暑さ寒さを表す簡易な指標です。例えば、ある日の平均気温が30℃で、室内の冷房設定温度を26℃とすると、その日は30－26＝4［冷房度日］となります。また、別の日の平均気温が5℃で、室内の暖房設定温度を22℃とすると、その日は22－5＝17［暖房度日］となります。このようにして1日平均気温による冷房度日および暖房度日を年間集計したものがデグリーデー（DD）です。

デグリーデーは気温だけですが、実際の冷暖房の熱負荷には気温のほかに、日射や内部発熱（人・照明・機器からの発熱）が関係します。特に、夏の冷房負荷で日射や内部発熱を無視するわけにはいきません。このように日射や内部発熱を含むデグリーデーが拡張デグリーデー（EDD：extended degree days）です。

（2）元PALの計算

1）熱平衡式

まず熱平衡式（Ⅲ-1-1）を示します。これは右図に示すように建物の顕熱負荷のすべてを含んでいます。これはPALの基本となる式です。

$$q = K_W A_W \left(t_O - t_R - \frac{\varepsilon}{\alpha_O} J_\ell \right) + \eta_W A_W J_T + H_S A_F \qquad (Ⅲ\text{-}1\text{-}1)$$

ここに、q：外皮および内部発熱による日平均の熱負荷［W］

K_W：外皮の平均熱通過率［W/(m²℃)］

A_W：外皮面積［m²］

$\boxed{t_O}$：外気温度の日平均値［℃］

t_R：室内設定温度［℃］（冷房時26℃，暖房時22℃）

ε：外皮の平均放射率（＝0.9）［－］

α_O：外表面熱伝達率（＝23）［W/(m²℃)］

なお、PALでは$\varepsilon/\alpha_O ≒ 0.04$とします。

$\boxed{J_\ell}$：長波放射量の日平均値［W/m²］

＜PALの地域区分＞

元・旧・新で地域区分が変わっています。元PALでは全国を東京を含む19都市で代表させ、その都市のEDDが用意されました。旧PALでは全国をA～Lの12の地域に集約されました。東京はG地区の代表都市です。

新PALでは1～8の地域に集約されました。一方で地域の境界は細かく見直されました。例えば、5地域と6地域は茨城県・群馬県～大分県に及びますが、同じ県同じ市でも5地域と6地域に分かれます。5地域の代表都市は宇都宮市、東京の都心は6地域に入りますが、その代表都市は岡山市です。

新PALの地域区分

地域	都道府県名
1, 2	北海道
3	青森県，岩手県，秋田県
4	宮城県，山形県，福島県，栃木県，新潟県，長野県
5, 6	1～4, 7, 8地域を除く都府県
7	宮崎県，鹿児島県
8	沖縄県

＜元PALの熱平衡のモデル＞

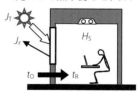

＜気象データ＞

本節の式の注釈で□で囲った記号は気象データです。

＜設計データ＞

本節の式の注釈で＿で表示した記号は設計者が決める設計データです。

η_W：外皮の平均日射熱取得率（透過率，侵入率）［－］
J_T：外皮表面での全日射量の日平均値［W/m²］
H_S：日平均内部発熱量（人・照明・機器の顕熱）［W/m²］
A_F：床面積（PAL では外皮より 5 m までの領域）［m²］

<η：日射熱取得率と
　日射透過率，日射侵入率>
　外表面に入射した日射量のうち，室内に侵入する日射量の比率が日射熱取得率です。
　元 PAL では日射透過率といい，ρ は透過貫流比でした。旧 PAL では日射侵入率になり，新 PAL では日射熱取得率になりました。

式（Ⅲ-1-1）の右辺全体を総熱貫流率（$K_T = K_W A_W$）で括り整理します。

$$q = K_W A_W \left(t_O - t_R - 0.04 J_\ell + \frac{\eta_W}{K_W} J_T + \frac{A_F}{K_W A_W} H_S \right) \quad (\text{Ⅲ-1-2})$$

$$q = K_T (t_O - 0.04 J_\ell + \rho J_T - \theta_{ref}) \quad (\text{Ⅲ-1-3})$$

ここに，$K_T (= K_W A_W)$　　　　　：総熱貫流率　　［W/℃］
　　　　$\rho (= \eta_W / K_W)$　　　　：透過貫流比　　［－］
　　　　$\theta_{ref} (= t_R - (A_F / K_T) H_{SH})$：参照温度　　　［℃］

長波放射量 J_ℓ は $(\varepsilon / \alpha_O) J_\ell = 0.04 J_\ell$ として温度に換算しています。これは SAT（Sol Air Temperature）と同じ考え方です。日射量 J_T も透過貫流比 $\rho = \eta_W / K_W$ を係数とすることで温度に換算しています。

内部発熱は人・照明・機器による発熱をいい，元 PAL と旧 PAL では顕熱のみを扱います。内部発熱 H_S も A_F / K_T の係数を乗じることで温度に換算しています。さらに，室温と合成して参照温度 $\theta_{ref} = t_R - (A_F / K_T) H_S$ を定義します。内部発熱が大きい用途はそれだけ冷房負荷が大きく，暖房負荷が小さくなることが参照温度で分かります。

参照温度をパラメータにすることで建物用途によって異なる内部発熱についても，1 つの EDD 表を共通に使うことができるようになります。

2）拡張デグリーデー

式（Ⅲ-1-3）を年間 365 日について求めます。ここで，室温を $t_R = 26$℃として右辺が＋となる場合を冷房拡張デグリーデー EDC として年間集計します。また，室温を $t_R = 22$℃として右辺が－となる場合を暖房拡張デグリーデー EDH として年間集計します。すなわち，

$$\left. \begin{array}{l} 冷房 \quad EDC = \sum (t_O - 0.04 J_\ell + \rho J_T - \theta_{ref}) \quad ただし，(\ ) > 0 \\ 暖房 \quad EDH = -\sum (t_O - 0.04 J_\ell + \rho J_T - \theta_{ref}) \quad ただし，(\ ) < 0 \end{array} \right\} \quad (\text{Ⅲ-1-4})$$

このようにして求めたものが EDD です。EDD 表は参照温度 θ_{ref}（31 通り）×透過貫流比 ρ（22 通り）で 31×22＝682 個のデータで 1 つの表になります。これが 1 つの地域につき 9 方位×冷房と暖房の 2 通りで計 18 表あります。

<外壁や屋根など不透明な
　部位の日射熱取得率>
これは SAT（Sol Air Temperapture）の時の日射熱取得率と同じです。すなわち，
$\eta = (a / \alpha_O) K_W$
ここに
η：日射熱取得率
a：表面の日射吸収率
α_O：外表面熱伝達率
K_W：部材の熱通過率
PAL では $a = 0.8$
　　　　　$\alpha_O = 23$

3) EDD を使った元 PAL の計算

建物ごとに決まる条件は，床面積 A_F，外皮面積 A_W と外皮の平均熱通過率 K_W と外皮の平均日射熱取得率 η_W です。これから総熱貫流率 $K_T=K_W A_W$ が決まり，透過貫流比 $\rho=\eta_W/K_W$ が決まります。また，建物用途から日平均内部発熱量 H_S が決まり，これから参照温度 $\theta_{ref}=t_R-(A_F/K_T)H_S$ が決まります。

透過貫流比 ρ と参照温度 θ_{ref} から EDD が決まります。EDD は冷房と暖房に分けたので，年間冷暖房負荷と PAL を求める式は次のようになります。

$$Q_A = 0.086 \cdot K_T (k_C \cdot EDC + k_H \cdot EDH) \qquad (\text{Ⅲ-1-5})$$

$$PAL = Q_A / A_F \qquad (\text{Ⅲ-1-6})$$

ここに，　Q_A：年間冷暖房負荷 [MJ/年]
　　　　　PAL：元 PAL [MJ/(m² 年)]
　　　　　A_F：ペリメータの床面積 [m²]
　　　EDC, EDH：冷房および暖房の拡張デグリーデー [℃日]
　　　　　K_T：総熱貫流率 [W/℃]
　　　　k_C, k_H：地域係数 [－]

0.086（＝3600×24/1,000,000）は熱負荷の単位 W を年間積算負荷の MJ に換算するための係数です。

地域係数：さて，地域係数 k_C, k_H とは何かですが，これは EDD によって求めた年間冷暖房負荷を補正するための係数です。なぜ補正するかというと，非定常熱負荷計算では見込むが EDD では見込まない要素があるからです。例えば，EDD では休日と平日の区別無く気温や日射量や内部発熱量，外気量を平均していますが，実際は空調するのは昼間で夜間や休日は冷暖房運転しません。EDD では時間変化の無い定常で扱いますが，実際は気温や日射量が変化します。また，建物には熱容量があり変化しても即座に冷暖房負荷は反応しません。時間遅れを伴います。さらに，EDD ではガラスの入射角特性を考慮していませんが，実際は太陽の位置は時々刻々変化しており，ガラスの入射角も変化して，室内に侵入する日射熱も影響を受けます。

これらを補正するのが地域係数です。このために膨大なケースの試算をして，結果を統計的に分析して地域係数 k_C, k_H が決められています。

地域係数 k_C, k_H で補正することで，EDD で簡易的に求めた年間冷暖房負荷を，詳細な非定常熱負荷計算したのと同等の精度の年間冷暖房負荷にすることができます。なお，k_C, k_H は地域と建物用途で値が異なるので"地域係数"と呼ばれます。

<元 PAL の内部発熱条件>

用途	内部発熱
事務所	10 kcal/(hm²) 11.63 W/m²

24 時間 365 日平均値

<元 PAL の事務所の地域係数>

代表地域	k_C	k_H
北海道	1.00	0.80
秋田	1.00	0.75
新潟・仙台 前橋・松本	1.00	0.65
米子	1.00	0.60
東京・名古屋 大阪・広島 熊本・福岡	1.00	0.55
鹿児島	1.00	0.50
那覇	1.00	0.00

<元 PAL の基準値>

用途	PAL
事務所	80 Mcal/(m² 年) 335 MJ/(m² 年)

（3）旧 PAL の計算

旧 PAL と元 PAL の違いは，旧 PAL に元 PAL では無かった熱負荷に外気の要素が加わったことです。熱平衡式を示すと次のようになります。

$$q = K_W A_W (t_O - t_R - 0.04 J_\ell) + \eta_W A_W J_T + H_S A_F + c_p \gamma G_O A_F (t_O - t_R) \times 1000/3600 \quad (\text{III-1-7})$$

ここに，G_O：外気量 $[\text{m}^3/(\text{hm}^2)]$（➡右欄）

c_p：空気の比熱（$=1.006$（PAL では $c_p=1.0$）$[\text{kJ}/(\text{kg}°\text{C})]$

γ：空気の密度（$=1.2$）$[\text{kg/m}^3]$

外気量 G_O は用途ごとに定められた値を用います。また，空気の比熱と密度は $c_p \gamma \times 1000/3600 = 0.33533\cdots$ ですが，PAL では 0.33 を使います。

ところで，式（III-1-7）の右辺を $K_W A_W$ で括ると，右辺の（ ）の中に換気の $c_p \gamma G_O A_F/(K_W A_W)$ という新たな項ができます。これを含めた EDD は元 PAL で折角作った EDD と違ってしまいます。そこで旧 PAL でも元 PAL の EDD をそのまま流用することにしました。

旧 PAL の年間冷暖房負荷を求める式は次のようになります。

$$Q_A = (K_W A_W + 0.33 G_O A_F)(k_C \cdot EDC + k_H \cdot EDH) \quad (\text{III-1-8})$$

旧 PAL では $K_{T+V} = K_W A_W + 0.33 G_O A_F$ を総熱貫流率と定義します。なお，侵入貫流比は $\rho = \eta_W A_W / K_{T+V}$ となります。分母には換気を含めた総熱貫流率を用います。参照温度も $\theta_{ref} = t_R - (A_F/K_{T+V}) \cdot H_S$ となります。

この侵入貫流比 ρ と参照温度 θ_{ref} から冷房 EDC と暖房 EDH を求め，年間冷暖房負荷と PAL を求める式は次のようになります。

$$Q_A = 0.086 \cdot K_{T+V} (k_C \cdot EDC + k_H \cdot EDH) \quad (\text{III-1-9})$$

$$PAL = Q_A / A_F \quad (\text{III-1-10})$$

ここに，Q_A：年間冷暖房負荷 $[\text{MJ}/年]$

PAL：旧 PAL $[\text{MJ}/(\text{m}^2 年)]$

A_F：ペリメータの床面積 $[\text{m}^2]$

EDC, EDH：冷房および暖房の拡張デグリーデー $[°\text{C 日}]$

K_{T+V}：換気を含む総熱貫流率 $[\text{W}/°\text{C}]$

k_C, k_H：地域係数 $[-]$

地域係数の k_C, k_H は新たに決められました。また，事務所，店舗，ホテル以外の病院，学校，飲食店，集会所についても順次整備されました。

旧 PAL では外気負荷が加わっています。また，1999 年の法改正で事務所・店舗・ホテルの PAL の基準値は元 PAL よりもより厳しい値になっています。

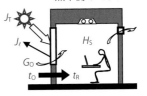

＜旧 PAL の熱平衡のモデル＞

＜旧 PAL の内部発熱および基準外気量＞

用途		内部発熱 W/m²	外気量 m³/(hm²)
事務所		11.4	1.14
店舗		24.4	10.0
ホテル	客室	8.0	3.9
	高発熱用途	25.5	4.5
	低発熱用途	17.4	2.0
病院	病室部	16.4	2.3
	非病室部	11.2	1.7
学校	教室部	11.2	2.3
	非教室部	8.1	1.0
飲食	客室部	24.2	5.8
	非客室部	18.3	2.5
集会	集会室部	24.2	5.8
	非集会室部	18.3	2.5

24 時間 365 日平均値

＜旧 PAL の地域係数＞
事務所の場合

	代表地域	k_C	k_H
A	北海道東部	1.40	0.60
B	北海道東部	1.35	0.55
C	東北北部	1.30	0.55
D	東北南部	1.25	0.45
E	関東北部	1.15	0.45
F	北陸・長野北	1.10	0.50
G	関東南-長野	1.05	0.40
H	静岡	1.10	0.40
I	中部南-中国	1.10	0.45
J	紀伊-九州	1.05	0.45
K	九州南部	1.10	0.40
L	那覇	1.00	0.25

地域係数は元 PAL と同様に EDD 負荷を HASP 負荷に補正するものです。なお，旧 PAL では外気の要素が加わったことで地域係数は全面的に見直されました。

【問 1-7】ある日の平均気温が $t_0=10℃$ であり，冷房の設定温度を $t_R=26℃$，暖房の設定温度を $t_R=22℃$ とするとき，この日の冷房 DD と暖房 DD を求めなさい。

【解 1-7】 冷房　$10-26=-16<0$　故に　冷房 DD$=0$　［度日］
　　　　 暖房　$10-22=-12<0$　故に　暖房 DD$=12$　［度日］

<旧 PAL の基準値>

用途	MJ/(m² 年)
事務所	300
店舗	380
ホテル	420
	寒冷地 470
病院	340
	寒冷地 370
学校	320
飲食店	550
集会所	550

【問 1-8】同じ日で，1日の時間平均値として全日射量を $J_T=150\,\text{W/m}^2$，長波放射量を $J_\ell=20\,\text{W/m}^2$，内部発熱（人・照明・機器の合計）を $H_S=11.63\,\text{W/m}^2$ とします。建物側は外皮の平均熱通過率を $K_W=2.0\,\text{W/(m}^2℃)$，平均日射熱取得率を $\eta_W=0.2$，外皮面積と床面積を $A_W=A_F=100\,\text{m}^2$ とするとき，この日の元 PAL の冷房 EDC と暖房 EDH を求めなさい。

【解 1-8】総熱貫流率は $K_T=K_W A_W=2.0\times100=200$ です。
侵入貫流比は $\rho=\eta_W/K_W=0.2/2.0=0.1$ となります。
参照温度は
　冷房が $\theta_\text{ref}=t_R-(A_F/K_T)H_S=26-(100/200)\times11.63=20.185℃$，
　暖房は $\theta_\text{ref}=t_R-(A_F/K_T)H_S=22-(100/200)\times11.63=16.185℃$ です。
よって，この日の冷房 EDC と暖房 EDH はそれぞれ
$EDC=t_0-0.04J_\ell+\rho J_T-\theta_\text{ref}=10-0.04\times20+0.1\times150-20.185=4.015>0$
$EDH=t_0-0.04J_\ell+\rho J_T-\theta_\text{ref}=10-0.04\times20+0.1\times150-16.185=8.015>0$
故に　冷房 EDC$=4.015$［度日］，暖房 EDH$=0$［度日］

【問 1-9】前問と同じ日で，旧 PAL の冷房 EDC と暖房 EDH を求めなさい。
なお，内部発熱 $H_S=11.4\,\text{W/m}^2$ の値が元 PAL と旧 PAL とで異なり，また，旧 PAL で新たに加わった外気量は事務所で $G_O=1.14\,\text{m}^3/(\text{hm}^2)$ です。

【解 1-9】総熱貫流率は
　$K_{T+V}=K_W A_W+0.33 G_O A_F=2.0\times100+0.33\times1.14\times100=237.62$ です。
侵入貫流比は $\rho=\eta_W A_W/K_{T+V}=0.2\times100/237.62=0.084168$ となります。
参照温度は，
　冷房 $\theta_\text{ref}=t_R-(A_F/K_{T+V})\cdot H_S=26-(100/237.62)\times11.4=21.20℃$
　暖房 $\theta_\text{ref}=t_R-(A_F/K_{T+V})\cdot H_S=22-(100/237.62)\times11.4=17.20℃$
よって，この日の冷房 EDC と暖房 EDH はそれぞれ
　$EDC=t_0-0.04J_\ell+\rho J_T-\theta_\text{ref}=10-0.04\times20+0.1\times150-21.20=3.0>0$
　$EDH=t_0-0.04J_\ell+\rho J_T-\theta_\text{ref}=10-0.04\times20+0.1\times150-17.20=7.0>0$
故に　冷房 EDC$=3.0$［度日］，暖房 EDH$=0$［度日］

（4）新 PAL（PAL＊）の計算法

新 PAL でも定常熱平衡式を基本としますが，新 PAL では元 PAL や旧 PAL にない以下の①〜⑨の新しい要素が盛り込まれています。

① 日単位で冷暖房負荷を評価し，年間積算して年間冷暖房負荷とします。
② 冷暖房負荷は要素別（貫流熱・日射熱・内部発熱・外気負荷）に熱取得算定し，これらの組み合わせにより日単位の冷暖房負荷を評価します。
③ 貫流熱と日射熱については要素別に，定常熱負荷（EDD 負荷）と非定常熱負荷（HASP 負荷）の補正をします。
④ 1 日の中での冷房負荷と暖房負荷の混在を考慮します。
⑤ 日単位の計算なので，土日祝日などの休日の冷暖房負荷はゼロとします。
⑥ 内部発熱や外気量の値は，休日を含めた年間日平均値ではなく，運転日の日平均値を用います。
⑦ 内部発熱と外気負荷では潜熱を加えた全熱とします。
⑧ 日射熱取得の計算に入射角特性を見込みます。元 PAL や旧 PAL の EDD 法では入射角特性は見込まずに，年間の熱負荷を地域係数で一括して補正していました。新 PAL では日単位で計算しますが，季節により入射角が大きく変わるため，日射の入射角特性を考慮することになりました。
⑨ 日射に地面からの反射日射を考慮します。

それでは要素別に熱取得の計算をみていきましょう。

1）要素別熱取得（その 1）：長波放射を含む温度差による貫流熱取得

次式は式（II-2-7）と基本的に同じです。

$$q_K = 24 \times K_W A_W \left(t_O - t_R - \frac{\varepsilon}{\alpha_O} J_{\ell(H)} \Psi_S \right) \quad (\text{III-1-11})$$

ここに，q_K：長波放射を含む温度差による貫流熱取得［Wh/日］
　　　　K_W：外皮の平均熱通過率［W/(m²℃)］
　　　　A_W：外皮の合計面積［m²］
　　　　t_O：外気温度の日平均値［℃］
　　　　t_R：室内の設定温度［℃］➡右欄の表
　　　　　　新 PAL では季節ごとに室温・湿度が設定されています。
　　　　ε：部材表面の放射率［－］（PAL では $\varepsilon = 0.9$）
　　　　α_O：外表面熱伝達率［W/(m²℃)］（PAL では $\alpha_O = 23$）
　　　　$J_{\ell(H)}$：水平面長波放射量の日平均値［W/m²］
　　　　Ψ_S：外壁や屋根・窓の表面からみる空の形態係数［－］
　　　　　　水平面では $\Psi_S = 1.0$，垂直面の場合は $\Psi_S = 0.5$

＜熱取得と熱負荷＞

新 PAL では，要素別に熱負荷を算定しますが，貫流熱と日射熱については，熱取得と時間遅れを伴った熱負荷とを区別しています。

なお，外気は対流そのものですから初めから熱負荷です。内部発熱には新 PAL では時間遅れを見込んでいません。

＜新 PAL の室温と湿度＞

	設定室温	設定湿度
夏期	26℃	50%
中間期	24℃	50%
冬期	22℃	50%

＜新 PAL の季節区分＞

	地域区分＊		
	1-2	3-7	8
1月	冬期	冬期	冬期
2月	冬期	冬期	冬期
3月	冬期	冬期	冬期
4月	冬期	中間期	中間期
5月	中間期	中間期	夏期
6月	中間期	夏期	夏期
7月	夏期	夏期	夏期
8月	夏期	夏期	夏期
9月	夏期	夏期	夏期
10月	中間期	中間期	夏期
11月	冬期	中間期	中間期
12月	冬期	冬期	中間期

＊地域区分については p.181 の右欄を参照のこと。

本項の式中の注釈で□で囲った記号は気象データです。

2) 要素別熱取得（その2）：日射熱取得

<日射熱取得>

新PALでは時々刻々変化する日射量と入射角特性を考慮した計算をします。また，直達日射と天空日射のほかに，地面からの反射日射も考慮します。計算式を以下に示しますが少し複雑です。なお，新PALでは不透明壁体である外壁等にも日射の入射角特性 g_i を見込んでいます。

$$q_S = \eta_W A_W \times \sum_{j=1}^{24} \left\{ \frac{g_i}{0.88} J_{D(n),j} \cos(i) + \frac{g_d}{0.88} (J_{S(H),j}\Psi_S + J_{G,j}\Psi_G) \right\}$$

(Ⅲ-1-12)

ここに，　q_S：日射熱取得［Wh/日］
　　　　　η_W：外皮の平均日射熱取得率［－］
　　　　　A_W：外皮の合計面積［m²］
　　　　　$J_{D(n),j}, J_{S(H),j}, J_{G,j}$：時刻 j の法線面直達日射量，水平面天空日射量，地面の反射日射量［W/m²］
　　　　　$\cos(i)$：入射角 i の余弦［－］
　　　　　g_i, g_d：直達日射および散乱日射のガラスの入射角特性
　　　　　　　　（→式(I-1-3) および式(I-1-4)）
　　　　　　　　（0.88 は 3 mm 標準ガラスの法線面入射時の日射熱取得率，散乱日射の熱取得率は $g_d = 0.808$）
　　　　　Ψ_S, Ψ_G：天空および地面への形態係数［－］
　　　　　　　　水平面は $\Psi_S = 1$，$\Psi_G = 0$，垂直面は $\Psi_S = \Psi_G = 0.5$

地面の反射日射量 $J_{G,j}$ は

$$J_G = r_G \times J_{T(H)}$$

(Ⅲ-1-13)

ここに，　J_G：地面の反射日射量［W/m²］
　　　　　r_G：地面の反射率［－］（新PALでは $r_G = 0.1$）
　　　　　$J_{T(H)}$：水平面全日射量［W/m²］

つまり，地面の反射日射量 $J_{G,j}$ は，地面に当たる水平面全日射量 $J_{T(H)}$ に地面の反射率 r_G を乗じたものです。新PALでは $r_G = 0.1$ です。

<日射熱取得率>

①窓ガラスの日射熱取得率 η_{GL}

$$\eta_{GL} = \frac{SC}{\eta_{max}} = \frac{SC}{0.88}$$

(Ⅲ-1-14)

ここに，　SC：ガラスの遮蔽係数［－］（➡表I-1-3）
　　　　　η_{max}：3 mm 標準ガラスの法線面入射の日射熱取得率［－］
　　　　　　　　（新PALでは $\eta_{max} = 0.88$ を用いています）

<式(Ⅲ-1-12)の補足>

・式(Ⅲ-1-12)は外皮（窓ガラスや外壁や屋根）に共通の式です。

・法線面直達日射量 $J_{D(n),j}$ に入射角 i の余弦 $\cos(i)$ を乗じた $J_{D(n),j} \times \cos(i)$ がその面の直達日射量になります。

・g_i と g_d は 3 mm ガラスの入射角特性です。0.88 は法線面の入射角特性で，$g_i/0.88$ あるいは $g_d/0.88$ とすることで法線面入射に対する任意の入射角における日射の熱取得の比率になります。

・ガラスの入射角特性 g_i と g_d は，普通は窓ガラスに対してのみ用いますが，新PALでは不透明な壁体に対しても用いています。

なお，散乱日射の 3 mm 標準ガラスの日射熱取得率は 0.808 です。

<ガラスの遮蔽係数 SC と
　　日射熱取得率 η>

遮蔽係数 SC は 3 mm 標準ガラスの日射熱取得率 η_{max} を基準として他のガラスの日射熱取得率の比率を示したものです。

式(Ⅲ-1-14)を使って遮蔽係数と日射熱取得率は相互に変換できます。

1章　PALチャートによる年間冷暖房負荷の算定　　187

②外壁などの不透明壁体の日射熱取得率 η_{WL} [－]

$$\eta_{WL} = \frac{a}{\alpha_O} K_{WL} \tag{Ⅲ-1-15}$$

ここに，a：外皮表面の日射吸収率［－］（PAL では $a=0.8$）

α_O：外表面熱伝達率［W/(m²℃)］（PAL では $\alpha_O=23$）

K_{WL}：不透明な壁体の熱通過率［W/(m²℃)］

③外皮の平均日射熱取得率 η_W [－]

$$\eta_W = \frac{\sum(\eta_{GL} A_{GL}) + \sum(\eta_{WL} A_{WL})}{\sum A_{GL} + \sum A_{WL}} \tag{Ⅲ-1-16}$$

ここに，A_{WL}：不透明な外皮の面積［m²］

A_{GL}：窓の面積［m²］

<不透明部位の日射熱取得率>
第Ⅱ編 1 章 1-3 で示しました。式（Ⅲ-1-15）は第Ⅱ編 1 章の［問 1-7］と同じです。

3）要素別熱取得（その 3）：内部発熱による熱負荷

内部発熱は人・照明・機器からの発熱ですが，新 PAL では人の潜熱発熱を含むようになりました。

$$Q_H = 24 \times H_{S+L} = 24 \times (H_{human(S+L)} + H_{light} + H_{app}) \times A_F \tag{Ⅲ-1-17}$$

ここに，Q_H：内部発熱による熱負荷［Wh/日］

H_{S+L}：内部発熱量［W］

$H_{human(S+L)}$：人の顕熱と潜熱の発熱密度の日平均値［W/m²］

H_{light}：照明の発熱密度の日平均値［W/m²］

H_{app}：機器の発熱密度の日平均値［W/m²］

A_F：床面積［m²］

<新 PAL の事務室の内部発熱密度>
新 PAL の日平均発熱密度は，事務所の事務室の場合で以下の通りです。
人：標準値 0.1 人/m²，日在席率 44.2%，日平均発熱密度 5.26 W/m²
照明：照明電力 12 W/m²，日使用率 51.3%，日平均発熱密度 6.15 W/m²
機器：機器電力 12 W/m²，日使用率 60.6%，日平均発熱密度 7.28 W/m²

<非空調エリアの扱い>
非空調エリアでは，外皮の熱通過率，日射熱取得率の値を空調エリアの半分に見込みます。
また，外気量も半分に見込みます。

4）要素別熱取得（その 4）：外気負荷

新 PAL では外気負荷を全熱で計算します。

$$Q_O = 24 \times \gamma G_O A_F (i_O - i_R) \tag{Ⅲ-1-18}$$

ここに，Q_O：外気負荷［Wh/日］

γ：空気の密度［kg/m³］（$\gamma=1.2$です）

G_O：日平均外気量［m³/(hm²)］（事務所の事務室で $G_O=2.92$）

A_F：床面積［m²］

i_O：外気の比エンタルピの日平均値［J/kg］

i_R：室内の比エンタルピの設定値［J/kg］

<新 PAL の外気量の補足>
事務所の事務室の場合の外気量の標準値は 5 m³/(hm²) です。
新 PAL の 1 日の時間運転は 14 時間なので日平均外気量は 2.92 m³/(hm²) となります。

5) 熱取得の補正

これまでに求めた貫流熱取得と日射熱取得はEDD法と同じ定常計算ですが，非定常計算法による精解の熱負荷とは若干乖離があるために補正しなければなりません。元PALや旧PALでは年間で一括して補正していましたが，新PALでは日ごとに補正します。また，貫流熱負荷については1日の内でも熱負荷に冷房と暖房の混在を認めた補正をします。なお，新PALでは内部発熱と外気負荷については補正しません。

$$\left.\begin{array}{l} 貫流熱取得から冷房負荷への補正 \quad Q_{Kc}=a_{Kc}\times q_K+b_{Kc}>0 \\ 貫流熱取得から暖房負荷への補正 \quad Q_{Kh}=a_{Kh}\times q_K+b_{Kh}<0 \\ 日射熱取得から冷房負荷への補正 \quad Q_{Sc}=a_{Sc}\times q_S+b_{Sc}>0 \end{array}\right\} \quad (\mathrm{III}\text{-}1\text{-}19)$$

ここに，q_K, q_S：先に求めた貫流熱取得および日射熱取得 [Wh/日]

　　　　$a_{Kc}, b_{Kc}, a_{Kh}, b_{Kh}, a_{Sc}, b_{Sc}$：補正係数 [-]

　　　　Q_{Kc}：長波放射を含む貫流熱による日冷房負荷 [Wh/日]

　　　　Q_{Kh}：長波放射を含む貫流熱による日暖房負荷 [Wh/日]

　　　　Q_{Sc}：日射による日冷房負荷 [Wh/日]

式(III-1-19)では$Q_{Kc}>0$，$Q_{Kh}<0$，$Q_{Sc}>0$の制限があります。式(III-1-19)は統計的に求めた近似式ですが，近似の適用範囲を超えて符号が変わる，例えば冷房負荷が負の値になるとか，暖房負荷が正の値になる場合は，その負荷はゼロに修正するという意味です。

補正係数のa_{Kc}，b_{Kc}，a_{Kh}，b_{Kh}，a_{Sc}，b_{Sc}は，①建物用途で異なり，②地域で異なり，さらに③前日が休日の休み明けと平日で補正係数の値が異なります。休み明けは空調を停止したことで熱負荷が建物躯体に蓄積され，この熱（蓄熱負荷といいます）を除去するために，熱負荷が大きくなります。

6) 要素別熱負荷の合成による冷房と暖房の分離

元PALや旧PALでは，貫流熱と日射熱と内部発熱の要素を合算して日ごとに冷房か暖房のどちらかに分類します。つまり＋ならば冷房，－ならば暖房となり簡単です。新PALでは，一日の中で冷房と暖房の両方が存在することを考慮します。これを次のような方法で冷房と暖房に分けています。

新PALでは熱負荷を貫流熱のQ_{Kc}とQ_{Kh}，日射熱のQ_{Sc}，内部発熱のQ_H，外気負荷のQ_oの5つの要素に分けました。この中で冷房要素は貫流熱のQ_{Kc}と日射成分のQ_{Sc}と内部発熱Q_Hです。暖房要素は貫流熱のQ_{Kh}です。外気負荷は$Q_o>0$の時に冷房要素となり，$Q_o<0$の時に暖房要素になります。

新PALでは5つの要素から次のようにして冷房負荷と暖房負荷に分離します。

まず，冷房の貫流熱を除いたすべての要素を合算します。その合算値 ΔQ の正負により冷房負荷と暖房負荷に分離します。

$$\left. \begin{array}{l} \Delta Q = Q_{Kh} + Q_S + Q_H + Q_O \\ \Delta Q \geq 0 \text{ の時} \quad 冷房負荷 \quad Q_{DC} = Q_{Kc} + \Delta Q \\ \phantom{\Delta Q \geq 0 \text{ の時}} \quad 暖房負荷 \quad Q_{DH} = 0 \\ \Delta Q < 0 \text{ の時} \quad 冷房負荷 \quad Q_{DC} = Q_{Kc} \\ \phantom{\Delta Q < 0 \text{ の時}} \quad 暖房負荷 \quad Q_{DH} = \Delta Q \end{array} \right\} \quad (\text{Ⅲ-1-20})$$

式（Ⅲ-1-20）では常に冷房負荷 Q_{DC} が存在するように見えますが，そうではありません。$\Delta Q < 0$ の時には貫流熱の Q_{Kc} 自身が式（Ⅲ-1-19）でゼロになります。

7）年間の冷暖房負荷と新 PAL

式（Ⅲ-1-20）で求めた日ごとの冷房負荷と暖房負荷を年間に亘って合計し，さらにこれを床面積で除して新 PAL とします。

$$年間冷暖房負荷 \quad Q_A = 0.0036 \times \{\Sigma(Q_{DC}) - \Sigma(Q_{DH})\} \quad (\text{Ⅲ-1-21})$$

$$新\ PAL \quad PAL = Q_A / A_F \quad (\text{Ⅲ-1-22})$$

ここに，　Q_A：年間冷暖房負荷［MJ/年］
　　　　　Q_{DC}：日別の冷房負荷［Wh/日］
　　　　　Q_{DH}：日別の暖房負荷［Wh/日］
　　0.0036：単位 Wh を MJ に換算するための係数
　　　　　PAL：新 PAL［MJ/(m² 年)］
　　　　　A_F：ペリメータの床面積［m²］

8）新 PAL の床面積の扱い

1-2 節の建物モデルでも説明しましたが，元 PAL や旧 PAL では外皮に沿って床面積を定義するためペリメータの床面積は台形の集まりになります。規模が小さい建物では外皮面積に対して床面積が小さくなり，床面積当たり熱負荷を過剰に見込むため，規模補正の必要がありました。

新 PAL ではこれを改め，外皮に沿って長方形となるように変更されました。こうすることで，規模に関係なく外皮負荷を評価でき，規模補正の必要がなくなりました。一方で出隅では床面積が二重に計上されます。内部発熱や外気負荷が部分的に二重に算入されますが，分母の床面積も増えるので，相殺されます。

> **＜コラムⅢ-2＞　元・旧・新 PAL の外気の扱い方の違い**
>
> 　先の 1-2 節の問 1-1〜1-6 では，同じ外皮でありながら元・旧・新 PAL での評価が随分と違う場合がありました。元 PAL や旧 PAL では保温性を高めると却って PAL が大きくなることがありますが，新 PAL では PAL 基準をクリアできるのは，保温性の高い領域に限定されます。一方で，元 PAL や旧 PAL では，日射熱取得率や熱通過率によって PAL が大きく変化しますが，新 PAL ではこの変化の勾配が緩やかです。新旧の違いはありますが，同じ PAL で何故このような違いがあるのでしょうか。
> 　この主な原因は外気です。本節(3)項の旧 PAL の計算で出てくる
> $$Q_A = (K_W A_W + 0.33 G_O A_F)(k_C \cdot EDC + k_H \cdot EDH) \quad 再掲 \; (Ⅲ\text{-}1\text{-}8)$$
> で $K_{T+V} = K_W A_W + 0.33 G_O A_F$ を総熱貫流率と定義しているように，外気は熱通過率と同等であり，外気があると熱貫流率（熱通過率と同じ）が大きくなります。このため外気を含まない元 PAL と特に外気の潜熱まで含む新 PAL に大きな違いが現れます。
>
> 　元 PAL は外気を含まない純粋な外皮性能を評価しています。熱負荷を外気で処理するか冷房で処理するかの手前までが元 PAL の役割です。
> 　旧 PAL からは外気を含めた PAL になり，新 PAL では潜熱も含めていますが，これは一般に業務用建物では外気を取り入れた換気や冷暖房を前提にしていますので，元 PAL の一歩先までの熱負荷を評価するように改められたのです。
>
> 　PAL チャートの横軸は外気を含まない純粋な外皮の熱通過率です。総熱貫流率と熱通過率の差だけ，PAL チャートの等高線は左側にシフトします。
> 　旧 PAL は顕熱だけですが，外気による総熱貫流率の上乗せ分は上記の式の中の $0.33 G_O$ です。事務所の場合は $0.33 G_O = 0.38$ です。これだけ，PAL の線が左にずれます。
> 　新 PAL では潜熱を含みます。全熱÷顕熱で温度換算できますが，この比率はその時々の天候に左右されますから，年間に亘って統計的に処理する必要があります。
> 　なお，外気を含めた総熱貫流率を横軸に取ると，元 PAL，旧 PAL，新 PAL を 1 つのチャートで表すことができなくなります。本書の PAL チャートは，外皮の熱通過率を横軸とすることで 3 つの PAL を 1 つのチャートに描いています。

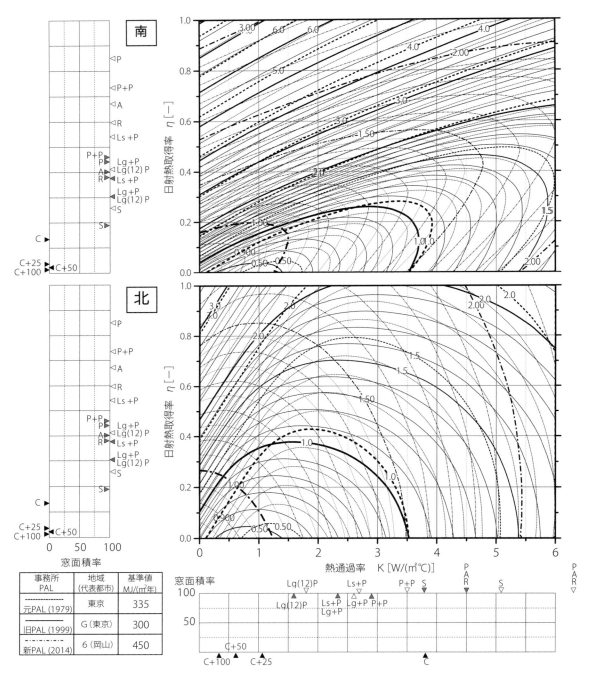

付図Ⅲ-1-1　東京（南・北）のPALチャート（事務所，外皮面積/床面積＝0.8）
（代表都市：元＝東京，旧＝G地区（東京），新＝6地域（岡山））

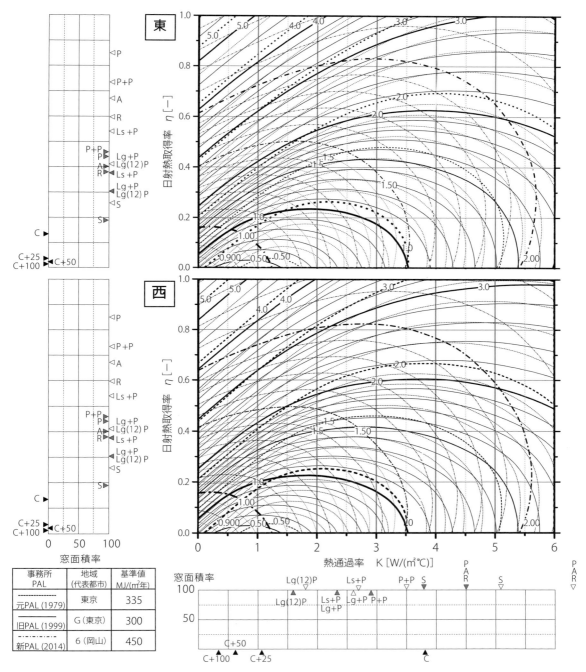

付図Ⅲ-1-2　東京（東・西）の PAL チャート（事務所，外皮面積/床面積＝0.8）
（代表都市：元＝東京，旧＝G 地区（東京），新＝6 地域（岡山））

1章　PAL チャートによる年間冷暖房負荷の算定

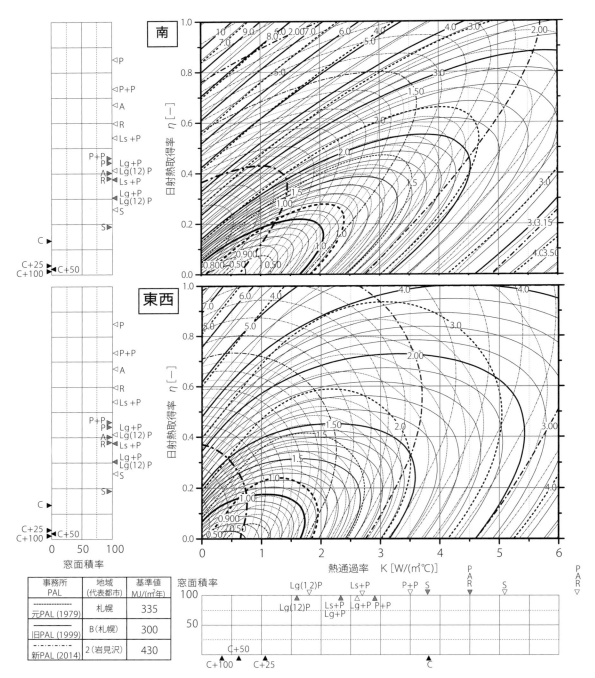

付図Ⅲ-1-3 札幌（南・東西）のPALチャート（事務所，外皮面積/床面積＝0.8）
（代表都市：元＝札幌，旧＝B地区（札幌），新＝2地域（岩見沢））

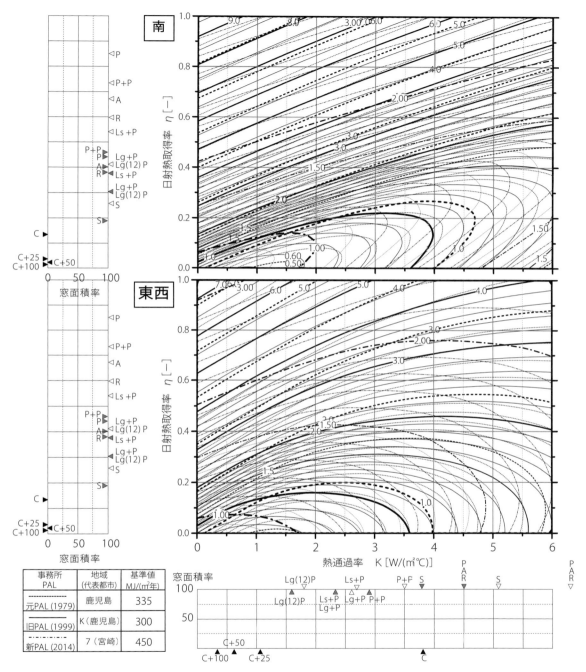

付図Ⅲ-1-4　鹿児島（南・東西）のPALチャート（事務所，外皮面積/床面積=0.8）
（代表都市：元=鹿児島，旧=K地区（鹿児島），新=7地域（宮崎））

1章　PALチャートによる年間冷暖房負荷の算定

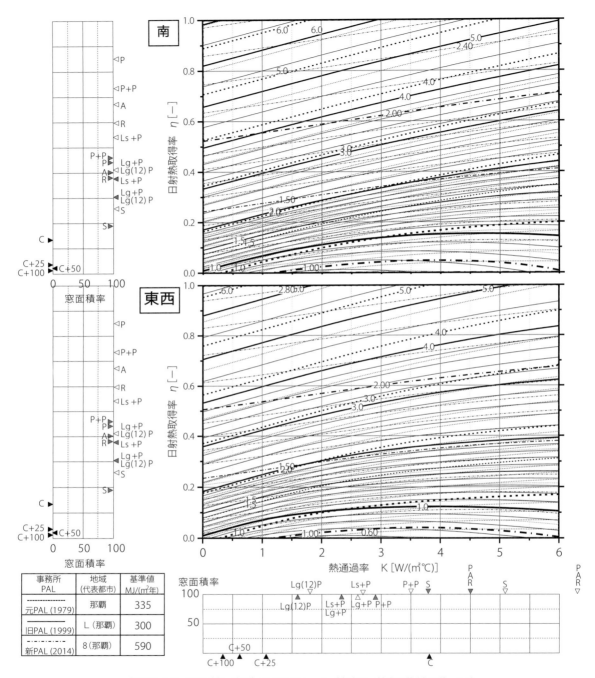

付図Ⅲ-1-5 那覇（南・東西）の PAL チャート（事務所，外皮面積/床面積＝0.8）
（代表都市：元＝那覇，旧＝L地区（那覇），新＝8地域（那覇））

2章　外気冷房チャートによる年間冷房負荷の削減効果の検討

真夏や真冬では外気は負荷になりますが，春や秋あるいは夏でも気温が低いときに外気を利用すれば，冷房を行わずに室内の冷房負荷を処理する"外気冷房"ができます。

外気冷房が有効であるためには，①気温が低いことと，②冷房負荷が存在することの2つの条件が同時に揃うことが必要です。例えば，寒冷地では気温が低いので外気冷房は簡単ですが肝心の冷房負荷が小さく，一方，蒸暑地域では冷房負荷はいっぱいありますが，気温が高いので外気冷房を導入しにくいということになります。本章では，どのような条件でどのくらいの量の外気冷房が可能かを「外気冷房チャート」を使って検討してみます。

前章のPALチャートでも換気の効果を扱いましたが，PALチャートでは外気が負荷になる場合と外気冷房になる場合とを区別できません。また冷房に対する効果と暖房に対する効果も区別できません。本章の外気冷房効果チャートを使えば外気冷房による冷房負荷削減効果を知ることができます。

2-1　外気冷房チャートとは

（1）外気冷房チャートの原理／気温と熱負荷との関係

図Ⅲ-2-1は気温と熱負荷の関係を模式的に表したものです。横軸が気温を，縦軸は冷房負荷を正で，暖房負荷を負で示しています。

- H線：H線は内部発熱（Q_H）であり，照明・人・OA機器などが発する熱です。内部発熱は気温に関係しませんから，H線は水平な線になります。
- S線：S線は内部発熱（Q_H）に日射熱負荷（Q_S）を加えた線です。なお，日射熱負荷も気温との相関性が低くS線も水平な線になります。
- K線：K線は内外温度差によって生じる貫流熱負荷（Q_K）を示します。貫流熱負荷は気温と比例関係にあるので勾配を持つ直線になります。外皮の断熱性能が良いとK線の勾配は緩やかになり，断熱性能が劣っているとK線の勾配はきつくなります。

K線の基点はS線上で気温が$\varDelta T$のK点です。貫流熱負荷には長波放射の影響がありますから，貫流熱負荷がゼロになるのは気温が室温より少し高い$\varDelta T$点になります。気温が$\varDelta T$よりも高い領域では貫流熱は冷房側の熱負荷になり，$\varDelta T$よりも低い領域では暖房側の熱負荷になります。

<S線>
S線が気温に関係なく水平になることについては，後述の2-3節(1)を参照して下さい。

- G線：G線は貫流熱負荷に外気負荷（Q_O）を加えたものです。G線の基点はK線上で気温が室温 T_r のO点です。外気負荷もまた内外温度差に比例するのでG線は勾配を持ちます。外気量を増やすとG線の勾配はきつくなり、外気量を減らしたり熱回収すると勾配は緩やかになります。

  気温が室温 T_r よりも高い領域では外気は冷房負荷になり、低い領域では外気冷房になります。

- A点とB点：O～B点の間は、外気冷房によって冷房負荷を小さくできます。B点は外気冷房により熱負荷がゼロになる点です。A～B点の間は、外気冷房を制御することで、熱負荷をゼロにすることができます。A点で、貫流熱負荷と日射熱負荷＋内部発熱が相殺し、熱負荷がゼロとなります。A点よりも気温が下がると熱負荷が暖房になります。

- 図Ⅲ-2-2は気温の出現頻度分布です。上記の熱負荷をこの室温の出現頻度で積分すれば外気冷房の効果量を知ることができます。（→詳細は2-3節）

<外気冷房と外気制御>

外気を利用して冷房負荷を軽減することを"外気冷房"といいます。図Ⅲ-2-1で気温がA～B～O点の範囲で外気冷房が可能です。

三角形ABOの面積が、外気冷房の効果を示します。

<ナイトパージ>

気温がO点より高い場合は、外気は冷房負荷となりますが、夜間は気温が下がるので、これを利用して夜間に換気して建物躯体を冷やし翌日の冷房負荷を小さくする方法があります。これも外気冷房の一種ですが、この方法を特に"ナイトパージ"といいます。

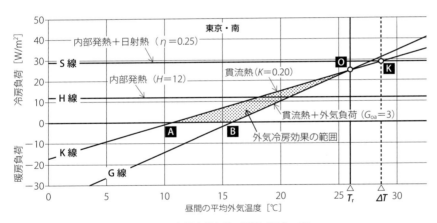

図Ⅲ-2-1　気温と熱負荷の関係（東京・南）

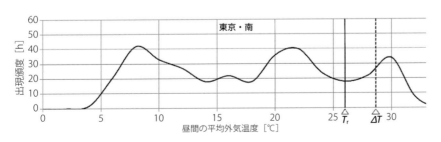

図Ⅲ-2-2　気温の出現頻度分布（東京・南）

（2）外気冷房チャートの構成

図Ⅲ-2-3に実際の外気冷房チャート（東京・南）を示します。なお、この外気冷房チャートは、気温、日射、内部発熱と外気の関係で外気冷房効果を解き明かし、年間の総量としての外気冷房の効果量を求めることができます。2つの図がありますがセットで用います。

＜上の図：気温と熱負荷の関係図＞

上の図は、気温と熱負荷の関係を示します。これは原理的に図Ⅲ-2-1と同じで、日射熱取得率 η や内部発熱密度 H、熱通過率 K、外気量 G_{oa} がパラメータになっています。これより内部発熱・日射熱・貫流熱と外気とがバランスする条件を求めます。

H線：X軸に平行で上部の領域に示される線が内部発熱を表すH線です。内部発熱密度 H は室の用途によって変わりますから、0～60 W/m² までのパラメータになっています。これより内部発熱 Q_H が算定されます。

S線：X軸に平行で負の方向の領域に示される線が日射熱取得を表すS線です。S線は日射侵入率 η 値が 0～1 の範囲でパラメータになっています。これより日射熱負荷 Q_S が決まります。負の領域としたのは線図上で日射熱負荷と内部発熱の合計を取りやすくするためです。

K線：上部の勾配線は熱通過率 K を表すK線です。貫流熱負荷 Q_K は内外温度差に比例するのでK線は勾配のある線になります。なお、K線の起点は設定室温（冷房の26℃とした）ではなく、これより ΔT だけ右にずれた点です（→右欄を参照のこと）。また、熱通過率の K 値は 0～6.0 W/(m²℃) の範囲でパラメータにしてあります。

G線：下部の勾配線は外気量 G_{oa} を表すG線です。外気負荷 Q_{oa} も内外温度差に比例するのでG線は勾配のある線になります。外気量 G_{oa} の値は 0～12 m³/(h・床m²) の範囲でパラメータにしてあります。

＜下の図：累積負荷曲線＞

下の図は熱負荷の累積曲線です。図Ⅲ-2-1の三角形の部分の面積に相当しますが、この累積曲線は気温の出現頻度分布を考慮した累積負荷の曲線です。

累積負荷曲線は、日射熱取得率を $\eta=0.20$、熱通過率を $K=1.0$ W/(m²℃)、内部発熱密度を $H=10$ W/m²、外気量を $G_{oa}=2.5$ m³/(h・床m²) をそれぞれの基準値として求めた累積負荷です。実際の仕様値がこれらの基準値と異なる場合は、基準値と仕様値の比率で負荷を補正します。また、各累積曲線の起点は設定室温です。

＜日平均値＞

気温、日射、内部発熱の要素は1日の中で実際は変化しますが、時間変化を扱うのではなく、日平均値に置き換えて扱います。

また、外気については、気温を24時間平均値で扱うと夜間の低い気温も含むことになり外気冷房を過大に評価してしまいます。よって外気冷房に限って、換気運転する昼間の時間帯、ここでは8～20時の12時間平均値とします。図Ⅲ-2-2、図Ⅲ-2-3の横軸はこの12時間平均気温です。

＜Kの勾配線の基点＞

気温が ΔT の点が基点です。貫流熱負荷 Q_K には長波放射が関係しますので、貫流熱負荷がゼロになるのは室温よりもやや高い ΔT の点になります。また、この ΔT には換気の12時間平均気温と24時間平均気温の差も含まれます。

＜G_{oa} の勾配線の基点＞

気温の基点は設定室温の T_r です。気温が設定室温 T_r よりも低いときに外気が外気冷房として働きます。

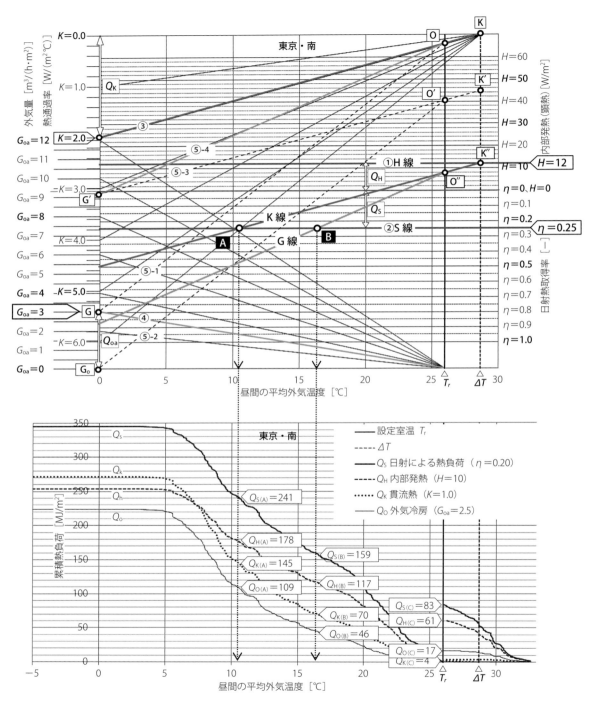

図Ⅲ-2-3 外気冷房チャート（東京・南）を使った外気冷房効果の算定例
（条件 $\eta=0.25$, $K=2.0$, $H=12$, $G_{oa}=3$ の場合）

2-2　外気冷房チャートによる外気冷房効果の検討
（1）　東京・南の場合
1）　準備

まず，外皮の性能値を決めます。

- η 値……外皮の平均日射熱取得率　［－］
- K 値……外皮の平均熱通過率　［W/(m²℃)］

これらは外壁・窓などの仕様値を面積で加重平均して求めます。なお，外皮面積と床面積が異なる場合は，次のように補正します。

$$\eta' = \eta \times 外皮面積 \div 床面積$$
$$K' = K \times 外皮面積 \div 床面積$$

次に内部発熱密度と外気量の24時間平均値を求めます。

- H 値………内部発熱密度（顕熱）で，運転日の24時間平均値　［W/m²］
- G_{oa} 値 ……外気量で，運転日の24時間平均値　［m³/(h·床m²)］

内部発熱とは人・照明・OA機器による発熱です。なお顕熱のみとします。平均値の取り方ですが，元PALや旧PALでは土曜日，日曜日，休日を含めた平均値を取りますが，この外気冷房チャートでは新PALと同様に，運転日のみの平均値とします。例えば，実際の外気量が 6 m³/(h·m²) とすると，8～20時運転の場合の24時間平均値は $G_{oa}=3.0$ m³/(h·床m²) となります。

2）　外気冷房チャートによる冷房負荷と外気冷房の算定

準備ができたので，外気冷房チャートを使って外気冷房効果量を求めましょう。ここで，以下の試算では次の値を用いることとします。

$$H=12\,\text{W/m}^2,\ \eta=0.25,\ K=2.0\,\text{W/(m}^2\text{℃)},\ G_{oa}=3.0\,\text{m}^3/(\text{h·床m}^2)$$

これらの値は保温性・日射遮蔽性能が中程度の事務所のイメージです。

<上の図：気温と熱負荷の関係>

手順1（H線）：内部発熱密度 $H=12$ W/m² のH線を求めます。（①）
手順2（S線）：外皮の $\eta=0.25$ のS線を求めます。（②）
　このH線とS線の間隔が内部発熱 Q_H ＋日射熱負荷 Q_S になります。
手順3（K線）：熱通過率 $K=2.0$ W/(m²℃) の勾配線を求めます。（③）
　このK線の基点は温度が ΔT のK点です。これより貫流熱負荷 Q_K が決まります。
手順4（G線）：外気量 $G_{oa}=3.0$ の勾配線を求めます。（④）
　このG線の基点は気温が設定温度の T_r 点です。これより外気冷房量 Q_{oa} が決まります。

<外皮の平均日射熱取得率・平均熱通過率>
PALチャートでも説明しましたが，日射熱取得率・熱通過率には，外壁やガラスの面積加重平均値を用います。

<内部発熱>
人・照明・OA機器による発熱を言います。実際の発熱密度ではなく，運転日の24時間平均値を用います。また，顕熱のみを扱います。

<外気量>
実際の外気量ではなく運転日の24時間平均値を用います。

手順5（K線とG線の合成）

③のK線と④のG線を合成するのですが，次のようにします。

手順5-1：④のG線の左端G点と③のK線上のO点を結びます。（⑤-1）

手順5-2：⑤-1のG-O線の左端G点がG_o点となるよう平行移動します。この線と温度T_rの交点をO′点とします。（⑤-2）

手順5-3：③のK線がO′点を通るように平行移動します。この平行線の左端をG′点，右端をK′点とします。（⑤-3）

手順5-4：⑤-3の勾配線の左端③のG′点と，③のK線上のO点を結びます。このOG′線が，K線と合成されたGの勾配線です。$K=2.0$の点とG′点の幅が外気冷房量Q_{oa}と等しくなります。（⑤-4）

手順6：③のK線と⑤-4の合成されたGの勾配線を同時に平行移動します。移動先は右端がH線の高さのK″点です。移動先の線を改めてK線とG線とします。

手順7：⑥のK線とS線との交点をA点，⑥のG線とS線との交点をB点とします。

<K″点，O″点>
図Ⅲ-2-3のK″点，O″点は先の図Ⅲ-2-1のK点とO点に対応します。

<下の図：累積負荷曲線>

手順8：図Ⅲ-2-3の下の図の累積負荷曲線から，A点とB点に該当する熱負荷の累積値を読み取ります。値を読み取ると，

A点：日射熱 241 MJ/m², 内部発熱 178 MJ/m², 貫流熱 145 MJ/m²

B点：日射熱 159 MJ/m², 内部発熱 117 MJ/m², 貫流熱 70 MJ/m², 外気冷房 46 MJ/m² です。

手順9：下の図の累積負荷曲線は，日射熱取得率が$\eta=0.20$，内部発熱が$H=10$ W/m²，熱通過率が$K=1.0$ W/(m²℃)，外気量が$G_{OA}=2.5$ m³/(h·床m²)の場合ですので，手順8で読み取った値を補正します。

<A点>　　　　　　　　　　<B点>

日 射 熱：$Q_{S(A)}=\boxed{241}\times\boxed{0.25}\div 0.2=\boxed{301}$　　$Q_{S(B)}=\boxed{159}\times\boxed{0.25}\div 0.2=\boxed{199}$

内部発熱：$Q_{H(A)}=\boxed{178}\times\boxed{12}\div 10=\boxed{214}$　　$Q_{H(B)}=\boxed{117}\times\boxed{12}\div 10=\boxed{140}$

貫 流 熱：$Q_{K(A)}=\boxed{145}\times\boxed{2.0}\div 1.0=\boxed{290}$　　$Q_{K(B)}=\boxed{70}\times\boxed{2.0}\div 1.0=\boxed{140}$

外気冷房：$Q_{O(A)}=\boxed{109}\times\boxed{3}\div 2.5=\boxed{131}$　　$Q_{O(B)}=\boxed{46}\times\boxed{3}\div 2.5=\boxed{55}$

<区間($B\sim T_r$)：B点~T_r>

冷房負荷　$Q_{C(B\sim T_r)}=Q_{S(A)}+Q_{H(B)}-Q_{K(B)}=\boxed{199}+\boxed{140}-\boxed{140}=\boxed{199}$

外気冷房効果量　$Q_{O(B\sim T_r)}=\min\{Q_{C(B\sim T_r)}, Q_{O(B)}\}=\min\{\boxed{199}, \boxed{55}\}=\boxed{55}$

<区間（A~B）：A点~B点>

冷房負荷　$Q_{C(A\sim B)}=Q_S+Q_{H(A)}-Q_{K(A)}-Q_{C(B\sim T_r)}=\boxed{301}+\boxed{214}-\boxed{290}-\boxed{199}=\boxed{26}$

外気冷房効果量　$Q_{O(A\sim B)}=\min\{Q_{C(A\sim B)}, Q_{O(A)}-Q_{O(B)}\}=\min(26, 131-55)=\boxed{26}$

<区間($B\sim T_r$)の残冷房負荷>
区間($B\sim T_r$)では

$Q_{(B\sim T_r)}-Q_{O(B\sim T_r)}=144$

が冷房負荷として残ります。

区間（A～B）は外気を制御しないと室の熱負荷は暖房になりますが，外気を制御することで，熱負荷をゼロに抑えることができます。

手順10：＜区間（C）：気温が設定室温を超える範囲＞

図Ⅲ-2-3の下の図の室温の軸での累積熱負荷を読み取り補正します。区間（C）では，すべての要素が冷房です。外気も外気負荷となります。

日 射 熱： $Q_{S(C)} = 83 \times 0.25 \div 0.2 = 104$
内部発熱： $Q_{H(C)} = 61 \times 12 \div 10 = 73$
貫 流 熱： $Q_{K(C)} = 4 \times 2.0 \div 1.0 = 8$
外気負荷： $Q_{O(C)} = 17 \times 3 \div 2.5 = 20$
冷房負荷： $Q_{C(C)} = 104 + 73 + 8 + 20 = 205$ MJ/m²

となります。

手順11：区間（A～B），（B～T_r），（C）を合計すると年間になります。

冷房負荷は　$\Sigma Q_C = 199 + 26 + 205 = 430$ MJ/m²　となります。
外気冷房効果量は　$\Sigma Q_O = 55 + 26 = 81$ MJ/m²　となります。
冷房負荷の19％を外気冷房で処理できることが分かりました。

＜区間（A-B）の残冷房負荷＞
区間（B）では145が冷房負荷として残りました。
同様に，区間（A-B）で差し引きを求めると，

$Q_{S(A)} + Q_{H(A)} - Q_{K(A)} - Q_{O(A)}$
$= 94$

です。この区間（B）の145と区間（A-B）の94の差51は外気冷房を抑制した量です。

（2）　地域を変えたケースの外気冷房効果

（1）項では＜東京・南＞の外気冷房による冷房負荷軽減効果量を算出しました。ここでは他の地域（札幌と那覇）の場合の外気冷房効果量を求めてみましょう。

＜札幌・南＞

【問2-1】（1）項と同じ条件（$\eta_W = 0.25$，$K_W = 2.0$，$H = 12$，$G_{oa} = 3$）で，＜札幌・南＞の外気冷房による負荷軽減効果量を求めなさい。

【解2-1】手順1～8までは図Ⅲ-2-4に示し，手順9以降を以下に示します。

手順9：累積曲線より負荷値を読み取り，仕様値で補正すると，

日 射 熱：$Q_{S(A)} = 244 \times 0.25 \div 0.2 = 305$　$Q_{S(B)} = 156 \times 0.25 \div 0.2 = 195$
内部発熱：$Q_{H(A)} = 167 \times 12 \div 10 = 200$　$Q_{H(B)} = 106 \times 12 \div 10 = 127$
貫 流 熱：$Q_{K(A)} = 150 \times 2.0 \div 1.0 = 300$　$Q_{K(B)} = 72 \times 2.0 \div 1.0 = 144$
外気冷房：$Q_{O(A)} = 117 \times 3 \div 2.5 = 140$　$Q_{O(B)} = 49 \times 3 \div 2.5 = 59$

＜区間（B～T_r）：B点～室温 T_r＞

冷房負荷　$Q_{C(B \sim T_r)} = Q_{S(B)} + Q_{H(B)} - Q_{K(B)} = 195 + 127 - 144 = 178$
外気冷房効果量　$Q_{O(B \sim T_r)} = \min\{Q_{O(B \sim T_r)}, Q_{O(B)}\} = \min\{178, 59\} = 59$

＜区間（A～B）：A点～B点＞

冷房負荷　$Q_{C(A \sim B)} = Q_{S(A)} + Q_{H(A)} - Q_{K(A)} - Q_{C(B)} = 305 + 200 - 300 - 178 = 27$
外気冷房効果量　$Q_{O(A \sim B)} = \min(Q_{C(A \sim B)}, Q_{O(A)} - Q_{O(B)}) = \min(27, 140 - 59) = 27$

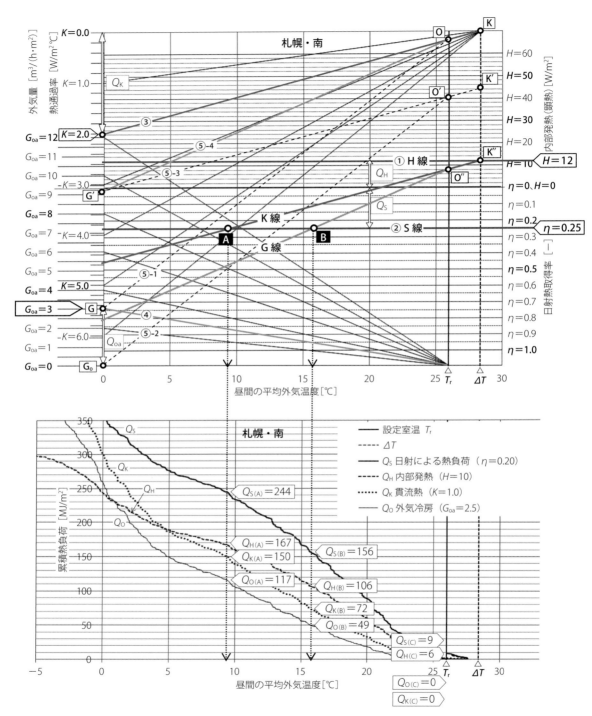

図Ⅲ-2-4 外気冷房チャート(札幌・南)を使った外気冷房効果の算定
(条件:$\eta=0.25$,$K=2.0$,$H=12$,$G_{oa}=3$ の場合)

手順10：＜区間(C)：気温が設定室温を超える範囲＞

　　日射熱：　　$Q_{S(C)}=\boxed{9}\times\boxed{0.25}\div 0.2=\boxed{11}$

　　内部発熱：　$Q_{H(C)}=\boxed{6}\times\boxed{12}\div 10=\boxed{7}$

　　貫流熱：　　$Q_{K(C)}=\boxed{0}\times\boxed{2.0}\div 1.0=\boxed{0}$

　　外気負荷：　$Q_{O(C)}=\boxed{0}\times\boxed{3}\div 2.5=\boxed{0}$

　　冷房負荷：　$Q_{C(C)}=\boxed{11}+\boxed{7}+\boxed{0}+\boxed{0}=\boxed{18}$ MJ/m² となります。

手順11：区間(A～B)，(B～T_r)，(C)を合計すると年間になります。

　　冷房負荷は　$\Sigma Q_C=178+27+18=223$ MJ/m² となります。

　　外気冷房効果量は　$\Sigma Q_O=59+27=86$ MJ/m² となります。

　　冷房負荷の39%を外気冷房で処理できることが分かりました。

＜那覇＞

【問2-2】同条件で，＜那覇・南＞の外気冷房負荷軽減効果量を求めなさい。

【解2-2】手順1～8までは図Ⅲ-2-5に示し，手順9以降を以下に示します。

手順9：累積曲線より負荷値を読み取り，仕様値で補正すると，

　　日射熱：　　$Q_{S(A)}=\boxed{204}\times\boxed{0.25}\div 0.2=\boxed{255}$　　$Q_{S(B)}=\boxed{171}\times\boxed{0.25}\div 0.2=\boxed{214}$

　　内部発熱：　$Q_{H(A)}=\boxed{194}\times\boxed{12}\div 10=\boxed{233}$　　$Q_{H(B)}=\boxed{163}\times\boxed{12}\div 10=\boxed{196}$

　　貫流熱：　　$Q_{K(A)}=\boxed{102}\times\boxed{2.0}\div 1.0=\boxed{204}$　　$Q_{K(B)}=\boxed{76}\times\boxed{2.0}\div 1.0=\boxed{152}$

　　外気冷房：　$Q_{O(A)}=\boxed{78}\times\boxed{3}\div 2.5=\boxed{94}$　　$Q_{O(B)}=\boxed{53}\times\boxed{3}\div 2.5=\boxed{64}$

　　　＜区間(B～T_r)：室温 T_r～A点＞

　　冷房負荷　$Q_{C(B～T_r)}=Q_{S(B)}+Q_{H(B)}-Q_{K(B)}=\boxed{214}+\boxed{196}-\boxed{152}=\boxed{258}$

　　外気冷房　$Q_{O(B～T_r)}=\min\{Q_{C(B～T_r)}, Q_{O(B)}\}=\min\{\boxed{258}, \boxed{64}\}=\boxed{64}$

　　　＜区間(A～B)：A点～B点＞

　　冷房負荷　$Q_{C(A～B)}=Q_{S(A)}+Q_{H(A)}-Q_{K(A)}-Q_{C(B)}=\boxed{255}+\boxed{233}-\boxed{204}-\boxed{258}=\boxed{26}$

　　外気冷房　$Q_{C(A～B)}=\min\{Q_{C(A～B)}, Q_{O(A)}-Q_{O(B)}\}=\min\{\boxed{26}, \boxed{94}-\boxed{64}\}=\boxed{26}$

手順10：＜区間(C)：気温が設定室温を超える範囲＞

　　日射熱：　　$Q_{S(C)}=\boxed{127}\times\boxed{0.25}\div 0.2=\boxed{159}$

　　内部発熱：　$Q_{H(C)}=\boxed{121}\times\boxed{12}\div 10=\boxed{145}$

　　貫流熱：　　$Q_{K(C)}=\boxed{13}\times\boxed{2.0}\div 1.0=\boxed{26}$

　　外気負荷：　$Q_{O(C)}=\boxed{31}\times\boxed{3}\div 2.5=\boxed{37}$

　　冷房負荷　$Q_{C(C)}=\boxed{159}+\boxed{145}+\boxed{26}+\boxed{37}=\boxed{367}$ MJ/m² となります。

手順11：区間(A～B)，(B～T_r)，(C)を合計すると年間になります。

　　冷房負荷は　$\Sigma Q_C=258+26+367=651$ MJ/m² となります。

　　外気冷房効果量は　$\Sigma Q_O=64+26=90$ MJ/m² となります。

　　冷房負荷の14%を外気冷房で処理できることが分かりました。

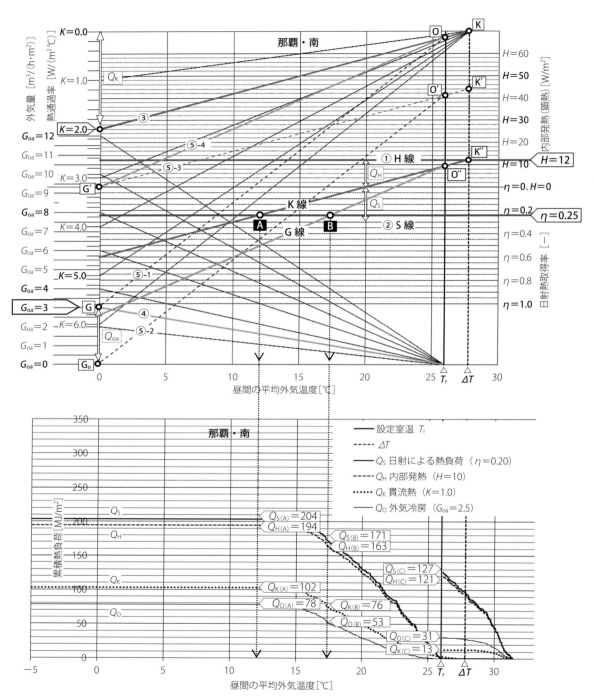

図 III-2-5 外気冷房チャート（那覇・南）を使った外気冷房効果の算定
（条件：$\eta=0.25$, $K=2.0$, $H=12$, $G_{oa}=3$ の場合）

（3） 使用条件を変えたケースの外気冷房効果

【問2-3】＜東京・南＞で日射熱取得率，熱通過率は同じ条件（$\eta=0.25$, $K=2.0$）で，内部発熱密度と外気量を $H=24\,\mathrm{W/m^2}$, $G_{oa}=10\,\mathrm{m^3/(h\cdot 床\,m^2)}$ とそれぞれ2倍と3.3倍に変えた場合の外気冷房による負荷軽減効果量を求めなさい。

なお，この内部発熱の条件は OA 化の進んだオフィスや店舗などに相当し，外気量の条件は空調の全外気運転に相当します。

【解2-3】手順1〜8までは図Ⅲ-2-6に示し，手順9以降を以下に示します。

手順9：累積曲線より負荷値を読み取り，仕様値で補正すると，

日射熱：　$Q_{S(A)} = \boxed{346} \times \boxed{0.25} \div 0.2 = \boxed{433}$　$Q_{S(B)} = \boxed{138} \times \boxed{0.25} \div 0.2 = \boxed{173}$

内部発熱：$Q_{H(A)} = \boxed{254} \times \boxed{24} \div 10 = \boxed{610}$　$Q_{H(B)} = \boxed{101} \times \boxed{24} \div 10 = \boxed{242}$

貫流熱：　$Q_{K(A)} = \boxed{272} \times \boxed{2.0} \div 1.0 = \boxed{544}$　$Q_{K(B)} = \boxed{57} \times \boxed{2.0} \div 1.0 = \boxed{114}$

外気冷房：$Q_{O(A)} = \boxed{223} \times \boxed{10} \div 2.5 = \boxed{892}$　$Q_{O(B)} = \boxed{34} \times \boxed{10} \div 2.5 = \boxed{136}$

　　＜区間（B〜T_r）：室温 B〜T_r 点＞

冷房負荷　$Q_{C(B\sim T_r)} = Q_{S(B)} + Q_{H(B)} - Q_{K(B)} = \boxed{173} + \boxed{242} - \boxed{114} = \boxed{301}$

外気冷房効果量　$Q_{O(B\sim T_r)} = \min\{Q_{C(B\sim T_r)}, Q_{O(B)}\} = \min\{\boxed{301}, \boxed{136}\} = \boxed{136}$

　　＜区間（A〜B）：A点〜B点＞

冷房負荷　$Q_{C(A\sim B)} = Q_{S(B)} + Q_{H(B)} - Q_{K(A)} - Q_{C(A)} = \boxed{433} + \boxed{610} - \boxed{544} - \boxed{301} = \boxed{198}$

外気冷房効果量　$Q_{O(A\sim B)} = \min\{Q_{C(A\sim B)}, Q_{O(A)} - Q_{O(B)}\}$

$\qquad\qquad\qquad = \min\{\boxed{198}, \boxed{892} - \boxed{136}\} = \boxed{198}$

手順10：＜区間（C）：気温が設定室温を超える範囲＞

これは(1)項で求めた＜東京・南＞と比べて，内部発熱 $Q_{H(C)}$ が 73 → 146 と2倍になりますが，他は同じです。よって，

冷房負荷　$Q_{C(C)} = \boxed{104} + \boxed{146} + \boxed{8} + \boxed{20} = \boxed{278}\,\mathrm{MJ/m^2}$　となります。

手順11：区間（A〜B），（B〜T_r），（C）を合計すると年間になります。

冷房負荷は　$\Sigma Q_C = 301 + 198 + 278 = 777\,\mathrm{MJ/m^2}$　となります。

外気冷房効果量は　$\Sigma Q_O = 136 + 198 = 334\,\mathrm{MJ/m^2}$　となります。

冷房負荷の43%を外気冷房で処理できることが分かりました。

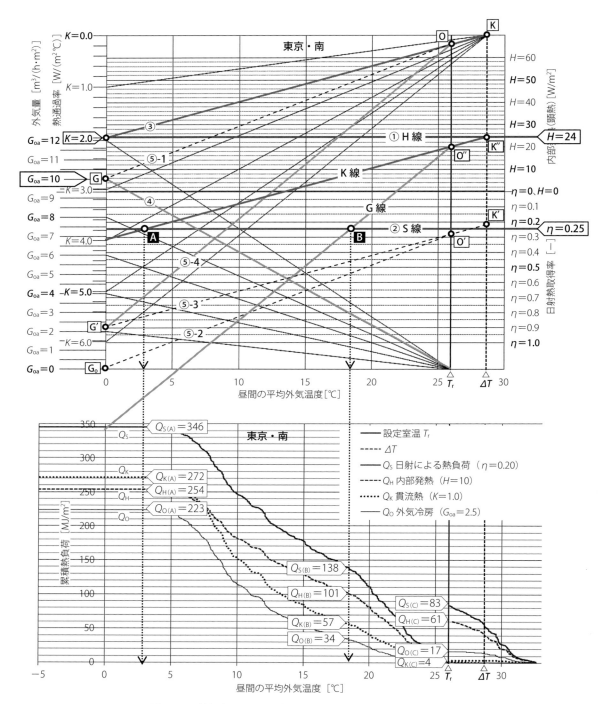

図Ⅲ-2-6　外気冷房チャート（東京・南）を使った外気冷房効果の算定
（条件：$\eta=0.25$，$K=2.0$，$H=24$，$G_{oa}=10$ の場合）

（4） 地域・使用条件を変えたケースの外気冷房効果のまとめ

・条件1：＜東京・南＞＜札幌・南＞＜那覇・南＞の3地域で，日射熱取得率 $\eta=0.25$，熱通過率 $K=2.0\,\mathrm{W/(m^2℃)}$，内部発熱密度 $H=12\,\mathrm{W/m^2}$，外気量 $G_{oa}=3\,\mathrm{m^3/(h・床m^2)}$

結果
　東京・南　冷房負荷　430，外気冷房効果量　81，外気冷房比率　19%
　札幌・南　冷房負荷　223，外気冷房効果量　86，外気冷房比率　39%
　那覇・南　冷房負荷　651，外気冷房効果量　90，外気冷房比率　14%

冷房負荷は，＜札幌・南＞の223に対して，＜東京・南＞は430で約2倍，＜那覇・南＞は651で約3倍と大きな開きがありますが，外気冷房の効果量はそれぞれ86，81，90とあまり違わないという結果になりました。

・条件2：＜東京・南＞で，日射熱取得率 $\eta=0.25$，熱通過率 $K=2.0\,\mathrm{W/(m^2℃)}$，内部発熱密度 $H=24\,\mathrm{W/m^2}$，外気量 $G_{oa}=10\,\mathrm{m^3/(h・床m^2)}$

結果
　東京・南（発熱大・外気大）
　　冷房負荷　777，外気冷房効果量　334，外気冷房比率　43%

条件1と比較して，内部発熱が2倍に大きくなったため，室内は年中冷房負荷になります。冷房負荷は 430 → 777 MJ/m²（1.8倍）に増えました。また，外気量を3.3倍に増やすことで，外気冷房効果量が 81 → 334 MJ/m²（4倍）に増えました。

2-3　外気冷房チャートの理論的背景

（1）外気冷房チャートの考え方

外気冷房チャートは本書のために新たに考案したものです。外気冷房を簡易に評価するために，以下のようなモデル化をしています。

1）日平均値：貫流熱・日射熱・内部発熱などは時間遅れを伴う熱負荷です。つまり過去の履歴が関係し，その時間の条件だけでは熱負荷が決まりません。これを簡易化するために，ここでは前章のPALチャートと同じ拡張デグリーデーを用います。日単位であれば図Ⅲ-2-7に示すように多少のバラツキはありますが，実用的には問題ない範囲で計算することが可能になります。外気冷房チャートが気温，日射熱取得，内部発熱密度，外気量などをすべて日平均値で扱うのはこのためです。なお，拡張デグリーデーを用いるため，時間別の検討はできないことになります。

2）要素別負荷：元PALや旧PALでは熱負荷を一括して扱いますが，外気冷房チャートでは新PALと同様に熱負荷を貫流熱・日射熱・内部発熱・外気負荷（外気冷房）の4つの要素に分離しました。要素別に分けたのは外気負荷を評価するために必要だったからですが，実は要素別にすることで各熱負荷の性質を明確に表現することができます。

　　貫流熱……温度差に比例する。方位差が無く，地域差もほとんど無い。
　　日射熱……地域と方位の関係で決まる。
　　内部発熱…瞬時負荷扱いすれば，用途（発熱密度）のみで決まる。
　　外気負荷…もともと瞬時負荷で時間遅れがない。気温のみに関係する。

3）補正係数：図Ⅲ-2-7はHASP負荷（非定常熱負荷計算プログラムnew-HASPによる日別負荷）とEDD負荷（拡張デグリーデーによる日別負荷）の相関を示したものです。平日と休み明けに分けることで，良い相関性が認められます。

表Ⅲ-2-1に貫流熱と日射熱の補正係数（＝HASP負荷/EDD負荷）を示します。休み明けは運転停止中に建物躯体に蓄積された蓄熱負荷が加わるので

<＜時間別熱負荷＞
時間別熱負荷を手計算で求めることは困難です。new-HASPのような非定常熱負荷計算プログラムを用いて，コンピュータで計算するほかありません。

＜要素別負荷＞
熱負荷を要素別に分離するのは，新しい省エネルギー法の新PALや空調の熱負荷算定に用いられている方法と同じです。
ただし，補正係数の値は新PALではなく本書独自のものです。

表Ⅲ-2-1　HASP 負荷に対する EDD 負荷の補正係数

		東京				札幌				那覇			
		南	東	西	北	南	東	西	北	南	東	西	北
貫流熱	平日	0.80	0.79	0.79	0.79	0.80	0.80	0.80	0.80	0.79	0.78	0.78	0.78
	休み明け	1.14	1.13	1.13	1.13	1.14	1.13	1.13	1.13	1.14	1.13	1.13	1.13
日射熱	平日	0.93	0.93	0.98	0.13	0.98	0.96	0.07	0.32	0.90	0.95	0.91	0.99
	休み明け	1.23	1.32	1.14	1.66	1.39	1.44	1.48	1.78	1.23	1.00	1.37	1.50

（新PALの元となる東京・札幌・那覇での試算段階での補正係数）

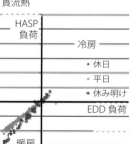

図Ⅲ-2-7　HASP負荷とEDD負荷の相関性

補正係数が大きくなります。なお,外気冷房チャートでは平日の係数を用いました。瞬時負荷扱いの内部発熱と外気負荷は補正の必要はありません。

4) 内部発熱:内部発熱も時間遅れがありますが,新省エネルギー法(平成 25 年)に倣い時間遅れの影響は小さいとして瞬時負荷扱いとします。

5) 外気負荷(外気冷房)の気温の扱い:外気負荷(外気冷房)は時間に影響されない瞬時負荷です。なお,換気は人が在室する時間帯にするので,外気負荷に用いる気温は 24 時間平均気温ではなく,8〜20 時の 12 時間平均を採用しています。図Ⅲ-2-3〜図Ⅲ-2-6 に示した外気冷房チャートの横軸はこの 12 時間平均気温をとってあります。貫流熱で使う 24 時間平均気温とは $\varDelta T$(長波放射を含む)だけずれます。

6) 日射熱:図Ⅲ-2-8 に気温と日射熱取得の関係を示します。同じ気温でも晴れた日は冷房負荷が大きく,曇りや雨の日は冷房負荷が小さくなるという傾向もありますが,統計的に見ると相関性は高くありません。

ここでは相関性が低いことを利用して日射熱取得を単純平均して扱います。こうすることで外気冷房チャートの下の図の累積熱負荷曲線も単調増加になり,チャート化することが可能になります。

長波放射についても同様で,図Ⅲ-2-9 に示すように日によってバラツキがありますが,これも平均値をとり,温度換算して先に示した $\varDelta T$ の中で補正してあります。

以上の線形化により,外気冷房チャートは特定の日の効果量ではありませんが,平均化された期間効果量を求めることが可能になります。

<外気冷房の 8〜20 時の 12 時間平均気温>
換気運転時間は建物用途によって長短がありますが,すべてに対応するとチャートが煩雑になるため 12 時間平均気温で代表してあります。

<日射熱取得>
日射熱取得と言っているのは,日射熱そのものではなく,ガラスの入射角特性を考慮した,室内に侵入する日射熱を対象とするからです。

<長波放射>
厳密に言えば,外皮表面の放射率によって長波放射の影響は異なります。PAL チャートでも同じですが,ここでは放射率を $\varepsilon = 0.9$,外表面の熱伝達率を $A_o = 23\,\mathrm{W/(m^2\,℃)}$ で温度に換算しています。このように,貫流熱に用いる気温には長波放射の影響が含まれますが,換気に使う気温は長波放射を含みません。したがって,貫流熱に使う気温と換気に使う気温は区別して用いるべき性質のものです。

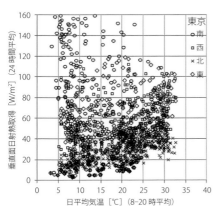

図Ⅲ-2-8 気温と熱負荷の関係

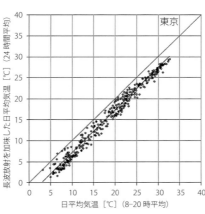

図Ⅲ-2-9 気温と長波放射の関係

（2）基本式

要素別に表した空調負荷

$$Q_{AC} = Q_K + Q_H + Q_S + Q_{oa} \tag{Ⅲ-2-1}$$

ここに，Q_{AC}：空調負荷 [W/m²]
　　　　Q_S：日射熱 [W/m²]
　　　　Q_H：内部発熱 [W/m²]
　　　　Q_K：貫流熱 [W/m²]
　　　　Q_{oa}：外気負荷 [W/m²]

熱負荷はいずれも床面積当たりの単位熱負荷で表すことにします。
個々の要素ごとの熱負荷は

日射熱　　$Q_S = f_S \cdot \eta \cdot \dfrac{g_{(i)} I_{(i)} + g_{(d)} I_{(d)}}{0.89} \cdot (A_W / A_F) \tag{Ⅲ-2-2}$

内部発熱　$Q_H = f_H \cdot H \tag{Ⅲ-2-3}$

貫流熱　　$Q_K = f_K \cdot K \left(t_O - t_R - \dfrac{\varepsilon}{\alpha_O} I_\ell \right)(A_W / A_F) \tag{Ⅲ-2-4}$

外気負荷　$Q_{oa} = c_p \cdot \rho G_{oa} (t_{O(ac)} - t_R) \tag{Ⅲ-2-5}$

ここに，　　f_S：日射熱の補正係数（＝HASP負荷/EDD負荷）→表Ⅲ-2-1
　　　　　　f_H：内部発熱の補正係数（＝1.0）
　　　　　　f_K：貫流熱の補正係数（＝HASP負荷/EDD負荷）→表Ⅲ-2-1
　　　　　　η：外皮の平均日射侵入率 [－]
　　　　　　$g_{(i)}, g_{(d)}$：ガラスの入射角特性（直達と天空）[－]
　　　　　　0.89：3 mm標準ガラスの法線面入射の日射熱取得率 [－]
　　　　　　$I_{(i)}, I_{(d)}$：垂直面の直達日射と天空日射 [W/m²]
　　　　　　H：日平均内部発熱密度（ただし顕熱のみ）[W/m²]
　　　　　　K：外皮の平均熱通過率 [W/(m² ℃)]
　　　　　　$c_p \cdot \rho$：空気の容積比熱 [kJ/(m³ ℃)]
　　　　　　　　空気の定圧比熱は $c_p = 1.006$ kJ/(kg℃)，空気の比重は $\rho = 1.2$ kg/m³ です。熱量計算では kJ → J，h → s に換算し $c_p \cdot \rho \times 1000/3600 ≒ 0.335$ とします。
　　　　　　G_{oa}：外気風量 [m³/hm²]
　　　　　　t_O：日平均外気温度 [℃]
　　　　　　$t_{O(ac)}$：8～20時の12時間平均外気温度 [℃]
　　　　　　t_R：冷房時の設定室温（＝26.0℃）
　　　　　　ε：外皮の平均放射率（＝0.9）[－]

<日射熱>
PALの拡張デグリーデーの計算には，日射熱に対しガラスの入射角特性は考慮されていません。
　一方，この外気冷房チャートの拡張デグリーデーではガラスの入射角特性を見込んでいます。
式（Ⅲ-2-2）ではガラスの入射角特性を見込んだあとで，0.89で割り戻しています。0.89は3 mm標準ガラスの法線面入射時の日射侵入率です。これで正規化され，日射熱にガラスの入射角特性を考慮し，かつ日射侵入率で補正できるようになります。

α_O：外表面熱伝達率（＝23 W/(m²℃)）

なお，$\varepsilon/\alpha_O=0.04$ とします

I_ℓ：日平均長波放射量　[W/m²]

(A_W/A_F)：外皮面積（A_W）と床面積（A_F）との比率　[－]

【補足】

　基本式（Ⅲ-2-1）～（Ⅲ-2-5）は，PAL と同じ拡張デグリーデーですが，細部でいくつかの違いがあります。

・日射熱と貫流熱の補正係数（newHASP 負荷と EDD 負荷との比率）は地域ごと・方位ごとに求めています。（→表Ⅲ-2-1）

・内部発熱も，厳密には非定常の newHASP と拡張デグリーデーの EDD 負荷には差異がありますが，誤差は小さいので $f_H=1.0$ としています。

・日射熱には，ガラスの入射角特性が考慮されています。元 PAL や旧 PAL の場合の拡張デグリーデーではガラスの入射角特性は考慮されていません。外気冷房チャートのように日単位で拡張デグリーデーを利用する場合は，入射角特性を考慮することで計算精度を高めることができます。

・不透明な壁体の場合の日射熱取得率は　$\eta=K\cdot a/\alpha_O$ として求めます。ここで，K は壁体の熱通過率 [W/(m²℃)]，a は壁体の表面日射吸収率，α_O は外表面熱伝達率（＝23 W/(m²℃)）です。元 PAL や旧 PAL では不透明な壁体の場合はガラスの入射角特性を考慮しませんが，新 PAL や本書の外気冷房チャートでは不透明な壁体の場合にもガラスの入射角特性が考慮されています。

・気温については，貫流熱では 24 時間平均の気温を用いますが，外気負荷については 8～20 時の 12 時間平均気温としています。

　新 PAL の外気負荷は 24 時間平均外気温度が用いられていますが，同じ新しい省エネルギー法でも空調負荷の計算の場合は外気負荷は 8～20 時の 12 時間平均値が用いられています。これは外気による換気効果を評価するためです。

・長波放射の温度換算値と，24 時間平均気温と 12 時間平均気温の差を $\varDelta T$ とします。すなわち　$\varDelta T=\dfrac{\varepsilon}{\alpha_O}I_\ell+(t_{O(ac)}-t_O)$ です。

・室内設定温度：一般に，冷房時の室内設定温度は夏期 26℃，中間期 24℃，冬期 22℃です。外気冷房チャートでは室温を冷房時の室内設定温度 26℃としています。ちなみに元 PAL や旧 PAL では年間を通じて冷房は 26℃，暖房は 22℃でしたが，新しい省エネルギー法における新 PAL や空調負荷計算では夏期 26℃，中間期 24℃，冬期 22℃です。

3章　自然採光チャートによる年間消灯時間数の推定

建物の年間消費エネルギーのうち約30%（事務所ビルの場合）が照明によるものです。照明は人の感覚に関わる要素が大きいので，省エネルギーにするには難しい側面もありますが，反面，仕組みは空調に比べれば簡単です。自然採光を上手に利用し人工照明を消灯したり減光することができれば，大きな省エネルギー効果が得られます。

本章では，自然採光によって生じる年間消灯時間数を推定し，照明電力量の年間省エネルギー効果を簡易に評価する方法を学びます。

3-1　自然採光チャートとは

図Ⅲ-3-1に示すのは自然採光チャート（東京）です。横軸は年間の時間数で，土日を含む1年365日の昼間4,380時間が対象です。左縦軸は水平面の全天空照度，つまり直射光を含まない天空光による照度です。右縦軸は設定照度に調光するときの照明電力の削減率です。

　曲線Aは日の出から日没までの1年間の時間別全天空照度を大きい順に
　　並べたものです。
　曲線Bは曲線Aから日の出から9時までの時間を除外したものです。
　曲線aは自然採光だけでは十分ではないが，不足分を照明で補うように
　　調光する場合の照明電力量の削減率を示します。
　曲線bは9時までの時間を除外したものです。

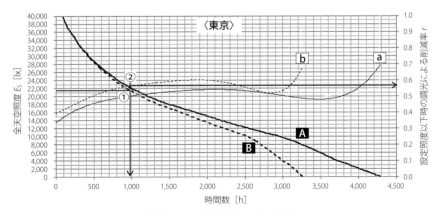

図Ⅲ-3-1　自然採光チャート（東京）

3-2 自然採光チャートによる省エネルギー評価

（1）自然採光による消灯率・照明電力削減率を求める

ここでは「自然採光チャート」を使って，自然採光による年間の消灯可能時間数および照明電力量の削減量の求め方を示します。

<年間消灯可能時間数と照明電力削減量>

条件：室内の設定照度 $E_{R(set)}$ を決めます。ここでは事務所を想定して

  設定照度を $E_{R(set)}=750\ \text{lx}$
  照明電力密度を $P_L=15\ \text{W/m}^2$ とします。
  午前9時から照明するものとします。

1）昼光率 D を求めます。ここでは図Ⅲ-3-2 の室の低窓の場合の A3 点の昼光率とします。A3 点は直接昼光率が $D_d=0.021$，間接昼光率が $D_r=0.014$，合計の昼光率は $D=0.035$ です。

<昼光率>

左図Ⅲ-3-2 は第Ⅱ編 5 章で使った図Ⅱ-5-12 と同じモデルです。ただし，右軸を直接昼光率に変えてあります。

左図Ⅲ-3-2 から値は読みにくいが，表Ⅱ-5-5 から値を読み取ると低窓の場合の窓際から 3 m の A3 点の直接昼光率は $D_d=0.021$ です。

一方，間接昼光率は第Ⅱ編 5 章の【補】の作業面切断公式（p.139）で求めたもので $D_R \fallingdotseq 0.014$ です。（この値は低窓・高窓のどちらにも使えます）

これより直接・間接を合わせた A3 点の昼光率は $D=0.035$ になります。

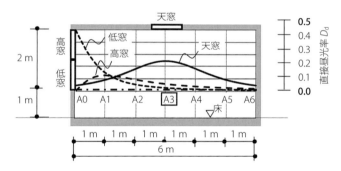

図Ⅲ-3-2 窓と直接昼光率（図Ⅱ-5-12 と同じモデル）

2）室内の設定照度を得るために必要な屋外の天空照度 $E_{S(nec)}$ を求めます。これは，室内の照明の設定照度 $E_{R(set)}$ と 1）の室内の昼光率 D から次のようにして求めることができます。

$$E_{S(nec)}=E_{R(set)}\div D \quad\quad\quad\quad (\text{Ⅲ-3-1})$$
$$=750\div 0.035=21{,}428\ \text{lx}\ \text{を得ます。}$$

3）図Ⅲ-3-1 の自然採光チャート（東京）を使って，2）で求めた屋外の天空照度 $E_{S(nec)}$ ［lx］に相当する時間数，すなわち消灯可能時間数 $H_{S(nec)}$ を求めます。

照明が 9 時からなので破線の曲線 B との交点①を求めます。年間消灯可能時間数は $H_{S(nec)}=980$ 時間です。

消灯可能時間数が年間 980 時間で，9 時から日没までの年間総時間数

が $H_S=3,285$ 時間ですから，年間の日中の消灯率 s [%] は次のようになります．

$$s = H_{S(nec)} \div H_S = 980 \div 3,285 = 0.29833 ≒ 30\%$$

4）年間の照明電力量の削減量 $W_{S(out)}$ は，照明の電力密度 P_L と 3) の年間消灯可能時間数 $H_{S(nec)}$ から，次式で求めることができます．

$$W_{S(out)} = P_L \times H_{S(nec)} \; [\text{Wh}/(\text{m}^2 \cdot 年)] \quad (\text{Ⅲ-3-2})$$
$$= 15 \times 980 = 14,700 \, \text{Wh}/(\text{m}^2 \cdot 年) = 14.7 \, \text{kWh}/(\text{m}^2 \cdot 年)$$

が得られます．

以上の照明電力量の削減量 $W_{S(out)}$ は，昼光照度が必要照度以上であれば消灯し，必要照度以下で点灯というように照明を ON-OFF 制御する場合です．
一方，昼光照度が設定照度に満たない場合に，人工照明で補うように照明を調光する場合の照明電力量の削減量 $W_{S(dim)}$ は次のようにして求めます．

5）図Ⅲ-3-1 の破線の曲線 a（終日）または曲線 b（9 時以降）を使います．今，9 時以降の場合ですから，曲線 b で時間数 $H_{S(nec)}=980$ 時間との交点②から水平に線を伸ばして平均調光削減率 r を右軸から読み取ります．図より，$r=0.57=57\%$ が得られます．

これは，屋外の必要天空照度 $E_{S(nec)}$ が設定照度に満たない時間帯に，人工照明と自然採光を併用した調光により，照明電力を削減する比率になります．

調光による照明電力量の削減量 $W_{S(dim)}$ は次のようにして求めます．

$$W_{S(dim)} = r \times P_L \times (H_S - H_{S(nec)}) \quad (\text{Ⅲ-3-3})$$
$$= 0.57 \times 15 \times (3,285 - 980) = 19,708 \, \text{Wh}/\text{m}^2$$
$$≒ 19.7 \, \text{kWh}/\text{m}^2 \; となります．$$

6）調光と消灯を合わせた年間の照明電力量の削減量 W_S は，

$$W_S = W_{S(out)} + W_{S(dim)} = 14.7 + 19.7 = 34.4 \, \text{kWh}/\text{m}^2$$

になります．

7）年間の照明電力量の削減率 ϕ_{WS} は，

$$\phi_{WS} = W_S \div (P_L \times H_S) = 34.4 \times 1000 \div (15 \times 3,285) = 0.6981 ≒ 70\%$$

となります．
日没後を含む 1 日 15 時間の全照明電力量に対する削減率は，9 時から 24 時までの総時間 H_S が年間 5,475 時間ですから，

$$\phi_{WS} = W_S \div (P_L \times H_S) = 34.4 \times 1000 \div (15 \times 5,475) = 0.41887 ≒ 41.9\%$$

になります．

<1 次エネルギー消費量>
　住宅や建物などの需要端で消費する電力量［kWh］を 2 次エネルギー消費量といいます．これに対して電気を造る大元の発電所で消費した石油や天然ガスなどの化石燃料の消費量に換算したものが 1 次エネルギー消費量です．
　こうすることで電気を消費する機器と，石油や天然ガスなどを直接使う機器を同じ次元で比較することが可能になります．
　なお，1 次エネルギー換算値である 9,757 kJ/kWh は，省エネルギー法で定められた値であり，この換算値には，発電所から需要端までの送電ロスも含まれています．

（2）様々なケースでの検討

自然採光チャートを使って，高窓や天窓の場合の自然採光による消灯率および照明電力量の削減量を求めてみましょう。

【問 3-1】図Ⅲ-3-2 の高窓の場合の A3 点における年間消灯率および照明電力量の削減率を求めなさい。事務所を想定し，設定照度 $E_{R(set)}=750$ lx，照明電力密度 $P_L=15$ W/m² は同じとします。また，照明は 9 時以降にするものとします。

【解 3-1】先の（1）項で述べた順に沿って進めます。

1) 室内の昼光率 D を求めます。図Ⅲ-3-2 の高窓の場合の A3 点は直接昼光率が $D_d=0.048$，間接昼光率が $D_r=0.014$，合計の昼光率は $D=0.063$ です。

2) 室内の設定照度を得るために必要な屋外の天空照度 $E_{S(nec)}$ は式（Ⅲ-3-1）より，
$$E_{S(nec)} = E_{R(set)} \div D = 750 \div 0.063 = 11,905 \text{lx} \quad となります。$$

3) 消灯可能時間数は図Ⅲ-3-3 の曲線 B との交点①より $H_{S(nec)}=2,240$ 時間です。
年間の消灯率 s [%] は
$$s = H_{S(nec)} \div H_S = 2,240 \div 3,285 = 0.68189 \fallingdotseq 68\%$$

4) 年間の照明電力量の削減量 $W_{S(out)}$
$$W_{S(out)} = 15 \times 2,240 = 33,600 \text{Wh/(m}^2 \cdot 年) = 33.6 \text{ kWh/(m}^2 \cdot 年)$$

5) 照明を調光する場合の照明電力量の削減量 $W_{S(dim)}$
図Ⅲ-3-3 の曲線 b（9 時以降）との交点②より削減率 $r=0.59=59\%$ を得ます。これを式（Ⅲ-3-3）に用い
$$W_{S(dim)} = 0.59 \times 15 \times (3,285 - 2,240) = 9,248 \text{Wh/m}^2 \fallingdotseq 9.2 \text{kWh/m}^2$$

6) 調光と消灯を合わせた年間の照明電力量の削減量 W_S
$$W_S = W_{S(out)} + W_{S(dim)} = 33.6 + 9.2 = 42.8 \text{kWh/m}^2$$

7) 年間の照明電力量の削減率 ϕ_{Ws}
$$\phi_{Ws} = W_S \div (P_L \times H_S) = 42.8 \times 1000 \div (15 \times 3,285) = 0.89701 \fallingdotseq 90\%$$
日没後を含む 1 日 15 時間の全照明電力量に対する削減率は，9 時から 24 時までの総時間数が 5,475 時間ですから
$$\phi_{Ws} = W_S \div (P_L \times H_S) = 42.8 \times 1000 \div (15 \times 5,475) = 0.53820$$
$$\fallingdotseq 53.8\%$$
になります。

＜間接昼光率＞
間接昼光率は第Ⅱ編 5 章の【補】の作業面切断公式（p.139）で求めると $D_R \fallingdotseq 0.014$ です。厳密には，【補】の建物モデルと，問 3-1～3-2 のモデルでは完全に同じではありません。低窓や高窓では窓面積がそれぞれ 1 m² ですが，【補】では 2 m² と違っています。天窓では作業面より下の面にも直接光が入ります。本来は，それぞれの条件で計算しなければなりませんが，ここでは誤差は小さいものとして【補】の値を用いることとします。

【問 3-2】図Ⅲ-3-2 の天窓の場合の A3 点における年間消灯率および照明電力量の削減率を求めなさい。なお，事務所を想定し，設定照度 $E_{R(set)}$＝750 lx，照明電力密度 P_L＝15 W/m² は同じとします。また，照明は 9 時以降にするものとします。

【解 3-2】先の（1）の手順に沿って求めます。

1）室内の昼光率 D を求めます。図Ⅲ-3-2 の天窓の場合の A3 点は直接昼光率が D_d＝0.201，間接昼光率は D_r＝0.014，合計の昼光率は D＝0.215 です。

2）室内の設定照度を得るために必要な屋外の天空照度 $E_{S(nec)}$ は式（Ⅲ-3-1）より，
$$E_{S(nec)} = E_{R(set)} \div D = 750 \div 0.215 ≒ 3,488 \text{ lx} \quad \text{となります。}$$

3）図Ⅲ-3-3 の曲線 B との交点③より消灯可能時間数 $H_{S(nec)}$＝3,050 時間です。
年間の消灯率 s［%］は
$$s = H_{S(nec)} \div H_S = 3,050 \div 3,285 = 0.92846 ≒ 93\%$$

4）年間照明電力量の削減量 $W_{S(out)}$
$$W_{S(out)} = 15 \times 3,050 = 45,750 \text{Wh/(m}^2 \cdot \text{年)} ≒ 45.8 \text{kWh/(m}^2 \cdot \text{年)}$$

5）照明を調光する場合の照明電力量の削減量 $W_{S(dim)}$
図Ⅲ-3-3 の曲線 b（9 時以降）との交点④より削減率 r＝0.55＝55% を得ます。これを式（Ⅲ-3-3）に用い
$$W_{S(dim)} = 0.55 \times 15 \times (3,285 - 3,050) ≒ 1,939 \text{ Wh/m}^2 ≒ 1.9 \text{ kWh/m}^2$$

6）調光と消灯を合わせた年間の照明電力量の削減量 W_S
$$W_S = W_{S(out)} + W_{S(dim)} = 45.8 + 1.9 = 47.7 \text{ kWh/m}^2$$

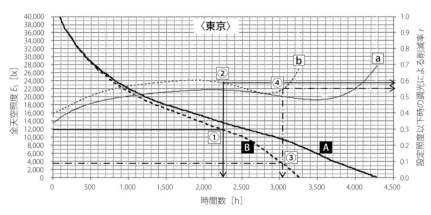

図Ⅲ-3-3　自然採光チャートを用いた検討例

7）年間の照明電力量の削減率 ϕ_{Ws}

$$\phi_{Ws}=W_S\div(P_L\times H_S)=47.7\times1000\div(15\times3{,}285)=0.96804\fallingdotseq97\%$$

日没後を含む1日15時間の全照明電力量に対する削減率は

$$\phi_{Ws}=W_S\div(P_L\times H_S)=47.7\times1000\div(15\times5{,}475)=0.58082\fallingdotseq58\%$$

【補足1】問3-1〜問3-2では高い消灯率や大きな照明電力量の削減率という結果になりました。このような結果になったのは条件設定の問題です。窓から3mのA3点で消灯の判定をしたからです。室奥で判定すると消灯率は下がります。

【補足2】同じ窓面積の低窓・高窓・天窓を比較すると，低窓の消灯時間は980時間，消灯率は30%です。高窓は2,240時間，59%，天窓は3,050時間，93%です。低窓，高窓，天窓の自然採光の効果の違いが顕著に表れています。

【補足3】天窓の床面積に対する比率は17%です。これだけあれば自然採光に十分すぎるくらいです。

天窓の高い昼光率 $D=0.215$ は，天窓が天井に直に付いているからです。実際の天窓は防水のために立ち上がりが必要です。

深さがある天窓の場合，第Ⅱ編5-2(5)で示したケースでは有効率が52.5%に下がります。この場合のA3点での昼光率は $D=0.215\times0.525\fallingdotseq0.113$ です。

採光に必要な屋外の天空照度は $E_{S(Nec)}=750\div0.113\fallingdotseq6{,}637$ lx

消灯可能時間数 $H_{S(Nec)}=2{,}830$ 時間です。

9時〜日没までの消灯率は

$$s=H_{S(Nec)}\div H_S=2{,}830\div3{,}285\fallingdotseq86\%$$

これでも，低窓や高窓に比べて大きな自然採光の効果があります。

【補足4】自然採光の効果が大きいことが分かりましたが，実際の設計では様々な要件を総合的に判断しなければなりません。自然採光が大きいことは，それだけ冷房負荷が大きくなります。自然採光による照明の削減と冷房負荷の増加のバランスを考えて設計しなくてはなりません。

3-3 自然採光チャートの原理

本節では，自然採光チャートを使うと何故，年間の消灯可能時間数や照明電力量の削減量が求まるのか，その原理を説明します。

（1）年間消灯可能時間数と調光による照明電力量の削減率の求め方の原理
＜年間消灯可能時間＞
1）年間の全天空照度を大きい順に並べたものが，図Ⅲ-3-4の曲線Aと曲線Bです。
曲線Aは全時間を対象としているのに対して，曲線Bは日の出から9時までの時間帯を除外しています。ここでは曲線Aを使って説明します。
2）室側の昼光率Dと設計照度$E_{R(set)}$が決まれば，設計照度を得るために必要な屋外の全天空照度$E_{S(nec)}$が求まります。

必要全天空照度 $E_{S(nec)}$ ＝設計照度 E_R ÷昼光率 D

3）曲線Aで必要全天空照度$E_{S(nec)}$との交点①の時間数を読み取れば，自然採光だけで設計照度が満足される時間数つまり自然採光可能時間数$H_{S(nec)}$が求まります。（②）

＜調光に伴う照明電力の削減率＞
4）①②③④の四角形は，昼光照度だけでは設定照度を満たさないが，調光すれば照明電力量を削減できる範囲を示しています。天空照度と室内の昼光照度が1対1の関係にあるので，四角形全体の面積に対して曲線Aの部分の面積の比率が，調光による照明電力量の削減率にな

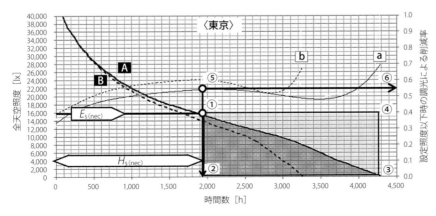

図Ⅲ-3-4　自然採光チャートの原理

5）図で曲線 a 上の点⑤を求め，水平に線を延ばした先の右横軸から，この調光に伴う照明電力の削減率を読み取ることができます。

（2）日射量から全天空照度および直達日射照度への換算方法

自然採光の検討には，年間 8,760 時間の全天空照度および直達日射照度のデータが必要です。拡張アメダス気象データには照度データがありますので，これを利用するのが最も簡単な方法です。拡張アメダスの照度データは日射データから換算されたものです。ここではこの日射量から照度に換算する方法を紹介します。

日射量に対する昼光照度の比率を発光効率といいますが，この照度換算方法としてやや複雑ですが精度が良いとされている井川の式* による方法を説明します。

この方法では発光効率 η ［lm/W］を次のように定義します。

$$\eta = a + b \cdot K_C + c \cdot Cl_e + d \cdot \log(K_C + 0.1)$$
$$+ e \cdot \log(Cl_e + 0.1) + f \cdot \exp(K_C) + g \cdot \exp(Cl_e) \quad (Ⅲ\text{-}3\text{-}4)$$

ここに，　η：日射の発光効率　［lm/W］
　　　　　K_C：晴天指標　［－］
　　　　　Cl_e：澄清指標　［－］
　　　　　a, b, c, d, e, f, g：係数（表 Ⅲ-3-1）

この式（Ⅲ-3-4）は，表 Ⅲ-3-1 に示す a〜g の係数を変えるだけで天空照度，直達日射照度および全昼光照度に対して共通に使うことができます。係数 a〜g は太陽高度H［rad］の 1 次式（直達日射の係数 a のみ 2 次式）でその値が与えられます。例えば係数 a の場合は次のようです。

<井川の式* の原典>
井川憲男，松本真一：建築環境予測のための気象データのモデル化と拡張アメダスへの展開，IBPSA-Japan 講演論文集，pp. 233-241（2005）

<式の記号>
式（Ⅲ-3-4）〜式（Ⅲ-3-11）では，本書の記号に揃えるため，原典の式で使われている記号とは異なります。

表Ⅲ-3-1　発光効率に関する係数

	水平面天空日射量 ↓ 全天空照度		水平面直達日射量 ↓ 直達日射照度			全日射量 ↓ 全昼光照度	
	α	β	α	β	γ	α	β
a	124.717	5.892	−32.392	−49.512	−22.291	63.114	−3.063
b	131.757	173.663	121.697	306.701		105.839	49.131
c	45.348	98.534	170.603	60.012		−100.714	51.906
d	−31.502	−38.605	−96.886	−40.389		−32.273	−20.451
e	−4.599	−14.377	−40.698	−54.987		2.904	−3.357
f	−63.802	−54.061	−0.468	−111.917		−39.662	−2.255
g	−1.281	−46.963	−70.235	27.969		51.615	−28.286

係数 a の値　　　$a = \alpha + \beta \cdot H + \gamma \cdot H^2$ 　　　　　(Ⅲ-3-5)

ここに，α, β, γ：表Ⅲ-3-1 に示される値

　　　　　H：太陽高度　［rad］

また，式(Ⅲ-3-4)の各項は次のように定義されます。

晴天指標　　　　$K_C = \dfrac{J_{TH}}{J_{TH(stn)}}$ 　　　　　(Ⅲ-3-6)

澄清指標　　　　$Cl_e = \dfrac{1 - C_e}{1 - C_{e(stn)}}$ 　　　　　(Ⅲ-3-7)

クラウドレイシオ　$C_e = \dfrac{J_{SH}}{J_{TH}}$ 　　　　　(Ⅲ-3-8)

基準クラウドレイシオ　$C_{e(stn)} = 0.01299 + 0.07698 \cdot m - 0.003857 \cdot m^2$
$+ 0.0001054 \cdot m^3 - 0.000001031 \cdot m^4$

(Ⅲ-3-9)

大気経路　　　　$m = 1 / \{\sin H + 0.050572 \times (6.07995 + H)^{-1.6364}\}$

(Ⅲ-3-10)

基準水平面天空日射量

$$J_{TH(stn)} = 0.84 \cdot \dfrac{J_O}{m} \cdot \exp(-0.0675 \times m) \quad \text{(Ⅲ-3-11)}$$

ここに，　C_e：クラウドレイシオ　［－］

　　　$C_{e(stn)}$：基準クラウドレイシオ　［－］

　　　　　m：大気経路　［－］

　　　　　J_O：大気外法線面直達日射量(太陽定数)＝1370 W/m²

　　　$J_{TH(stn)}$：基準水平面天空日射量　［W/m²］

　　　　J_{TH}：水平面全天日射量　［W/m²］

　　　　J_{SH}：水平面天空日射量　［W/m²］

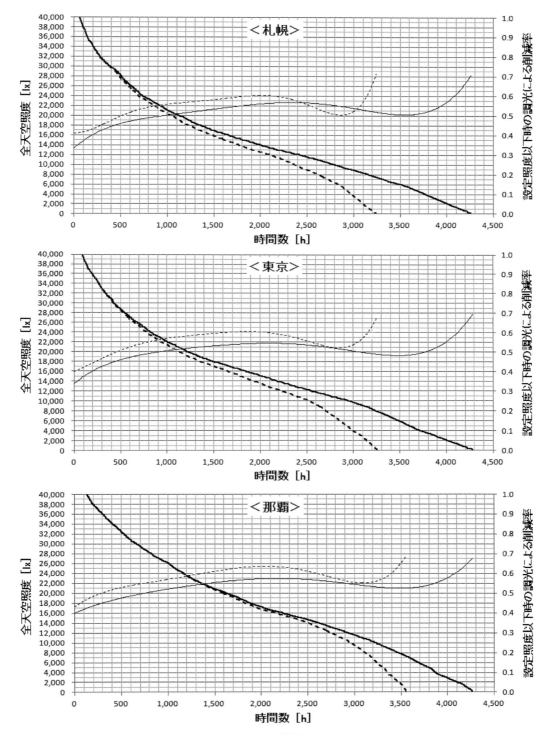

付図 Ⅲ-3-1 自然採光チャート

3章 自然採光チャートによる年間消灯時間数の推定

索引

欧字

Berlage の式	8, 68
Bouguer の式	7, 64
Brunt の式	70
EDD	181, 183
——負荷	210
ETD	57
東京・夏期の——	63
HASP	
——ガラスの遮蔽係数	12
——ガラスの熱通過率	13
——太陽位置計算	85
——負荷	210
Jürges の式	45
LowE 複層ガラス	20, 72
PAL	171
——チャート	172, 174, 192
——の外気の扱い	191
——の地域区分	181
——の非空調エリアの扱い	178
PAL＊（パルスター）⇒新 PAL	
RF	59
SAT	14, 15, 54
SC	12

あ行

明るさ	111
——の定義	112
圧力損失	146
暗所視	112
井川の式	221
一様拡散	91
——の輝度・照度・反射率	115
内断熱	53
内ブラインド	29
エアーフローウィンドウ	25
応答係数	59
温度換算	
長波放射量の——	71
日射量の——	54
温度差換気	143, 156

か行

外気負荷	184, 188, 191
外気冷房	197
——効果	201
——チャート	197
開口の合成	146
密度補正した——	160
外表面総合熱伝達率	47
外表面熱伝達率	14, 49
外部日除け	29
拡張デグリーデー	181, 210
影の座標	89
可視光	72
——透過率	120
ガラス	
——透過光の放射照度	119
——の家	3, 165
——の遮蔽係数	12
——の性能	22, 41
——の日射遮蔽率	29
——の入射角特性	11
——の熱通過率	13
LowE 複層——	20, 41
透明単板——	20
透明複層——	20, 41
乾き空気の密度	157
換気	143
——を含めた熱平衡式	32
——回数	33, 162
——の効果	32, 42
——量	32, 165
温度差——	156
重力——	159
風力——	151
間接昼光照度	129
——の計算	130
——の簡易計算	139
間接昼光率	118
カンデラ	113
貫流熱	5, 13
——の式	13, 49, 186
——負荷	197
時間遅れの——	57
長波放射量を含む——	71
日射を含む——	16, 54
気圧の勾配	158
気体定数	156
輝度	114
一様拡散の——	115
天空——	116
逆行列	131, 133
凝固潜熱	48
凝縮潜熱	48
鏡面反射	91, 115
行列計算	131
均時差	85
均斉度	124
空気線図	73
空気密度	156
空調負荷	212
組み合わせ効果	34
クラウドレシオ	222
傾斜角	67
係数行列	133
形態係数	8, 9, 91
——の計算式	101
——の定義	92
2 次元の——	104
庇の——	26
立方体の——	10
夏至	
——の日影曲線	76

——の日射対策	83
建築材料	
——の熱伝導率	60, 62
——の反射率	142
——の放射率	46
——の容積比熱	60, 62
顕熱	48
光束	112
——発散度	113
光度	113
コンクリート厚さと熱通過率	52

■ さ行

採光	111
自然——	119
作業面照度	117
——の計算	137
作業面切断公式	139
三重点	48
紫外線	72, 111
時角	85
時間遅れの貫流熱	57, 59
時間軸	89
色彩反射率	142
自然換気	143
自然採光	119
——チャート	214
自然室温	3
——を求める式	18
実効温度差	57, 58
東京・夏期の——	58, 63
室内圧力	154
室内気圧	158
室内照度基準	117
質量比熱	60
質量風量	160
自動制御ブラインド	25
湿り空気	
——線図	73
——密度	156
遮蔽係数　ガラスの——	12
秋春分	
——の太陽赤緯	89
——の日影曲線	78
——の日射対策	83
重力換気	159
省エネルギー効果	
PALによる——	171
外気冷房による——	197

自然採光による——	214
省エネルギー法	171
照度	113
——基準	117
一様拡散の——	115
作業面——	117
設計屋外——	117
昼光——	118
直達日射——	221
天空——	116
放射——	119
消灯可能時間数	215, 220
蒸発潜熱	48
照明電力削減量	215, 220
照明電力密度	215
真太陽時	85
新PAL	171
——の外気の扱い	191
——の計算法	186
——の室温・季節区分	186
——の地域区分	181
——の内部発熱密度	188
——の年間冷暖房負荷	190
——の非空調エリアの扱い	178
——の床面積の扱い	190
垂直の形態係数	94
垂直の立体投射率	93
垂直庇	83
水平庇	83
水平面直達日射量	7
水平面天空日射量	8
——の定義式	68
すだれ	29
ステファン・ボルツマン定数	46
晴天指標	221
性能基準	172
赤外線	72, 111
設計屋外照度	117
絶対温度	48
絶対湿度	70
全天空照度	117
潜熱	48
総合熱伝達率	47
相対湿度	70
相転移	48
相当外気温度	14, 15
——の定義式	15, 54
総熱貫流率	182
ソーラーチムニー	162

外断熱	53
外ブラインド	29

■ た行

大気経路	222
大気透過率	7, 64
代表日	87
太陽	
——位置	74
——位置の計算	85
——高度	65, 75, 86
——赤緯	85
——定数	7, 64, 69
——入射角	67
——の大きさ	69
——の表面温度	69
——の表面積	69
——方位角	67, 75, 86
——放射密度	69
対流熱伝達	45
多重反射	125, 129
——照度計算	130
たすき掛けの相互定理	97
ダブルスキン	25
単位行列	134
断熱材厚さと熱通過率	52
暖房負荷	38, 197
地域係数	183
昼光照度	118
間接——	129
直接——	120
昼光率	118, 215
直接——	120
中性帯	158
調光	220
澄清指標	222
長波放射量	70
——の温度換算	71
——の定義式	70
直接昼光照度	120
——の計算	135
窓の位置と——	122
直接昼光率	118, 120
直達日射	5
——照度	217
——の日射熱取得率	11
直達日射量	7
——の定義式	7, 64, 67
水平面——	7
法線面——	7, 64

通過抵抗	146
通過風量	146
定常	4
定数行列	131
デグリーデー	181
天空輝度	116
天空照度	116, 117, 215
天空日射	5
――の日射熱取得率	11
天空日射量	8
――の定義式	8, 68
水平面――	68
天窓	123
等価原理	97
等価反射率	140
冬至の日影曲線	77
透明単板ガラス	20
透明複層ガラス	20
トップライト	119

■ な行

ナイトパージ	198
内表面総合熱伝達率	47
内表面熱伝達率	14, 49
内部発熱	182, 188, 197
中庇	83
――の反射	127
西日対策	84
日影曲線	74
――の作図	87
夏至の――	76
冬至の――	77
日射	
――を含む貫流熱	54
――遮蔽（日影曲線）	74
――遮蔽性能	41
――遮蔽率	29
――照度	221
――侵入率	31
――対策	83
――熱負荷	197
――熱取得	5, 187
――熱取得率	11, 172, 187
――の発光効率	217
――の範囲	76
――量の温度換算	54
入射角（太陽――）	67, 86
入射角特性（ガラスの――）	11

熱貫流率	14
熱通過率	14, 172
――の式	14, 49
ガラスの――	13
コンクリート厚さと――	52
断熱材厚さと――	52
熱抵抗	50
熱伝達率	
外表面――	14, 49
総合――	47
対流――	45
内表面――	14, 49
熱伝導	46
熱伝導率	46
建築材料の――	60
熱負荷（取得）	
要素別――	186, 210
熱平衡	4, 5
熱平衡式	17, 165
換気を含めた――	32, 165
全要素を含む――	18, 34
冷暖房負荷の――	36
熱容量	61
年間消灯時間数	214
年間冷房負荷	181
年通日	85

■ は行

ハイサイドライト	119, 122
薄明視	112
波長（光の――）	72, 111
発光効率	221
反射率	
一様拡散の――	115
建築材料の――	142
等価――	140
反復法	154
比エンタルピ	73
光	
――の単位	112
――の波長	72, 111
庇	
――の形	83
――の効果	26, 41
比視感度曲線	112
非定常	4
比熱	60
表計算	132
日除け	29

風圧	143
――係数	144
――の合成	145
ブーガの式	7, 64
風量	146
質量――	160
通過――	146
容積――	160
風力換気	143, 151
ブラインド	
――の効果	23, 41
内――	29
自動制御――	25
外――	29
ブラントの式	70
浮力	156, 159
プロファイル角	86
分光分布	111
分配の法則	97
平均太陽時	85
平行の形態係数	94
平行の立体投射率	93
ペリメータ	171
――レス空調	25
ベルラーゲの式	8, 68
変数行列	131
ベンチュリー効果	143
方位角	67
放射熱伝達	46, 69
――の定義式	46
放射率	46
法線面直達日射量	7
――の定義式	64
保温性能	20

■ ま行

窓の位置と直接昼光照度	122
マンセル明度	142
密度補正	160
明所視	112
モデル化	5
モニター換気	143

■ や行

屋根断熱	30, 42

融解潜熱	48
有効開口面積	146
ユルゲスの式	45
容積比熱	60
容積風量	160
要素別熱取得	186
──貫流熱	186
──日射熱取得	187
──内部発熱	188
──外気負荷	188
要素別熱負荷	210
余剰排気	25

■ ら行

ラドルクス	113
立体角	92
立体投射率	9, 91
──の計算式	101
──の定義	92
2次元の──	103
立方体の形態係数	10
流量係数	146
ルーメン	112
ルクス	113
冷暖房負荷の熱平衡式	36
冷房負荷	37, 197
露点温度	73

著者略歴
1971 年　早稲田大学大学院・建設工学専攻建築設備　修士修了
1971 年　日建設計入社（大阪勤務），設備部，データセンタ室長，環境計画室長を歴任
1983～91 年　三重大学建築学科非常勤講師
2001～03 年　京都大学建築学科非常勤講師
2003 年 6 月　日建設計を退職，同年 7 月より中部大学工学部建築学科教授
学位：京都大学博士（工学）

著書：デザイナーのための熱負荷計算チャート（松尾陽監修，牧英二・猪岡達夫共著），彰国社，1981 年
　　　空気調和ハンドブック　改訂 5 版（井上宇市編，松縄堅・猪岡達夫・野原文男・飯塚宏共同執筆），丸善，2008 年

授賞：空気調和・衛生工学会　論文賞（1978 年，1981 年，1996 年）
　　　ASHRAE IBPA 授賞（1978 年）

デザイナーのための建築環境計画～熱・日射・光・風

平成 27 年 1 月 30 日　発行

著　者　猪　岡　達　夫

発行者　池　田　和　博

発行所　丸善出版株式会社
〒101-0051　東京都千代田区神田神保町二丁目17番
編集：電話 (03) 3512-3266／FAX (03) 3512-3272
営業：電話 (03) 3512-3256／FAX (03) 3512-3270
http://pub.maruzen.co.jp/

Ⓒ Tatsuo Inooka, 2015

組版印刷・中央印刷株式会社／製本・株式会社 松岳社

ISBN 978-4-621-08694-0 C 3052　　　　　Printed in Japan

JCOPY　〈(社)出版者著作権管理機構　委託出版物〉
本書の無断複写は著作権法上での例外を除き禁じられています．複写される場合は，そのつど事前に，(社)出版者著作権管理機構（電話 03-3513-6969，FAX 03-3513-6979，e-mail：info@jcopy.or.jp）の許諾を得てください．